현대인을 위한 레위기 읽기

일상의 구별됨으로

거룩을 훈련하라

박승호 지음

한국장로교출판사

Leviticus

일상의 구별됨으로

거룩을 훈련하라

좀 더 체계적인 연구와 소그룹 모임을 원하시는 분은 본서와 관련한 레위기 성경공부 교재, 「레위기 스피릿으로 하나님을 예배하라」를 활용하시기 바랍니다.

예배자를 찾으시는 주님,

우리를 아버지의 예배자로 불러 주심을 감사합니다.

"……아버지께서는 자기에게 이렇게 예배하는 자들을 찾으시느니라"(요 4 : 23).

"이 백성은 내가 나를 위하여 지었나니 나를 찬송하게 하려 함이니라"(사 43 : 21).

타락하고 무너진 사람들을 찾아오셔서 구원하시는 아버지,

그 생명의 길을 예배 가운데 두시고

우리로 다시금 아버지와 교통하며

생명의 씨를 받아 아버지의 형상으로, 통치의 대행자로 살아갈 수 있도록

영생을 주심을 감사합니다.

어디에서 예배하는 것이 정통입니까? 묻는 사마리아 여인을 통하여

예배의 본질이 무엇임을 가르쳐 주심을 감사합니다.

"하나님은 영이시니 예배하는 자가 영과 진리로 예배할지니라"(요 4 : 24).

주님은 육이 아니시고, 영이시기에 우리는 영이신 아버지를 만나 뵙기 위해 아버지가 원하시는 영적인 예배가 무엇인지를 레위기를 통하여 공부할 것입니다.

"그러므로 형제들아 내가 하나님의 모든 자비하심으로 너희를 권하노니 너희 몸을 하나님이 기뻐하시는 거룩한 산 제물로 드리라 이는 너희가 드릴 영적 예배니라"(롬 12 : 1).

"이스라엘아 들으라 우리 하나님 여호와는 오직 유일한 여호와이시니 너는 마음을 다하고 뜻을 다하고 힘을 다하여 네 하나님 여호와를 사랑하라"(신 6 : 4 - 5).

5대 제사의 지고지순(至高至純)의 마음으로 예배자로 나아갑니다(레 1-17장).

7대 절기의 잔치로 찾아오셔서 나와 동행해 주시는 주님의 임재와 약속을 감사합니다(레 18-27장).

"지극히 존귀하며 영원히 거하시며 거룩하다 이름하는 이가 이와 같이 말씀하시되 내가 높고 거룩한 곳에 있으며 또한 통회하고 마음이 겸손한 자와 함께 있나니 이는 겸손한 자의 영을 소생시키며 통회하는 자의 마음을 소생시키려 함이라"(사 57 : 15).

신실했던 예배, 말씀하신 원칙대로 드려졌던 예배에
하늘로부터의 불의 응답이 있었던 것처럼(삿 13 : 9－20, 왕상 18 : 38, 대상 21 : 26, 대하 7 : 1－3)
나의 제단, 우리의 예배가 영광스러운 불의 제단이기를 소원합니다.

"모세와 아론이 회막에 들어갔다가 나와서 백성에게 축복하매 여호와의 영광이 온 백성에게 나타나며 불이 여호와 앞에서 나와 제단 위의 번제물과 기름을 사른지라 온 백성이 이를 보고 소리 지르며 엎드렸더라"(레 9 : 23 - 24).

"오순절 날이 이미 이르매 그들이 다 같이 한곳에 모였더니 홀연히 하늘로부터 급하고 강한 바람 같은 소리가 있어 그들이 앉은 온 집에 가득하며 마치 불의 혀처럼 갈라지는 것들이 그들에게 보여 각 사람 위에 하나씩 임하여 있더니 그들이 다 성령의 충만함을 받고……"(행 2 : 1 - 4).

나의 삶이 번제의 제물이기를 소원합니다(번제).
각을 뜨고, 내장을 씻어 가죽까지 벗겨 주께 드리기를 원합니다.
나의 삶이 기름떡으로 드려져 흠향되는 소제이기를 원합니다(소제).

곱디고운 가루로 올려 드리기 위해 그리도 오랜 기간 연단의 세월로 갈아 주셨습니다.

이제는 기름으로 안팎을 적셔 주십시오. 내게서 생수가 강처럼 흘러 갈한 논과 밭을 풍요롭게 적시게 하옵소서(요 7 : 37－39).

죄로 버성겨졌던 하늘과 땅이 화목제물이신 우리 주님을 통해 하나로 통일되었습니다(화목제).

감사, 낙헌, 서원의 마음으로 매일 하늘 아버지와 감사로 화해하게 하시며 이웃들과 나누는 화목의 제물로 섭섭한 마음들을 풀어 가게 하옵소서.

주님 은혜 없이는 살 수 없는 미성년자의 수준입니다(속죄제).

번제단 밑에 피를 뿌리고 더욱 깊은 곳 휘장 너머 시은소, 더 큰 은혜의 보좌에 이르게 하소서.

나로 피해를 입은 이웃들에게 보상할 수 있는 힘을 주시고, 복음의 문, 전도의 문이 막히지 않도록 자신을 순전하게 경영하게 하소서(속건제).

주님 제가 제사장입니다. 차별화된 훈련이 있게 하옵소서(레 8－10장).

나의 일상이 구별됨으로 거룩을 훈련하게 하옵소서(레 11장).

나의 교제권이 구별되게 하옵소서. 말씀을 되새김질하며, 자신을 시대로부터 구별시킬 줄 알게 하시고, 외로이 홀로 살지 않고 함께 어울리며 몸을 세워가게 하소서. 썩은 사체를 즐기며 쉽게 살려고 하지 않게 하시고, 생명의 씨를 먹고 나누는 생명의 부양자가 되게 하소서.

나의 출생이 부정하오니 늘 정결케 하시는 주님의 공급을 소홀히 하지 않게 하소서. 위로부터의 공급을 통하여 나의 일상이 하늘 거룩함으로 채워지게 하소서(레 12장).

나병처럼 번져 가는 험담과 악한 소문을 퍼뜨리지 않게 하시고, 설정과 유출병처럼 절제되지 않는 충동으로 오염되지 않게 하소서(레 13－15장).

타락한 세상을 구원하고 씻기 위하여는 오직 피, 속죄의 피밖에 없습니다.

그 피에 인연하여 십자가의 능력으로 늘 자신을 경영하게 하옵소서(레 16－17장).

성결하고 구별된 삶을 통하여 나의 땅에서의 일상이 하늘을 사는 천국의 삶이 되게 하소서(레 18－22장).

유월절 제물로 찾아오신 주님(유월절), 내게 하늘 양식, 무교병의 새로운 세계가 열리게 하시고(무교절), 부활의 능력이 나의 존재, 범사에 힘 있게 솟아오르게 하소서(초실절).

오순절 성령의 역사와 말씀의 계시가 열리게 하옵소서(오순절).

복음의 나팔을 불 것입니다(나팔절). 수많은 사람들이 주께로 돌이켜 주의 피로 혈연 지어진 나라가 되게 하시고 하늘 민족이 되게 하소서(속죄일).

그리하여 이 땅에서 장막절, 하늘 가족으로 서로 돕고 격려함으로 그리스도의 몸인 교회를 이 땅에서 세워가게 하옵소서(장막절).

이 땅에 펼치신 안식일, 안식년, 희년의 질서를 따라 내게도 쉼과 공급과 재생산, 온 땅으로의 확산을 경험케 하소서(레 25장).

우리 주님이 해방과 자유, 평화의 희년을 선포하셨듯이 내가 만날 수 있는 영혼들에게 이 기름 부음의 사역들을 나누게 하소서.

나의 앞에 순종과 불순종, 축복과 저주가 있사오니

나의 삶이 주님 위해 준비된 헌신, 한 문장의 서원으로 드려지게 하소서(레 26–27장).

주님 날 피값으로 사셨사오니, 나라가 되고 제사장이 되어(계 5 : 9–10)

주님 소원 이루어 드리는 종으로, 백성으로, 자녀로 살게 하소서.

나의 언어가 찬양이길 원합니다.

나의 존재가 주의 제단에 올려진 산 제물이게 하시고

나의 매일은 주님께로 구별시켜 드려야 할 제사장의 삶

나의 몸은 성령이 거하시는 성전

우리 아버지의 편히 쉬실 수 있는 거처이게 하소서.

아브라함처럼 유치함이 있고, 다윗처럼 허물이 있고,

기생 라합처럼 과거가 요란하고, 이방인 룻처럼 자격이 없고,

다말처럼 이상한 행동이 있다 해도

구속사의 붉은 줄 그 한 끝자락을 단단히 붙잡고

이 땅에 오실 메시야의 오심을 돕고

그 거룩한 나라를 위하여 다만 미미한 몸짓으로라도 일조할 수 있다면

땅에 살지만 신령한 하늘의 갈망으로 살게 하옵소서.
그 나라를 위한 킹덤 빌더가 되고
주의 백성 섬기고 세우는 왕 같은 제사장으로 살게 하옵소서.

오직 나의 삶이 주님 영광 위하여 성별되게 하옵소서.
먹든지 마시든지 주님 나라 높이고
살든지 죽든지 나의 일상이 예배로 드려지는
주님이 오랜 세월 광야로 단련하여 멋지게 빚으신 순금의 작품으로 세워져(욥 23 : 10)
말씀이 육신이 되었듯(化肉) 나의 삶이 주님 말씀이게 하옵소서(化言, 욥 23 : 11－14).

"내 발이 그의 걸음을 바로 따랐으며 내가 그의 길을 지켜 치우치지 아니하였고 내가 그의 입술의 명령을 어기지 아니하고 정한 음식보다 그의 입의 말씀을 귀히 여겼도다 그는 뜻이 일정하시니 누가 능히 돌이키랴 그의 마음에 하고자 하시는 것이면 그것을 행하시나니 그런즉 내게 작정하신 것을 이루실 것이라 이런 일이 그에게 많이 있느니라"(욥 23 : 11－14).

2016년 4월

지은이 박승호

차 례

44나는 여호와 너희의 하나님이라 내가 거룩하니 너희도 몸을 구별하여 거룩하게 하고
땅에 기는 길짐승으로 말미암아 스스로 더럽히지 말라 45나는 너희의 하나님이 되려고
너희를 애굽 땅에서 인도하여 낸 여호와라 내가 거룩하니 너희도 거룩할지어다

Chapter 1

거룩하신 하나님,
거룩한 사람들

레 11 : 44-45

살아 있는 예배가 우리 가운데 있다면 우리는 세상을 두려워하지 않고 신령한 기쁨 속에 살아갈 수 있습니다. 그래서 예배가 살아 있는 사람은 삶에 윤기가 흐르고, 자신감이 있습니다. 그러나 예배가 무너진 사람은 기도가 무너지고, 말씀을 멀리하게 되고 그러면서 조그마한 어려움에도 정처 없이 흔들리며 좌절하고 맙니다. 환경의 문제가 생겼다면 그것은 '내 안에 예배가 살아 있는가?', '하나님과의 관계가 건강한가?'를 체크하라는 신호임을 깨달아야 합니다. 지금이라도 당신의 예배를 회복하십시오! 하나님은 우리를 당신의 형상으로, 명품으로 불러 주셨습니다.

명품과 짝퉁을 구별하는 법

명품과 짝퉁을 구별하는 법을 아십니까? 요즘은 하도 기술이 좋아져서 전문가가 아니고는 어느 것이 명품인지 짝퉁인지 구별해 내기가 쉽지 않다고 합니다. 그런데 어느 분이 명품과 짝퉁을 간단히 구별하는 법을 가르쳐 주었습니다. 먼저 그 사람이 들고 있는 핸드백이 명품인가 짝퉁인가를 알려면 갑자기 비가 내릴 때 사람들을 잘 살펴보랍니다. 핸드백을 든 사람이 갑자기 쏟아지는 비를 피하려고 핸드백으로 자기 머리를 가리고 뛰면 그건 100% 짝퉁이랍니다. 반면, 같은 상황에서 핸드백이 비에 젖을까 봐 자기 품에 안고 뛰면 그건 틀림없이 명품이랍니다. 여자

교인들이 들고 다니는 핸드백이 명품인지 짝퉁인지를 구별하는 방법도 있답니다. 대부분 남자들이 연애할 때 사 준 핸드백은 명품이고, 결혼해서 사 준 핸드백은 짝퉁이 많답니다. 그래서 여자 분들은 새벽기도 나올 때는 남편이 사준 짝퉁을 들고 다니고, 주일 낮 예배 때는 그 옛날 애인이 사준 명품을 들고 교회에 나온답니다. 웃자고 하는 말이지만 전혀 틀린 말도 아닌 것 같습니다.

저는 이 이야기를 들으면서 물건에만 명품, 짝퉁이 있는 것이 아니라 우리네 신앙도 명품신앙이 있고 짝퉁신앙이 있지 않나 하는 생각을 했습니다. 우리 성도들의 신앙이 명품인지 짝퉁인지는 가을이 되면 알 수 있습니다. 예를 들어 샌드위치 휴일이 있다고 할 때, 명품신앙인들은 연휴와 상관없이 자기 자리를 지키며 맡은 바 책임과 사명을 감당하기에 여념이 없습니다. 찬양대원은 자기 파트를 감당하고 예배위원은 예배가 잘 드려지도록 최선을 다합니다. 그러나 짝퉁신앙인은 이렇게 황금연휴에 하나님이 창조하신 멋진 자연으로 현장학습을 나가야지 하나님이 어디 교회 안에만 계시느냐고 억지논리를 들이대며 산으로 들로 다니느라 주일을 지키지 않습니다. 그렇다면 성경이 말하는 명품신앙과 이것을 분별하는 기준은 무엇일까요?

"오직 너희를 부르신 거룩한 이처럼 너희도 모든 행실에 거룩한 자가 되라 기록되었으되 내가 거룩하니 너희도 거룩할지어다 하셨느니라"(벧전 1 : 15 - 16).

하나님 앞에서 최고의 명품신앙은 그분의 거룩하심을 따라 살아가는 삶입니다. 본문에서 '너희를 부르신 거룩한 이'는 바로 하나님을 지칭하는 표현입니다. 죄악이 관영한 세상 속에서 예수 그리스도를 통해 하나님의 거룩을 알게 하시고 그 거룩을 좇아 구별되게 살아가는 '너희'가 바로 하나님의 형상이자 명품이라고 말씀합니다. 완성된 작품으로서의 상태를 말하는 것은 아닙니다. 혹은 우리의 거룩한 상태를 말하는 것도 아닙니다. 선하신 목적을 가지고 우리를 구별하여 부르신 그분과의 관계성을 가리키는 말입니다. 신약 성경에서 사도 바울이 사용한 거룩의 개념을 먼저 살펴 봅시다.

"하나님의 뜻으로 말미암아 그리스도 예수의 사도 된 바울은 에베소에 있는 성도들과 그리스도 예수 안에 있는 신실한 자들에게 편지하노니"(엡 1 : 1).

바울이 편지를 보낸 에베소는 음란과 우상숭배가 성행하였으며 도덕과 윤리가 무너진 도시였습니다. 그럼에도 바울은 이런 세상에 속하여 살고 있는 에베소 교회의 성도들을 '그리스도 예수 안에 있는 신실한 자들'이라고 부르고 있습니다. 깊은 산중에 있는 수도원에서 은둔하거나 속세를 떠나 있어야 신실하고 거룩한 사람이라 불리는 것이 아닙니다. 에베소 교인들이 '신실한 자'라고 불리는 이유는 비록 그 육체는 타락하고 퇴폐적이고 패역한 시대를 살아가고 있으나 자기 스스로를 하나님께로 구별시키고, 언제나 그리스도 예수 안에 거하며, 하나님의 성품을 닮아 가려고 애를 쓰며, 하나님의 뜻을 따라 순종하려고 스스로를 구별시켰기 때문입니다. 다시 말해 '하나님과의 관계'를 향하여 자기를 거룩하게 구별시킨 모습을 보고 성도(聖徒)라고 인정을 해 주신 겁니다.

"하나님의 뜻을 따라 그리스도 예수의 사도로 부르심을 받은 바울과 형제 소스데네는 고린도에 있는 하나님의 교회 곧 그리스도 예수 안에서 거룩하여지고 성도라 부르심을 받은 자들과"(고전 1 : 1–2a).

고린도 역시 음란한 도시이자 우상숭배의 도시였습니다. 그러나 바울은 이 고린도에 살고 있는 성도들 역시 '거룩하여지고 성도라 부르심을 받은 자들'이라고 표현합니다. '그리스도 예수 안에서 거룩하여진 사람', 이것이 하나님의 백성에 대한 성경적 표현입니다. 바울이 에베소 교회를 향하여, 고린도 교회를 향하여 '성도'라 불렀던 사람들은 어떤 사람들이었습니까? 그냥 단순히 에베소 교회에 출석하고 있기 때문에, 혹은 고린도 교회에 입교하여 교회공동체에 소속되어 있기 때문에 그렇게 불렀습니까? 그렇지 않습니다. 바울이 성도라고 불러 준 사람들에게는 전제 조건이 있었습니다. 먼저는 하나님께 부르심을 입은 사로 그리스도 예수 안에 속한 사람이어야 하고, 그 다음으로는 예수 그리스도를 닮아 하나님께로 구별되어야 합니다.

나는 지금 어디에 속하여 있습니까? 비록 우리가 세상에서 살고 육신은 세상 풍조와 문화 속에 살아가고 있다 해도, 우리의 진짜 주소는 '그리스도 예수 안'이어야 합니다. 혹여 겉은 명품신앙을 따라 흉내는 내고 있으나, 마음은 온통 세상 문화에 끌려 다니며 세상의 흐름에 타협하고,

여론과 타인의 이목과 문화의 흐름을 따라 살아가는 사람이라면 그의 주소는 '세상 안'이라고 불러야 할 것입니다. 모름지기 성도는 세상에 오염되지 않고, 세상 문화에 동화되지 않아야 합니다. 마치 에베소 교회나 고린도 교회의 성도들이 그 몸은 비록 세상에 속하여 있으나 그 마음은 그리스도 예수 안에 거하며, 모든 가치와 소망을 하늘에 두고 살았던 것과 같이 말입니다. 우리는 모두 그리스도 예수 안에 거하며 신실한 사람으로 살도록 부르심을 받은 사람들입니다. 우리가 혹시 세상이 평가하는 기준에서 성공을 하였다 할지라도 우리의 소속이 그리스도 예수 안에 있지 않으면 그 결과는 큰 의미가 없습니다. 아무리 짝퉁이 진품 못지않게 좋아 보인다 해도 그건 겉모습에 지나지 않습니다.

"지금 내가 여러분을 주와 및 그 은혜의 말씀에 부탁하노니 그 말씀이 여러분을 능히 든든히 세우사 거룩하게 하심을 입은 모든 자 가운데 기업이 있게 하시리라"(행 20 : 32).

하나님은 우리를 거룩하게 하기 위하여 부르셨습니다. 하나님께서 우리를 거룩하게 하기 위하여 부르신 이유는, 거룩함을 입은 모든 자에게 기업을 주시기 위함입니다. 성도는 마땅히 이 땅을 책임질 상속자들입니다. 하나님은 그들에게 이 세대를 맡기시겠다고 선포하십니다. 하나님은 그리스도 예수 안에서 신실한 자, 거룩함을 입은 자들을 통하여 패역하고 음란한 이 세대를 사는 모든 자들을 하나님의 사람들로, 그들이 거하는 이 땅을 하나님의 나라로 바꿀 계획을 갖고 계십니다. 그리고 예수 안에서 신실한 성도들을 통하여 죽어 가는 모든 사람에게 새 소망을 주시고, 삶의 의미를 잃은 이들에게 하늘의 가치관을 심어 주시며, 하루살이처럼 허무하게 사는 이들에게 영원한 생명을 주시기를 원하십니다. 더욱이 감사한 것은 이러한 복음을 전하는 일을 천사들에게 맡기지 않으시고 그리스도 예수 안에서 신실하여 거룩함을 입은 성도인 우리에게 맡겨 주셨다는 사실입니다.

당신의 예배를 체크하라!

우리가 하나님을 가까이하고, 하나님의 사람으로 세워지기 위해서는 반드시 세상으로부터 구별되어야 합니다. 그 구별됨은 오직 예배를 통해서만 얻을 수 있습니다. 아담이 타락하여 모든 인간이 죄로 오염된 이후에 인간을 구원하기 위한 하나님의 유일한 대안은 제사(예배)였습니다. 제사는 죄인을 위해 희생시킬 제물을 준비하고, 그 대속(代贖)의 제물을 통해서 사람의 죄를 씻어 주시는 하나님의 특별한 방법이었습니다. 그래서 구약에서는 제사가 매우 중요했습니다. 제사에는 하나님께서 요구하시는 특별한 원칙과 절차가 있었기 때문에 제사드리는 법을 배우는 일은 매우 중요했습니다. 따라서 이 일은 일정 기간 동안 구별된 생활을 하면서 전문적인 훈련을 받은 레위 지파의 제사장들에 의해서만 수행되었습니다. 그러나 신약시대에 와서는 그리스도를 통하여, 그리스도와 연합함으로 우리 모두가 제사장이 되었습니다.

이제 왕 같은 제사장이 된 우리도 구약시대 제사를 도맡아 드리던 그들처럼 또 다른 의미에서의 하나님을 섬기는 전문훈련을 받아야 합니다. 그렇지 않으면 자기 멋대로, 세상적인 질서를 따라 하나님을 섬기는 실수를 하게 됩니다. 예수 그리스도를 통하여 우리는 하나님께로 구별된 자가 되었습니다. 우리는 이제 성전이 되었고, 제물이 되었고, 제사장이 되었습니다. 그러므로 이제는 우리의 시간도, 몸도 우리의 것이 아닙니다. 때문에 이제는 제사를 받으시는 하나님께 합당하도록 이 모든 것을 구별된 제물로 드려야만 합니다. 이제부터는 내가 제사장으로서 합당하게 무엇을 구별시켜야 하는지 세밀하게 점검해 보아야 합니다.

제사장의 신분을 가지게 된 우리는 하나님이 받으시는 예배를 드리기 위해 혼신의 힘을 다하여 구별된 삶을 살아야 합니다. 예배가 살면 내가 살고, 나를 통해서 가정이, 세상이 바뀔 수 있습니다. 우리는 예배를 통하여 하나님과 교통하고, 하나님께로부터 힘을 공급받기 때문입니다.

때문에 형식적인 예배, 하나님을 만나지 못하는 예배는 우리를 더욱 피폐하게 만들 뿐 아니라 바리새인처럼 늘 예배하지만 하나님과 관계없는 종교인으로 전락하게 합니다. 지금 나의 예배는 온전하게 드려지고 있는지, 사도 바울의 말처럼 주님께, 또한 은혜의 말씀에 나를 부탁드리고 있는지 그리고 하나님이 제시해 주신 기준에 합당한지 늘 나를 점검해 봐야 합니다.

(1) 하나님이 정하신 기준대로 행하십니까?

언제나 전쟁에 나갈 때면 전쟁에 능하신 하나님 앞에 제사를 드리고 나가는 것이 이스라엘의 원칙이었습니다. 그런데 전쟁에 나가야 할 급한 상황이 벌어졌는데 제사를 집례해야 할 제사장 사무엘이 도무지 나타나지를 않습니다. 잘 정비된 군대 조직이 아니라 자원하는 사람들을 불러 모아 놓았기 때문에 하루 이틀 지나면서 군사들의 사기가 점점 약화되고 군열이 흐트러졌습니다. 적은 코앞에 대치해 있고 상황은 급박하기만 했습니다. 기다리다 못한 사울 왕은 제사장만이 할 수 있는 역할을 월권하여 스스로 제단을 쌓고 직접 제사를 집례하였습니다. 하나님의 정한 원칙을 범했습니다. 하나님께서 원하시는 것은 제사나 숫양의 기름이 먼저가 아니라 하나님의 정하신 원칙, 곧 말씀대로 행하느냐 행하지 않느냐 하는 '순종의 예배'가 먼저였습니다(삼상 13장).

예배에 열심을 내고, 예배드리기를 사모하는 것은 신앙인이 마땅히 가져야 할 자세지만 그 열심이 진리에 근거한 것인지는 반드시 점검해 봐야 합니다. 그 열심이 사울처럼 하나님의 원칙에 근거하지 않고 자신의 편의를 도모하기 위한 수단으로 이용된다면 하나님을 기쁘시게 하는 예배가 될 수 없습니다. 다윗이 예루살렘으로 법궤를 옮겨 올 때에 천부장, 백부장들을 동원했습니다. 요즈음으로 말하면 장군들을 앞세워 위풍당당하게 일을 진행시켰습니다. 소가 끄는 수레에 하나님의 법궤를 잘 모셨습니다. 그런데 법궤를 이동할 때 지켜야 할 원칙이 있습니다. 막이나 기둥이나 널판 등 성막의 일반적인 기구들을 이동시킬 때는 레위의 자녀 중 므라리나 게르손 후손들이 수레로 옮길 수 있습니다. 그러나 성물이라고 일컬어지는 법궤나 번제단, 물두멍 등을 이동할 때에는 반드시 고핫 자손이 어깨에 메고 옮겨야만 합니다(민 4 : 15). 그렇다고 고핫 자손이라고 해서 함부로 성물을 직접 보거나 만질 수 있는 것도 아닙니다. 제사장이 포장하고 이동할 수 있도록 준비해 주면 비로소 어깨에 메고 운반하는 역할만 감당합니다. 결국은 웃사가 죽는 사고가 난 이후에야 다윗이 하나님의 원하시는 방식에 대해서 공부하고 합당한 방법으로 옮겨올 수 있었습니다. 이처럼 의도가 좋다고 해서 모든 것이 다 합법화될 수는 없습니다(삼하 6장).

여러분, 하나님의 일을 하고자 하는데 일이 잘 풀리지 않는다면 그것이 먼저 하나님께서 말씀하신 방식과 원칙에 부합하는지를 살펴보십시오. 그리고 하나님께서 세워 두신 법칙을 어기지 않도록 성경을 읽고 연구하고 기도해야 합니다. 바른 예배는 나의 필요가 먼저가 아니라 하나님이 요구하시는 기준이 먼저여야 합니다. 바른 예배는 얼마나 열정적이냐보다 얼마나 바르게 드리느냐가 먼저라는 말입니다. 예배란 타락한 사람을 하나님 쪽으로 오게 하는 하나님의 부르심입니다. 때문에 나의 상태가 어떤 상황이냐보다는 하나님의 기준을 찾는 일이 더 중요합니다. 우리의 의와 열심도 중요하지만 하나님이 제안하신 예배의 방법, 바른 정신이 더 먼저입니다.

예배에 나아올 때 하나님이 원하시는 예배는 어떤 예배일까 고민해 본 적이 있습니까?

(2) 대속(代贖)의 피 흘림이 있습니까?

창세기 4장에 가인과 아벨의 제사가 등장합니다. 같이 예배를 드렸는데 아벨과 그의 제물은 하나님께서 받으셨지만 가인과 그의 제물은 받지 않으셨다고 기록합니다. 왜 하나님께서는 가인의 제사를 받지 않으셨습니까?

신학적으로 여러 가지 다른 이해들이 있지만 예배의 기본원칙을 중심으로 생각해 봅시다. 성경은 하나님께 드려지는 모든 제사에는 피의 대속물이 있어야 구원도, 죄 사함도 가능하다고 말합니다. 왜냐면 성경은 "피 흘림이 없으면 죄 사함이 없다."고 말하고 있기 때문입니다(히 9 : 22). 대속의 제물이 없으면, 내가 죗값을 지고 죽어야 합니다. 왜냐면 죄의 값은 사망이기 때문입니다. 그럼에도 가인은 자신이 추수한 곡물을 제물로 삼아 드렸습니다. 곡물로 소제를 드릴 때에는 반드시 피가 있는 제사를 먼저 드리고 속죄를 경험하고 나서 드려야 합니다. 그러나 가인은 자신이 경작한 농산물만으로 하나님을 예배했습니다.

"세월이 지난 후에 가인은 땅의 소산으로 제물을 삼아 여호와께 드렸고 …… 가인과 그의 제물은 받지 아니하신지라"(창 4 : 3, 5).

피 흘림이 없으면 죄 사함이 없습니다. 하나님께 드리는 모든 제사는 피의 제사, 즉 대속제물로 자신의 죄를 속함 받는 제사가 반드시 있어야 합니다. 왜냐면 죄 사함이 없이는 하나님께 나아갈 수 없기 때문입니다.

"……생명이 피에 있으므로 피가 죄를 속하느니라"(레 17 : 11).

"율법을 따라 거의 모든 물건이 피로써 정결하게 되나니 피 흘림이 없은즉 사함이 없느니라"(히 9 : 22).

"죄의 삯은 사망이요……"(롬 6 : 23).

지금은 시대가 악합니다. 예수님의 십자가가 아니고도 구원에 이르는 길이 있다고 말하는 세대가 되어 버렸습니다. 요즈음은 피 흘림이 없는 예배가 오히려 더 사람들의 관심을 끕니다. 교회 안에서 수도 없는 예배가 드려지지만 회개 없는 예배, 사죄의 은총이 없는 신앙이 자연스러운 시대를 우리가 살고 있습니다. 그래서 오랜 세월 신앙생활을 해도 사람들의 변화를 기대할 수 없습니다. 피 없는 제사, 회개 없는 예배, 예수 없는 구원, 이것은 마지막 때에 나타날 종말론적인 징조들입니다.

나의 예배에는 피 흘리는 제물이 있습니까?

(3) 형식만 드리고 있지는 않습니까?

잘못된 예배 가운데 가장 두려워할 일은 예배 가운데 중심이 되신 하나님은 잃어버리고 형식만 남아 있는 경우입니다. 이는 아기를 업고 뛰는 어머니가 바삐 뛰느라 아기가 빠져나간 것도 모르고 빈 포대기만 두르고 뛰는 것과 같은 이치입니다. 여러분, 하나님을 잃어버린 사람들에게 있어서 예배는 형식이자 프로그램에 지나지 않습니다. 그냥 습관처럼 예배의 형식을 드릴 뿐입니다. 그러나 그보다 더 무서운 것은 영적으로 무뎌지고 쇠퇴하는데도 불구하고 정작 본인은 전혀 자각하지 못하고 계속 자신의 종교행위에 만족하고 있다는 사실입니다. 여러분, 나병이 왜 무섭습니까? 자기 신체의 일부분인 손가락 마디가 떨어져 나가고, 발가락이 떨어져 나가도 감각이 느껴지지 않기 때문에 무서운 겁니다.

엘리의 두 아들 홉니와 비느하스(삼상 1-2장)가 그런 사람들이었습니다. 그들은 제사장이었지만 말만 제사장이지 하나님을 이미 떠난 사람들이었습니다. 하나님을 멸시하고, 제사드리는 원칙도 무시하고, 블레셋과 전쟁하러 나갈 때 법궤만 있으면 승리할 거라고 쉽게 생각했습니다. 그러나 결국 법궤도 빼앗기고 자기들도 죽었습니다. 이를 성경에서는 "여호와의 영광이 떠났다."고 표현합니다.

아론의 두 아들, 나답과 아비후(레 10장)도 하나님의 진노를 산 사람들이었습니다. 하나님께서 명령하지 아니하신 다른 불을 담아 하나님 앞에 분향했을 때 불이 여호와 앞에서 나와 그들을 삼켰습니다. 모두 경건의 모양만 있지 이미 하나님을 잃어버린 사람들이었습니다. 하나님 없이 신앙의 형식만 따라가는 사람들이었습니다.

왜 하나님께서는 우리에게 제사로 하나님을 만나게 하셨을까요? 이게 매우 중요합니다. 하나님께서 나를 찾아오실 때는 하나님이 나에게 맞춰 주십니다. "내가 너를 용서하겠다. 너의 죄를 사하겠다. 너를 구원하겠다." 하십니다. 그래서 하나님께서 나를 찾아오실 때는 사랑으로, 자비로, 아가페로 찾아오십니다. 이것을 우리는 '은혜'라고 표현합니다.

그러나 우리가 제사를 드리러 나아갈 때는 철저하게 우리가 하나님의 진리에 초점을 맞춰야 합니다. 어떤 제물을 원하시는지, 제물을 어떻게 잡아야 하는지, 흠은 없는지, 양을 드려야 할지, 소를 드려야 할지, 피는 어디에 쏟아야 할지, 모든 것을 하나님께서 정하신 원칙대로 해야 합니다. 하나님께서 요구하신 방법이 뭔가를 알 때까지 연구하고, 또 고민해야 합니다. 그렇게 매일 하나님께 예배하며 그 요구하시는 원칙들을 맞추어 가다 보면 결국 "내가 거룩하니 너희도 거룩하라"라는 말씀을 따라 점점 우리는 성화의 길을 걷게 됩니다.

형식만 드립니까, 하나님과의 깊은 인격적인 만남이 있습니까?

하나님께로 구별시켜야 할 것들

"너희는 유혹의 욕심을 따라 썩어져 가는 구습을 따르는 옛 사람을 벗어 버리고 오직 너희의 심령이 새롭게 되어 하나님을 따라 의와 진리의 거룩함으로 지으심을 받은 새 사람을 입으라"(엡 4 : 22 - 24).

거룩함의 옷을 입는 일은 저절로, 자동으로 되는 것이 아니라 나의 선택에 달려 있습니다. 이 '거룩'이라는 말은 윤리나 도덕의 개념보다 훨씬 위에 있습니다. 시대마다, 상황마다 세상의 윤리나 도덕의 기준은 늘 바뀝니다. 성경이 말하는 '거룩'은 제의적(祭儀的) 개념입니다. 히브리어로 '코데쉬'라는 단어를 사용하는데 '하나님께로 구별됐다'는 뜻입니다. 하나님께 드리려고 돈을 떼어 놓으면 거룩한 돈이라고 할 수 있습니다. 하나님께 드리려고 준비된 건강, 시간, 재능, 다 거룩한 것들입니다. 다시 말해 하나님을 향하여 나아가는 일, 하나님께로 맞추어 가는 모든 것이 거룩입니다. 그래서 예배도 거룩합니다(레 11 : 44).

(1) 관계의 구별됨

먼저 하나님을 만나되 특별한 관계로 교통하십시오.

하나님을 알되 더 깊이, 더 친밀하게, 더 가깝게 교제하십시오.

"아론이 백성을 향하여 손을 들어 축복함으로 속죄제와 번제와 화목제를 마치고 내려오니라 모세와 아론이 회막에 들어갔다가 나와서 백성에게 축복하매 여호와의 영광이 온 백성에게 나타나며 불이 여호와 앞에서 나와 제단 위의 번제물과 기름을 사른지라 온 백성이 이를 보고 소리 지르며 엎드렸더라"(레 9 : 22 - 24).

성막 건축을 마쳤을 때, 레위기 9 : 22에 아론이 속죄제, 번제, 화목제를 드리고 내려와서 손을 들어 축복할 때 여호와의 영광이 나타났습니다. 백성들이 하나님의 영광을 보고 일제히 엎드렸습니다. 구약의 제사장들을 하나님께서 사용하시는 장면입니다. 우리가 다 구약의 아론처럼 그런 제사장으로 부름을 받았다고 성경은 말합니다.

"너희도 산 돌같이 신령한 집으로 세워지고 예수 그리스도로 말미암아 하나님이 기쁘게 받으실 신령한 제사를 드릴 거룩한 제사장이 될지니라"(벧전 2 : 5).

"그러나 너희는 택하신 족속이요 왕 같은 제사장들이요 거룩한 나라요 그의 소유가 된 백성이니 이는 너희를 어두운 데서 불러내어 그의 기이한 빛에 들어가게 하신 이의 아름다운 덕을 선포하게 하려 하심이라"(벧전 2 : 9).

구약의 제사장들처럼 이제 우리를 특별한 존재로 세워 빛이신 하나님, 그 기이한 빛, 그 아름다운 은덕을 드러내고 선포하도록 부르셨습니다. 우리를 그분의 백성, 족속, 나라, 왕 같은 제사장들이라고 말씀합니다. 이 특별한 부르심, 이 특별한 관계는 다른 어떤 관계와도 구별되어야 합니다. 우리가 처음 신앙생활을 시작할 때는 그리스도가 나의 성전이고, 나의 제물이고, 나의 제사장입니다. 그러나 우리가 성숙하게 되면 내가 주님을 모시는 성전이고, 내가 주님 제단에 올려지는 산 제물이 되고, 제사장이 됩니다. 그리고 제사장으로서의 사명을 감당하기 위하여 동일하게 병든 백성들, 사탄에게 노예 된 사람들을 되찾아 하나님의 제단에 거룩한 산 제물로 올려드리는 예배의 사역을 감당합니다.

"이 은혜는 곧 나로 이방인을 위하여 그리스도 예수의 일꾼이 되어 하나님의 복음의 제사장 직분을 하게 하사 이방인을 제물로 드리는 것이 성령 안에서 거룩하게 되어 받으실 만하게 하려 하심이라"(롬 15 : 16).

사람과의 만남에서도 일반적인 관계가 있고, 특별한 관계가 있습니다. 나와 하나님과의 관계가 절대적이고 특별한 관계인지 점검해 보십시오. 그 관계성의 깊이는 곧 나의 예배생활로 나타납니다.

하나님께서 원하시는 제사, 하나님께서 원하시는 거룩한 생활, 하나님과의 교통을 위하여 어떤 구별됨이 있습니까?

(2) 공간의 구별됨

구약시대에는 하나님을 만나기 위한 특별한 공간들이 있었습니다. 하나님은 십계명을 주시기 위해 모세를 시내산으로 부르셨습니다. 또 하나님을 예배하는 제사법을 가르쳐 주기 위해서 회막으로 부르셨습니다(레 1 : 1). 그리고 백성들이 절기를 지키기 위해서는 예루살렘으로 와야 한다고 말씀하셨습니다. 하지만 신약시대에는 그 만남의 개념이 더욱 확대되어 상황이나 장소에 제한을 받지 말고 그 예배의 대상에게만 집중할 것과 예배자의 마음으로 살 것을 요청합니다.

사마리아 지역의 사람들은 B.C 722년 앗수르가 북쪽 사마리아를 정복한 이후로 통혼정책을 써서 혼혈민족이 되어 버렸습니다. 남유다 사람들은 혈통을 지키지 못한 그들을 못마땅하게 생각했고 그 후로 남유다와 사마리아와의 관계는 교류가 끊어졌습니다. 그 결과 북쪽 사마리아 사람들은 하나님을 예배하러 예루살렘 성전으로 내려갈 수 없게 되었습니다. 결국 그들은 그리심 산에 성소를 정하고 이곳이 하나님이 지정하신 제단이라고 주장하였습니다. 요즘 말로, '여기가 정통이고, 내가 원조다.' 이런 개념입니다. 예수님이 수가성 우물가에서 만난 사마리아 여인과 나눈 대화 내용을 살펴보도록 하겠습니다.

"우리 조상들은 이 산에서 예배하였는데 당신들의 말은 예배할 곳이 예루살렘에 있다 하더이다 예수께서 이르시되 여자여 내 말을 믿으라 이 산에서도 말고 예루살렘에서도 말고 너희가 아버지께 예배할 때가 이르리라 너희는 알지 못하는 것을 예배하고 우리는 아는 것을 예배하노니 이는 구원이 유대인에게서 남이라 아버지께 참되게 예배하는 자들은 영과 진리로 예배할 때가 오나니 곧 이때라 아버지께서는 자기에게 이렇게 예배하는 자들을 찾으시느니라 하나님은 영이시니 예배하는 자가 영과 진리로 예배할지니라"(요 4 : 20 - 24).

예수님은 "하나님은 영이시기에 장소에 제한받지 않으신다. 오히려 영과 진리로 예배드리는 자세가 중요하다."라고 말씀하셨습니다. 생활의 현장, 곧 직장이나 가정을 막론하고 그곳을 예배의 현장으로 생각할 수 있는 신앙으로 우리는 자라 가야 합니다. 의식(儀式)예배에서 생활예배로의 성장입니다.

"그러므로 형제들아 내가 하나님의 모든 자비하심으로 너희를 권하노니 너희 몸을 하나님이 기뻐하시는 거룩한 산 제물로 드리라 이는 너희가 드릴 영적 예배니라"(롬 12 : 1).

역시 우리의 몸이 제물이요, 성전임을 말씀합니다. 하나님이 받으시는 예배가 무엇인지, 그 예배의 스피릿을 가르쳐 주는 중요한 말씀입니다. 어린아이들은 아직 사물이나 사건에 대한 직접적인 경험이 없기 때문에 아무리 자세하게 말로 설명해도 개념들을 정확하게 이해하지 못합니다. 그래서 실물교육을 합니다. 실물교육은 실제 그 물건을 직접 보여주면서 그 사물의 이름, 모양, 색깔, 형태 등을 쉽게 익히게 하는 학습방법입니다. 그래서 구약시대에는 공간이 아주 중요했습니다. "여기 와라. 여기 와서 하나님을 섬겨라. 네 마음대로, 기준도 없이 편리한 대로 하지 말고 내가 지정한 장소에 와서, 내가 지시한 방법대로 드려야 한다." 라고 말씀하셨습니다. 성숙한 이후에야 공간의 제약을 받지 않고 주님을 뵙고 예배할 수 있지만 우리의 신앙이 아직 어리고 미숙할 때는 훈련을 해야 합니다. 구약처럼 어느 지정된 공간, 정한 방법이 필요합니다. 아무렇게나, 내 기준대로 하면 안 됩니다.

신약시대, 초대교회 전통을 보면 이 두 가지가 통합되어 나타나는 것을 볼 수 있습니다. 모이면 예배하고, 말씀 듣고, 훈련합니다. 흩어지면 복음 전하고, 봉사하고, 섬깁니다. 이것을 선교학에서는 '모이는 교회, 흩어지는 교회'로 설명합니다. 우리가 모여서 은혜받고, 공급과 훈련을 받습니다. 그리고 우리의 삶의 현장인 가정, 직장, 사회로 흩어져서 내가 성전이 되어 주님을 모시고 가 하나님 나라를 펼쳐 나갑니다. 모이는 교회는 예배와 공급이 중요합니다. 정한 날 교회에 모여서 에너지를 공급받고 하나님으로부터 능력을 받습니다. 희망을 붙잡습니다. 그러나 우리의 공급은 반드시 현장으로 이어져야 합니다. 우리의 삶의 현장인 가정으로, 직장으로 파송받아 갑니다. 이제는 내가 성전이 되어 아버지를 보여 주고, 아버지의 마음과 사랑으로 섬겨야 합니다. 현장에서 삶으로 드려지는 생활예배가 중요합니다. 당신은 온전히 하나님과 교제하는 공간, 하나님과 교통하기 위한 구별된 영역이 있습니까? 우리가 하나님을 위해 장소를 구별하여 갖는 것이 필요합니다.

당신에게는 공급받을 수 있는 정해진 공간, 정해진 만남이 있습니까? 더불어서 거룩한 성전으로, 제사장의 신분으로 나가서 섬기고 있는 대상이 있습니까?

(3) 시간의 구별됨

"이스라엘 자손에게 말하여 이르라 이것이 나의 절기들이니 너희가 성회로 공포할 여호와의 절기들이니라 엿새 동안은 일할 것이요 일곱째 날은 쉴 안식일이니 성회의 날이라 너희는 아무 일도 하지 말라 이는 너희가 거주하는 각처에서 지킬 여호와의 안식일이니라"(레 23 : 2 - 3).

일주일의 첫날은 하나님을 위해 시간을 구별시키라고 말씀합니다. 당신은 일상에서 하나님을 위해 구별시킨 시간이 있습니까? 경건의 시간, 성경공부 시간, 나눔의 시간, 섬김의 시간 등 하나님을 예배하고 섬기기 위한 시간들을 구별시키십시오. 은혜받는 시간, 공급의 시간이 없으면 우리는 고갈될 수밖에 없습니다.

"세월을 아끼라 때가 악하니라"(엡 5 : 16).

우리가 시간을 의식하지 않고 살아가면 우리 모두는 악한 세월 속에서 나도 모르게 세속에 물들어 버립니다. 따라서 시간을 계획하고, 세월을 아껴야 합니다. 악한 세월 속에 묻히지 않으려면 시간을 다투며 공부하고 훈련해야 합니다. 때가 너무 악하기 때문입니다.

"그런즉 너희가 어떻게 행할지를 자세히 주의하여 지혜 없는 자같이 하지 말고 오직 지혜 있는 자같이 하여 …… 그러므로 어리석은 자가 되지 말고 오직 주의 뜻이 무엇인가 이해하라 술 취하지 말라 이는 방탕한 것이니 오직 성령으로 충만함을 받으라"(엡 5 : 15, 17 – 18).

우리의 시간, 주어진 조건들을 어떻게 쓸 것인가를 경영해야 합니다. 영적으로 긴장하고, 주의 뜻이 무엇인지 알아야 합니다. 사람은 술에 취하든지, 성령으로 충만하든지 어느 한쪽으로 가게 되어 있습니다. 깨어 있지 않으면 우리의 느낌과 생각은 쉽게 오염되어 버립니다. 때가 악하기 때문입니다. 하나님의 궁정에서 하루가 다른 곳에서 천 날보다 낫다는 생각을 갖고 사십니까?

"주의 궁정에서의 한 날이 다른 곳에서의 천 날보다 나은즉 악인의 장막에 사는 것보다 내 하나님의 성전 문지기로 있는 것이 좋사오니"(시 84 : 10).

첫 시간은 언제나 하나님의 것입니다. 한 주간의 첫날, 하루 일과의 첫 시간을 구별하여 드리십시오. 나의 삶을 시작하게 하신 분이, 언젠가 나의 삶을 이제 그만 끝내고 돌아오라고 부르실 것입니다. 그때에 내게 주어진 시간들을 얼마나 생산적으로 사용하였는지, 얼마나 많은 사람을 살리는 일에 투자하였는지 확인하실 것입니다.

나는 한 주간, 하루의 시간 경영을 어떻게 하고 있습니까?
하나님과의 교제의 시간에 얼마의 시간을 투자하고 있습니까?

(4) 공급의 구별됨

구원받기 전에는 우리가 세상과 더불어 살았습니다. 취미생활, 레저생활이 중요했고, 그런 것들이 나의 기쁨이 됐고, 의미가 되었습니다. 그러나 우리 주님을 만난 이후부터는 우리가 달라졌습니다. 더 이상 세상의 그 어느 것도 우리 내면의 영적 갈증을 채워 주지 못합니다. 예전에 즐겼던 것들을 다시 해 보지만 즐겁지 않습니다. 왜 그렇습니까? 내가 달라졌고 성숙했기 때문입니다. 그러므로 우리는 거룩한 공급원을 만들어야 합니다. 구별된 공급의 통로가 있어야 합니다.

"첫째 달 열나흗날 저녁은 여호와의 유월절이요 이 달 열닷샛날은 여호와의 무교절이니 이레 동안 너희는 무교병을 먹을 것이요"(레 23 : 5 - 6).

하나님은 유월절 날 이레 동안 무교병을 먹으라고 말씀합니다. 무교병은 누룩, 곧 죄성이 없는 그리스도를 상징합니다. 말씀을 말합니다. 그리스도가 우리의 새로운 양식이 되었습니다. 그리고 우리는 새로운 양식으로 살아야 하는 존재가 되었습니다. 하나님께서 유월절, 무교절에는 반드시 무교병을 먹으라고 말씀합니다. 새로운 신분에 걸맞은 새로운 양식이기 때문입니다. 무교병은 무교절 절기 내내 먹어야 했습니다.

유월절을 경험한 이후에도 유교병을 먹으면 안 됩니다. 이제는 달라진 양식, 달라진 문화로 살아가야 합니다. 설교말씀을, 성경공부를 돈 버는 일보다도 더 사모하고, 송이꿀을 먹는 일보다도 더 맛있게 느낄 수 있어야 합니다.

"금 곧 많은 순금보다 더 사모할 것이며 꿀과 송이꿀보다 더 달도다"(시 19 : 10).

『19세기의 위대한 시인 롱펠로우의 고백입니다.

그분의 시가 너무 아름답고 목가적이어서 그분은 늘 평화롭고 조용한 삶을 살았던 것으로 이해되었습니다. 그런데 실제로 그분의 인생은 그렇지 않았습니다. 결혼한 지 4년 만에 첫 아내를 잃었습니다. 재혼한 두 번째 아내마저도 화재사고로 죽고 맙니다. 그 일로 그는 한동안 우울증에 시달리기도 했습니다. 롱펠로우가 75세가 되어 그의 임종이 가까웠을 때 한 기자가 찾아와 물었습니다. "선생님은 두 아내의 사별뿐만 아니라 수많은 고통을 겪으면서 살아오셨는데 어떻게 그런 불행하고 어려운 환경 속에서 그렇게 아름답고 목가적인 시가 나올 수 있었습니까?" 롱펠로우는 조용히 마당에 서 있는 사과나무를 가리키면서 대답했습니다. "저 나무가 나의 스승이었습니다. 저 사과나무는 몹시 늙었지만 해마다 꽃이 피고 열매가 열립니다. 옛 가지에서 새 가지가 조금씩 나오기 때문입니다. 나도 생명의 주 예수 그리스도로부터 생명을 계속 공급받아 인생의 새로운 꽃을 피우고 열매를 맺으며 살아왔습니다. 나무가 오래됐지만 봄마다 새로운 가지가 돋아나고, 새로운 공급을 받고 사는 것처럼 내 인생에 위기가 많이 있었지만 예수 그리스도를 통해서 공급받는 그 힘이 내 인생을 지탱해 줬습니다."』

그렇습니다. 예수 그리스도를 통해 생명을 공급받으면 새 힘이 솟아납니다. 뜨거운 불과 고통의 제련을 거친 보석처럼 더 영롱한 빛을 발하게 됩니다.

예수 그리스도로부터 공급이 끊어지면 우리는 환경을 이길 힘을 잃어버립니다. 하나님이 주신 귀중한 삶을 스스로 포기하는 사람들이 점점 늘어나는 이유가 무엇입니까? 속이 허해서 그렇습니다. 빛 되신 주님을 만나지 못하고 흑암의 권세만 바라보고 살아서 그렇습니다. 그래서 우리는 우리의 내면을 건강하게 채워야 합니다. 무슨 재미로 사는지, 무엇이 나로 행복하게 하는지 공급원을 점검하십시오. 공급을 구별시키지 않으면 우리는 타락으로부터 벗어날 수가 없습니다. 이 험한 세상을 이기고, 나의 광야생활을 극복하려면 양식이신 그리스도, 음료이신 그리스도를 매일 먹고, 마시며 그분의 공급으로 살아야 합니다.

나는 얼마나 성경을 공부합니까?

66권의 말씀 중에 나는 몇 권이나 나의 양식으로, 음료로 먹고 즐겼습니까?

맛있는 음식에 갈증을 갖듯 나의 영적 양식, 진리의 말씀에 대하여 어떤 배고픔, 어떤 갈증을 갖고 있습니까?

"의에 주리고 목마른 자는 복이 있나니 그들이 배부를 것임이요"(마 5 : 6).

세상의 문화로 내면을 채우고서도 영적 건강을 기대하면서 살고 있는 것이 아닌지 생각해 봅시다.

요즈음 무엇이 나에게 즐거움과 행복을 줍니까?

(5) 생각의 구별됨

우리 생각, 우리 마음을 자꾸 하나님 쪽으로 집중(focusing)시켜야 합니다. 우리의 생각이 변화를 받아서 하나님의 선하시고, 기뻐하시고, 온전하신 뜻이 무엇인지 자꾸 물어보아야 합니다. 주님, 나를 광야로 이끄신 이유가 무엇입니까? 무엇 때문에 나로 실패하게 하십니까? 지금 배신을 당하게 하신 이유가 무엇입니까? 나를 이렇게 억울하게 만든 이유가 무엇입니까? 우리는 모든 사건 속에서 주님의 뜻을 조용히 물어야 합니다. "틀림없이 무슨 뜻이 있을 거야!", "무엇을 돕기 위해 이 일을 배열하셨을까?" 모든 사건, 상황을 주관하시는 분, 그분의 생각을 묻는 것, 그로 인하여 하나님의 계획과 목적을 찾아내는 해석, 이것이 구별된 생각입니다.

하나님은 우리에게 기는 것의 옆에는 가지도 말라고 하셨습니다(레 11 : 44-45). 죄의 열매인 사체(死體)는 곁에도 가지 말며(레 5 : 2), 악은 어떤 모양이라도 버리라고 하셨습니다(살전 5 : 22). 그만큼 우리를 더럽힐 수 있는 것들로부터 우리 자신을 지키고 우리의 생각과 마음을 구별시키라는 뜻입니다.

"만일 누구든지 부정한 것들 곧 부정한 들짐승의 사체나 부정한 가축의 사체나 부정한 곤충의 사체를 만졌으면 부지중이라고 할지라도 그 몸이 더러워져서 허물이 있을 것이요"(레 5 : 2).

삶의 상황들 속에서 하나님의 뜻을 찾는 생활예배, 임재신앙으로 살아야 합니다.

"그러므로 형제들아 내가 하나님의 모든 자비하심으로 너희를 권하노니 너희 몸을 하나님이 기뻐하시는 거룩한 산 제물로 드리라 이는 너희가 드릴 영적 예배니라 너희는 이 세대를 본받지 말고 오직 마음을 새롭게 함으로 변화를 받아 하나님의 선하시고 기뻐하시고 온전하신 뜻이 무엇인지 분별하도록 하라"(롬 12 : 1 - 2).

이러한 거룩이 몸에 배도록 하기 위해 어릴 적부터 반복적으로 자녀들을 교육하는 일이 중요합니다. 우리도 거룩을 훈련해야 합니다. 거룩이 생활이 되고, 습관이 되고, 인격이 되도록 단순, 반복, 지속해야 합니다.

유대인들은 예루살렘에 유대인 대량학살을 기념하기 위해 홀로코스트 기념관을 세웠습니다. 그리고 후손들에게 학살당한 희생자들의 이름을 기억하고 기념하라며 '야드 바쉠', 즉 '이름의 전당'을 세워 놓고 역사 교육의 장으로 삼고 있습니다. 이름의 전당에는 약 600만 명으로 알려진 희생자 전원의 이름과 사망일자, 당시 나이, 그리고 수인번호, 그들이 수용소까지 타고 갔던 열차 번호 등을 수집하여 천장과 벽면에 새겨 기념하고 있습니다. 또 맛사다 요새에도 기념관을 세웠습니다. A.D 70년에 로마의 공격을 받아 이스라엘이 패망했을 때 967명의 유대인들이 지도자 엘리에셀 밴야살을 중심으로 맛사다 요새로 도망을 쳐 그곳에서 마지막까지 저항하다가 2년 만에 최후를 맞이합니다. 유대인들은 유대인 학살기념관과 맛사다 역사 유적지에 어린 학생 시절부터 지속적인 방문을 의무화하고 있습니다. 유치원생들의 현장방문, 학생들의 졸업식, 사관생도들이 행군을 해서 요새로 올라가 그곳에서 임관식을 거행함으로 절대로 잊어서는 안 될 그들의 아픈 역사와 호국정신을 지속적으로 고취시키고 있습니다.

이렇게 하는 이유가 무엇입니까? 자기 조상들이 이런 고난 속에서 신앙을 지키고 하나님의 민족으로 살기 위해서 이렇게 피나는 희생을 겪었다는 역사의식을 체질화시키기 위해서라고 합니다. 하나님과 함께 걸어왔던 그 아픔의 역사를 교육시키고, 반복시키고, 의식화시키고, 체질화시켜서 자신들이 유대인이라고 하는 것을, 성별된 민족이라는 것을 생각속에, 몸속에 각인시키기 위함입니다. 유대인들의 저력은 바로 이 생각의 구별로부터 나옵니다.

신앙도 마찬가지입니다. 우리의 고질화되고 세속화된 생각이나 습관은 고작 일주일에 한 번 교회 나오는 것으로는 절대 바뀌지 않습니다. 그런 측면에서 신앙교육은 교회가 아닌 가정에서부터 시작되어야 합니다.

'아무리 어려도 못 배울 만큼 어린 사람이 없고, 아무리 늙어도 못 배울 만큼 나이든 사람도 없다'는 말이 있습니다. 우리는 습관처럼 '신앙'을 '교육'이라고 말합니다. 맞는 말입니다. 교육이란, 먼저는 모르는 것을 학습하게 합니다. 그리고 학습된 것을 반복하도록 합니다. 신앙교육도 마찬가지입니다. 먼저 부모가 하나님을 경외하는 모습을 보여 학습이 되게 하며, 그 학습한 것을 통하여 주일을 준비하는 자세, 예배를 드리는 법, 찬양을 올려드리는 마음, 기도의 모범을 보여 가정에서부터 신앙이 몸에 배도록 습관의 구별, 생각의 구별을 공급해 주어야 합니다. 생각이 구별되면 습관이 구별됩니다. 부모님의 모습을 통하여 예배드리는 일이 습관이 되게 하고, 그 입술에 늘 찬양이 흘러나오게 하며, 항상 감사하는 마음, 돕고 배려하는 습관, 선교하고 봉사하고 헌신하는 반복훈련을 통하여 우리들의 자녀는 거룩한 성도로 살아가게 됩니다.

그러나 오늘날 우리의 세대는 악한 것에 익숙해져 있습니다. 거짓말하고, 도적질하고, 속이고, 죄짓고, 음란하며, 타락한 습관들이 몸에 배어 있습니다. 이러한 악습관들에서 벗어나려면 어떻게 해야 할까요? 신앙은 반복 훈련입니다. 아기가 태어나서 직립보행을 하기까지는 무려 삼천 번을 넘어진 후에 걷게 된다고 합니다. 이처럼 우리가 예수님을 만난 이후에는 거룩과 예배가 몸에 익숙해질 때까지 훈련해야 합니다. 예배가 생활이고 나의 존재 목적이 되어야 합니다. 성도에게 예배는 선택사항이 아닌 필수조건입니다.

하나님께선 왜 구원받은 이스라엘 백성들을 불편한 광야를 지나게 했습니까? 반복 훈련의 효과를 계획하신 것입니다. 이스라엘 백성들에게 성막 중심의 생활을 가르치려 하셨습니다. 그들의 생각이, 가치관이, 의식이 바뀌어서 하나님과 친숙해질 때까지 40년 동안 반복 훈련을 시키셨습니다. 이 일이 가나안의 축복을 받는 일보다 더 선행되어야 할 만큼 중요하다고 생각하셨습니다. 가나안에 들어가서 어떻게 살아야 하는지 미리 가르치고 훈련시켜 체질이 되게 하셨습니다.

육군사관학교에는 한 명도 성적부진으로 제명당하는 사람이 없다고 합니다. 머리가 좋은 사람들만 들어가기 때문일까요? 그렇지 않습니다. 학습부진으로 탈락하는 사람이 없는 이유는 사관생도가 성적이 올라갈 때까지, 가르치는 모든 과목을 다 이수할 수 있을 때까지, 반복 학습을 통해 잘할 때까지 훈련을 시키기 때문이라고 합니다. 신앙교육도 마찬가지입니다. 생각이 바뀔 때까지 교육하고, 습관이 바뀔 때까지 훈련해야 합니다. 어느 날 불 받아서 사람이 바뀌는 게 아닙니다. 그건 동기부여를 줄 뿐입니다. 영적 세계로의 초대입니다. 성령 체험을 통해 구별된 생각으로 방향을 바꾼 그때부터는 지속적인 훈련이 필요합니다. 결국 내 인격이, 나의 존재가 하나님께로 구별되어 하나님의 뜻으로 사는 존재로 바뀔 때까지 지속해야 합니다.

나의 광야 훈련을 통하여 하나님은 무엇을 바꾸고 계십니까?

이 시대가 얼마나 어둡고 절망적입니까? 많은 사람들이 어디로 가야 할지 방향을 잃어버렸습니다. 목적을 잃어버렸습니다. 그러나 하나님께서는 “너희가 제사장이다. 이 땅에 예배를 회복시켜라. 사람들을 하나님께 나아가도록 너희가 도우라."고 말씀하십니다. 하나님은 우리가 있기 때문에 세상에 희망이 있다고 말씀하십니다.

하늘과 땅이 너무 멀어 나의 기도가 응답되지 않고,
나의 세월이 감당하기 벅찬 거친 광야라고 느껴지십니까?
계획했던 일들이 뜻대로 잘 안 풀려 마음이 힘드십니까?
주어진 삶이 유독 나에게만 매정하다고 느끼십니까?

이 모든 문제들로부터 벗어나 비상하기를 원한다면
하나님께로 스스로를 구별시키십시오.
철저하게 회개하십시오.
힘겨운 광야의 삶을 살고 있다 할지라도
하나님을 섬기는 예배가 삶의 한 중앙에 오도록 바꾸어 보십시오.

하나님과 좀 더 친밀한 관계를 원한다면
이런저런 세상적인 관계들을 정리하십시오.
그분께, 그의 나라에 나의 관심을 집중하십시오.
무너진 죄인들을 살리는 거룩한 제사장이 되십시오.
신령한 것, 위의 것을 찾는 제사장의 삶을 추구하십시오.
레위 지파와 제사장의 기업은 여호와 하나님이십니다(민 18 : 20).

내 삶의 으뜸의 자리에 주님의 통치의 보좌가 세워진다면 내가 사는 삶이 아닌 그분이 나를 통해 사시는 영생의 삶이 시작됩니다.

"내가 거룩하니 너희도 거룩하라."

Memo

자비로우신 주님! 성령께서 이끄시는 교회생활, 그런 공동체를 만들고 싶습니다. 우리가 다 성령의 불로 타오르며 베풀고 섬기고 희생하게 하소서. 모두가 다 물질과 탐욕의 노예로 사는 세상에서 여호와의 종, 성령의 종으로 살아가며 또 다른 세계를 만들고 싶습니다. 우리를 하나님 나라를 건설하는 구속사의 사람들로 세워 주옵소서. 아멘.

1여호와께서 회막에서 모세를 부르시고 그에게 말씀하여 이르시되 2이스라엘 자손에
게 말하여 이르라 너희 중에 누구든지 여호와께 예물을 드리려거든 가축 중에서 소나
양으로 예물을 드릴지니라 3그 예물이 소의 번제이면 흠 없는 수컷으로 회막 문에서
여호와 앞에 기쁘게 받으시도록 드릴지니라 4그는 번제물의 머리에 안수할지니 그를
위하여 기쁘게 받으심이 되어 그를 위하여 속죄가 될 것이라 5그는 여호와 앞에서 그
수송아지를 잡을 것이요 아론의 자손 제사장들은 그 피를 가져다가 회막 문 앞 제단
사방에 뿌릴 것이며 6그는 또 그 번제물의 가죽을 벗기고 각을 뜰 것이요 7제사장 아론
의 자손들은 제단 위에 불을 붙이고 불 위에 나무를 벌여 놓고 8아론의 자손 제사장들
은 그 뜬 각과 머리와 기름을 제단 위의 불 위에 있는 나무에 벌여 놓을 것이며 9그 내
장과 정강이를 물로 씻을 것이요 제사장은 그 전부를 제단 위에서 불살라 번제를 드릴
지니 이는 화제라 여호와께 향기로운 냄새니라 10만일 그 예물이 가축 떼의 양이나 염

Chapter 2

나의 전체를 올려 드리는 헌신의 제사, 번제

레 1 : 1-17

소의 번제이면 흠 없는 수컷으로 드릴지니 11그가 제단 북쪽 여호와 앞에서 그것을 잡
을 것이요 아론의 자손 제사장들은 그것의 피를 제단 사방에 뿌릴 것이며 12그는 그것
의 각을 뜨고 그것의 머리와 그것의 기름을 베어 낼 것이요 제사장은 그것을 다 제단
위의 불 위에 있는 나무 위에 벌여 놓을 것이며 13그 내장과 그 정강이를 물로 씻을 것
이요 제사장은 그 전부를 가져다가 제단 위에서 불살라 번제를 드릴지니 이는 화제라
여호와께 향기로운 냄새니라 14만일 여호와께 드리는 예물이 새의 번제이면 산비둘기
나 집비둘기 새끼로 예물을 드릴 것이요 15제사장은 그것을 제단으로 가져다가 그것의
머리를 비틀어 끊고 제단 위에서 불사르고 피는 제단 곁에 흘릴 것이며 16그것의 모이
주머니와 그 더러운 것은 제거하여 제단 동쪽 재 버리는 곳에 던지고 17또 그 날개 자
리에서 그 몸을 찢되 아주 찢지 말고 제사장이 그것을 제단 위의 불 위에 있는 나무 위
에서 불살라 번제를 드릴지니 이는 화제라 여호와께 향기로운 냄새니라

결국 예배란 죄, 세속, 사탄적인 삶을 버리고 지속적으로 거룩하신 하나님께로 가까이 가려고 애쓰는 출애굽 여정과도 같습니다. '거룩'은 제사장 나라의 백성이 간직해야 할 가장 중요한 삶의 모습입니다. 생활 속에서 늘 죄의 심각성을 생각하고 올바른 관계를 이뤄 나가기를 원하시는 아버지의 마음이 5대 제사에 담겨 있습니다. 우리 삶에 5대 제사가 일상적인 삶이 되도록 늘 예배생활에 힘써야 합니다.

하나님께서 범죄하고 타락한 인류에게 구원을 얻을 수 있는 방법으로 가르쳐 주신 유일한 길은 예배입니다. 피 흘리는 제사를 통해 우리는 하나님이 주시는 용서의 은총을 경험하고 하나님과의 교통을 통해 하늘의 신령한 양식을 공급받을 수 있게 되었습니다. 우리가 드리는 예배를 레위기적으로 이해해 보면 5대 제사와 7대 절기의 내용이 합해져 있음을 알 수 있습니다. 5대 제사 중에서 첫 번째 제사인 '번제'는 우리의 존재 전체가 하나님의 것임을 고백하고 전 존재를 올려 드리는 제사입니다.

"그러므로 형제들아 내가 하나님의 모든 자비하심으로 너희를 권하노니 너희 몸을 하나님이 기뻐하시는 거룩한 산 제물로 드리라 이는 너희가 드릴 영적 예배니라”(롬 12 : 1).

여기서 말하는 ‘몸을 드리는 거룩한 산 제물’이라는 개념은 바로 번제를 말합니다. 우리의 존재 전체를 드리는 제사의 개념입니다. 우리는 우리의 삶 가운데 제단의 불이 꺼지지 않도록, 곧 예배의 불이 꺼지지 않도록 늘 유의해야 합니다.

죄를 속하는 유일한 방법은 오직 피의 제사!

타락한 인류가 하나님께 가까이 갈 수 있는 유일한 방법은 제사를 통해서입니다. 에덴에서 쫓겨난 인류를 위해 하나님은 제사제도를 만드시고 구원의 길, 회복의 길을 열어 주셨습니다.

“육체의 생명은 피에 있음이라 내가 이 피를 너희에게 주어 제단에 뿌려 너희의 생명을 위하여 속죄하게 하였나니 생명이 피에 있으므로 피가 죄를 속하느니라”(레 17 : 11).

하나님께서 우리를 위해 주신 구원의 길이 있습니다. 내가 죄를 저질렀지만 하나님의 공의를 충족시킬 수 있는 자격자가 나를 대신하여 죗값을 갚아 주면 그 죄로부터 자유로울 수 있는 대속(代贖)의 길을 열어 주셨습니다. 그래서 구약에서는 ‘어린 양’이, 신약에서는 ‘예수님’이 우리 죄를 대신 짊어지고 죽으심으로 인류는 구원의 길을 얻게 되었습니다. 이것을 '대속(代贖)의 원리'라고 합니다. 마치 미성년자인 어린 자녀가 사고를 저지르면 부모가 대신 책임져 주는 것과 같은 원리입니다.

우리는 예수의 이름으로 나아와, 예수의 이름으로 기도하고, 예수의 십자가 공로를 힘입어 죄를 고백합니다. 그러면 우리 죄를 보혈로 씻어 주실 뿐만 아니라 말씀의 떡이신 그리스도를, 생명의 음료이신 그리스도를 공급해 주십니다. 우리는 이렇게 예배를 통하여 하늘의 신령한 양식들을 공급받습니다. 그리스도는 우리의 생명을 위한 만유가 되시기 때문에(골 3 : 11) 우리가 생명의 주로, 생명의 꼴로 그리스도를 취하면(요 10 : 10) 이 땅에서 하나님의 자녀로, 상속자로 살아가는 부요함을 누리게 됩니다.

"찬송하리로다 하나님 곧 우리 주 예수 그리스도의 아버지께서 그리스도 안에서 하늘에 속한 모든 신령한 복을 우리에게 주시되 곧 창세 전에 그리스도 안에서 우리를 택하사 우리로 사랑 안에서 그 앞에 거룩하고 흠이 없게 하시려고 그 기쁘신 뜻대로 우리를 예정하사 예수 그리스도로 말미암아 자기의 아들들이 되게 하셨으니"(엡 1 : 3 – 5).

예배 = 5대 제사 + 7대 절기

예배에는 두 가지 요소가 있어야 합니다. '내가 올려 드리는 제물'과 '내려오는 사죄의 은총, 위로부터 주시는 신령한 공급'입니다. 우리가 드리는 예배 안에는 이 두 가지 요소가 다 포함되어 있습니다. 우리가 하나님께 나아가는 것을 레위기의 개념으로 '5대 제사'라고 합니다. 그리스도를 제물로 삼아 번제, 소제, 화목제, 속죄제, 속건제로 우리가 하나님께로 나아갑니다. 더불어서 하나님께서는 예배를 통하여 나에게 '7대 절기', 곧 유월절, 무교절, 초실절, 오순절, 나팔절, 속죄일, 장막절의 공급을 주십니다. 그리스도가 나의 음료가 되시고, 나의 양식이 되시고, 나의 존재가 되어 주십니다. 죄가 꽉 찬 세상, 사탄이 역사하는 세상에서 내 힘으로는 살아갈 수가 없기에 이 땅에서 그리스도를 힘입어, 내가 아닌 그리스도로 살아갈 수 있도록 도와주십니다.

(1) 5대 제사는 하나님께 나아가는 방법

5대 제사는 짐승이나 곡식을 제물로 삼아 하나님께 나아가는 예배의 방법입니다. 구약시대 때는 하나님의 백성들이 짐승을 잡아 피의 제사를 드렸습니다. 이때 제물을 드리는 자는 제물의 머리에 손을 얹어 안수를 했습니다. 안수는 법적으로 동일시(同一視, Identify)의 의미를 가지고 있습니다. 안수할 때 내 죄가 제물에게 전기(轉嫁)되어 둘이 동일시됩니다. 제물이 죽어 하나님께 드려지지만 법적으로는 내가 심판을 받은 것과 같은 효력을 갖습니다. 신약의 예배에서는 예수님이 우리의 제물이 되셔서 하나님께 드려졌습니다.

번 제

안식일 또는 매달 초하루와 무교절, 속죄일에 짐승 전체를 불살라 제물로 바치는 제사를 말합니다. 번제는 제물인 짐승의 전부를 태워 연기로 하나님께 올려 드립니다. 번제의 제물을 드린다는 말은 내 삶, 내 존재 전부가 하나님의 것이라는 고백이요, 인정입니다. 때문에 번제는 가장 근원적인 제사입니다. 나의 출발도, 내 생의 마감도 하나님 안에 있다는 것을 인정하는 겸손한 고백입니다. 그리스도께서 자신을 온전히 하나님께 드린 것처럼 더불어 나의 전부도 하나님께 함께 올려 드리는 의미의 제사입니다. 우리가 일반적으로 사용하는 '헌신', '자기부인', '제자의 삶'이 이러한 번제에 속한 개념입니다.

소 제

소제는 곡물을 제물로 바치는 제사를 말합니다. 곡물의 가루가 희고 곱다는 뜻에서 명명된 소제(素祭)는 5대 제사 중 유일하게 '피'가 없는 제사입니다. 피 대신 곡물, 그것도 아주 곱게 빻아진 가루를 하나님 앞에 바치는 제사로 매일, 누구든지 드릴 수 있었습니다.

번제가 전부를 드리는 데 그 의미가 있다면, '소제는 하나님께서 가장 기뻐하시는, 내가 드릴 수 있는 가장 좋은 것으로 드리는 제사'라고 이해할 수 있습니다. 우리 자신이 소제물이 되려면 내가 곧 고운 가루가 되어야 합니다. 거칠고 투박한 가루로는 제대로 반죽을 할 수가 없습니다. 아주 미세하게 갈려 소리가 나지 않는 고운 모습으로 드려져야 합니다. 거기에 안팎으로 기름을 부어 기름떡이 된 제물을 하나님께 올려 드립니다. 이것이 소제를 통해 드려야 할 우리의 헌신이고 정성입니다. 내가 고운 가루가 된다는 것은 주님 앞에서 나의 자아를 철저하게 부순다는 의미이고 그래야 기름과 함께 잘 섞일 수 있습니다. 기름으로 반죽(mixing)한다는 말은 성령이 내 인격 속에 들어와서 내 성품, 언어, 사람을 대하는 태도, 물질관 등 나의 모든 내면세계와 인격의 전 영역에 연합하심을 의미합니다.

이 소제를 드릴 때에는 '누룩과 꿀'을 넣어서는 안 됩니다. 누룩은 죄가 가진 파급력을, 꿀은 나의 만족을 위한 달콤함을 의미합니다. 대신 유향, 소금을 섞어서 드려야 했습니다. 유향은 하나님께 올려 드리는 기도의 향을 의미합니다. 그리고 소금을 거기에 꼭 넣어야 합니다. 왜냐면 소금은 언약을 뜻하는 것으로 내가 하나님께 드렸던 약속을 신실하게 지켜나가겠다는 서약과 선포이기 때문입니다.

화목제

화목제, 소제, 번제는 예배자가 그것을 드리기를 원할 때 드리는 자원제, 곧 선택적 제사입니다. 바로 이어서 나오는 속죄제와 속건제는 반드시 드려야 하는 의무제입니다. 화목제는 하나님의 마음을 얻고 더욱 가까워지기 위하여 드립니다(레 7 : 15－16). 하나님께서는 우리에게 '하나님의 마음을 얻으려면 이렇게 하라.'라고 원칙을 세워 주셨는데, 그것은 곧 감사의 마음입니다. 감사를 잃어버리면 하나님과의 관계가 멀어지게 됩니다. 하나님과 더욱 가까워지기를 원한다면 감사의 마음을 잃어서는 안 됩니다. 하나님의 자녀, 상속자로 세우기 위하여 출애굽시킨 광야 백성들은 주신 은혜, 상황에 대하여 감사하기보다는 불평, 원망, 대적을 했기에 약속의 땅을 유업으로 얻을 수 없었습니다.

화목제의 종류에는 일반적으로 감사의 마음을 표현하는 감사제와 더 깊은 정성과 마음을 드리는 낙헌제, 아예 흔들리지 않도록 서원하여 드리는 서원제가 있습니다. 하나님의 자녀들은 이웃과 화목한 관계로 살아가야 합니다. 화목제는 하나님, 예배자, 이웃들이 함께 모여 제물을 나누는 기쁨의 잔치입니다.

속죄제

속죄제는 하나님의 뜻을 어기고 하나님의 목표에 도달하지 못한 삶을 살게 되었을 때 하나님과의 관계를 회복하기 위하여 드리는 제사입니다. 속죄제의 특징은 성소에 피가 뿌려진다는 것입니다. 성소는 하나님이 이스라엘 백성과 만나 주심으로 하나님 자신을 눈에 보이게 표현한 곳입니다.

"너희는 이와 같이 이스라엘 자손이 그들의 부정에서 떠나게 하여 그들 가운데에 있는 내 성막을 그들이 더럽히고 그들이 부정한 중에서 죽지 않도록 할지니라"(레 15 : 31).

여기서 알 수 있는 것은 죄가 사람을 더럽힐 뿐 아니라 하나님의 성소까지 오염시키며, 이 오염된 것을 정결하게 하는 합당한 수단이 바로 '희생의 피'라는 점입니다. 속죄제의 가장 중요한 목적과 기능은 그의 백성 가운데 하나님이 계속 머무르시도록 개인과 공동체의 죄를 씻는 일입니다. 이 말을 다르게 표현하면 우리가 죄에 먹히지 않고 지속적으로 은혜

속에 살기 위하여서 속죄제를 드려야 한다는 말입니다.

속죄제에 피를 드리는 것은 하나님의 은혜가 없이는 살 수 없다는 고백이 담겨 있습니다. 속죄제는 희생 제물의 피를 번제단 바닥에, 번제단 뿔에, 향단 뿔에, 휘장에 뿌립니다. 이렇게 피가 뿌려지는 단계를 통하여 나와 하나님과의 교통의 수준이 어느 장소, 어떤 수준에서 이루어지느냐를 생각할 수 있습니다. 하나님의 은혜를 체험하는 수준이 빈제단인 사람이 있습니다. 그러나 더 깊이 들어가 향단에서, 거룩한 지성소까지 들어가 하나님과 친밀한 관계를 갖는 더 깊은 은혜의 수준이 있습니다. 피를 가지고 더욱 깊숙한 지성소, 시은좌(施恩座)까지 들어갈 수 있어야 합니다.

속건제

속죄제와 속건제는 반드시 드려야 하는 의무제입니다. 만약 우리에게 은혜가 끊어져 버린다면(속죄제), 만약 우리가 회개하기를 멈춰 버린다면(속건제) 우리는 영적으로 많은 손상을 입게 됩니다. 매일의 생활 가운데 이 두 제사가 소홀히 되지 않도록 주의해야 합니다. 속죄제가 주로 내면의 죄나, 보상(補償), 배상(賠償)을 할 수 없는 죄의 문제 때문에 드리는 제사라면, 속건제는 배상할 수 있는 범죄와 손해에 대해 배상할 것을 명령합니다. 즉, 우리가 지은 죄에 대하여 피해보상(被害補償) 할 수 있는 경우에는 말로만 회개해서는 안 되고, 피해를 입힌 물질적 손실을 갚도록 명령하는 것입니다. 이 제사는 재발 방지, 예방, 교육효과가 큰 제사입니다. 오늘날의 그리스도인들이 놓치고 있는 중요한 제사가 속건제입니다. 피해자에게 보상하려고 하지 않습니다. 하나님의 성물에 대하여서도 갚으려고 하지 않습니다. 결국 그로 인한 책임은 그들의 삶에 엄청난 손실을 가져옵니다. 속건제를 드릴 때는 피해를 준 액수의 20%를 더 주고(레 5 : 16, 6 : 5) 제사를 드립니다. 그러나 이 일이 적발되어 형사처벌 될 때는 2배, 4배, 5배로 보상해야 합니다(출 22 : 1－15).

5대 제사는 성도의 거룩한 생활과 연결되어 있습니다. 하나님께서 제사를 통하여 죄는 가능하면 멀리하고, 하나님 쪽으로 자꾸 우리 자신을 성별하도록 제사법을 제시해 주셨습니다. 태워지는 희생제물을 보면서 우리는 죄의 결과인 심판의 심각성을 인식하고 거룩한 백성으로 살아가기를 애써야 합니다.

결국 예배란 죄, 세속, 사탄적인 삶을 버리고 지속적으로 거룩하신 하나님께로 가까이 가려고 애쓰는 출애굽 여정과도 같습니다. '거룩'은 제사장 나라의 백성이 간직해야 할 가장 중요한 삶의 모습입니다. 생활 속에서 늘 죄의 심각성을 생각하고 올바른 관계를 이뤄 나가기를 원하시는 아버지의 마음이 5대 제사에 담겨 있습니다. 우리 삶에 5대 제사가 일상적인 삶이 되도록 늘 예배생활에 힘써야 합니다.

5대 제사 중 내가 놓치고 있는 예배의 요소는 무엇입니까?

(2) 7대 절기는 그리스도를 누리고 공급받는 잔치

하나님께서는 하나님의 부요하심을 가지고 7대 절기를 통해 우리 안으로 들어오십니다. 때문에 내가 받은 은혜의 내용이 무엇인지를 아는 일이 중요합니다. 우리가 하나님의 양식을 공급받고 어떻게 성장해 가는지는 7대 절기를 통해서 알 수 있습니다. 7대 절기는 그리스도가 내 안에 들어오셔서 나를 채워 가는 성숙의 단계이기 때문입니다.

유월절

유월절은 하나님께서 출애굽 전야(니산월 14일)에 '이집트 땅을 치실 때' 사람이든 가축이든 이스라엘의 처음 태어난 초태생들을 심판하지 않고 '넘어갔다' 또는 '살려 두셨다'는 사실을 기념하는 절기입니다. 이스라엘 백성들은 말씀하신대로 집집마다 좌우 문설주와 인방에 어린 양의 피를 발라 하나님의 구별된 가정임을 표시했습니다. 그 피를 보고 죽음의 사자가 패스(유월, 逾越, Pass Over) 했습니다.

이스라엘 백성들이 출애굽하기 전에 애굽의 노예로 종속되어 있던 것처럼 우리는 태어날 때부터 죄의 노예로 얽매어 있었습니다. 독사는 태어날 때부터, 아직 새끼일지라도 독이 있는 것처럼 우리는 모태에 있을 때부터 죄인이었습니다. 이러한 죄로 인하여 심판을 받아야 되는데 예수님께서 십자가에서 내 죄를 위하여 대신 심판을 받으심으로 나는 그 죄로부터 완전히 자유로워졌습니다. 유월절은 예수 그리스도의 십자가 사건의 예표입니다. 어린 양이 나를 대신하여 심판을 받음으로 심판의 재앙이 나를 넘어갔다는 사실을 기억하는 절기입니다. 더불어서 하나님의 백성들은 피의 은총, 대속(代贖)의 은혜에 의하여 살아야 한다는 이 중요한 사실을 잊지 말라는 하나님의 강력한 요청입니다.

그런데 얼마나 많은 그리스도인들이 이 은혜에 대해서 무지하거나 이 사실을 망각한 채 살아가고 있습니까? 마치 자기가 죄를 책임져야 할 것처럼 이 땅에서 죄의 폐해들을 그냥 껴안고 살아갑니다. 저주, 심판, 가난, 질병, 이런 것을 당연하게 여기고 살아갑니다. 그러나 그 저주는 이미 예수님께서 담당하셨습니다. 이제 우리는 그 혜택을 받기만 하면 됩니다. '회개기도만 정확하게 체크해도' 지금 우리가 겪고 있는 많은 손실들을 피할 수 있습니다. 이미 예수님께서 죄의 대가를 다 지불하셨고 우리를 아들로, 그것도 장자로 불러 주셨기에 장자권의 복을 가지고 살아갈 수 있습니다. 장자권의 축복은 왕권, 제사장권, 두 배의 몫을 받는 권리입니다(대상 5 : 1－2, 신 21 : 15－17). 회개함으로 내가 받을 저주를 예수님에게 다 넘겨 버리고 나는 아들로, 장자권의 복을 가진 자로 살아갈 수 있음을 확인하는 날이 유월절입니다.

무교절

유월절이 하나님의 은혜로 재앙이 넘어가는 것을 기억하는 날이라면, 무교절은 이제 심판으로부터 구원을 받아 출애굽하는 준비를 갖추는 절기입니다. 유월절을 보낸 후 그 다음 날부터 칠 일간 무교절이 진행되는데, 이 칠 일간은 모든 식사를 무교병으로 하고 첫날과 마지막 칠 일째 되는 날은 안식일처럼 아무 일도 하지 않고 성회로 모여 절기를 지키도록 하는 것이 무교절을 지키는 방식입니다. 무교절에서 가장 중요한 것은 무교병, 즉 누룩으로 발효되지 않은 빵을 먹는 것이며, 일주일 간 누룩을 금해야 합니다. 무교절은 누룩 없는 떡이신 그리스도를 양식으로 취하는 절기입니다.

출애굽 이후 최초의 변화가 음식의 변화입니다. 그것들은 나를 새로운 존재로 바꾸어 줍니다. 그러나 구원받은 이후에도 세속의 문화를 버리지 못하는 경우가 많습니다. 과거의 좋지 않은 술친구들과 가까이하고, 이전의 악한 습관들을 즐기고 산다면, 신분은 하나님의 자녀가 됐지만 삶은 여전히 변화되지 않고 유치한 옛 사람의 모습으로 살아갈 수밖에 없습니다. 하나님은 이런 사람들을 광야로 데리고 가십니다. 자신의 구미를 자극하는 음식이 아닌 하나님이 주시는 양식만 먹게 하십니다. 우리는 이런 삶을 '고난이다, 광야다'라고 표현하지만 성경은 '연단이다, 훈련이다'라고 말합니다. 어려운 삶의 광야를 거치면서 구원받은 하나님의 자녀들은 공급, 즉 양식이 변합니다.

『 제가 아는 어떤 분이 있습니다. 그는 정말 소설을 좋아했습니다. 밤 새워 소설을 읽는 것이 삶의 큰 즐거움이라고 말을 하곤 했습니다. 그런데 주님을 만난 이후에는 재미가 없다고 고백합니다. 흥행하는 영화도, 화제가 되고 있는 드라마도 별로 재미가 없답니다. 왜 그러냐고 물었더니 더 깊고 즐거운 세계를 경험했기 때문에 나를 즐겁게 해 주던 것들이 다 바뀌더랍니다. 이제는 그리스도가 양식이 되고, 영원히 마르지 않는 생수의 성령을 체험하고 입맛이 변해 버렸습니다. 기호가, 취미가 달라졌습니다. 더 좋은 것, 더 매력적인 가치를 얻었기 때문입니다. 』

우리는 양고기이신 그리스도, 쓴 나물이신 그리스도, 무교병이신 그리스도를 먹으면서 체질을 개선해야 합니다. 그리스도를 나의 양식으로,

나의 음료로 누리게 되면 그때부터 하늘의 신령한 삶을 살게 됩니다. 이전에는 나의 삶의 중심이 나의 즐거움, 나의 만족에 있었습니다. 그러나 이제는 그리스도가, 예배가, 말씀이 기준이 됩니다. 이것이 무교절을 사는 성숙한 삶입니다.

초실절

"이것이 너희가 그 정한 때에 성회로 공포할 여호와의 절기들이니라 첫째 달 열나흗날 저녁은 여호와의 유월절이요 이 달 열 닷샛날은 여호와의 무교절이니 …… 곡물의 첫 이삭 한 단을 제사장에게로 가져갈 것이요 제사장은 너희를 위하여 그 단을 여호와 앞에 기쁘게 받으심이 되도록 흔들되 안식일 이튿날에 흔들 것이며"(레 23 : 4 - 11).

초실절은 여름 농사를 하여 거둔 처음 익은 열매를 여호와 하나님께 드리며 감사와 찬양을 돌리는 절기를 말합니다. 이 구약의 초실절은 신약시대에 와서는 부활절과 같은 의미를 가지고 있습니다. 유월절은 정월 14일 저녁, 무교절은 정월 15일, 초실절은 '무교절 후 첫 안식일 이튿날'이라고 명기되어 있습니다. 유월절, 무교절, 초실절 순서대로 나란히 이어집니다.

"예수께서 안식 후 첫날 이른 아침에 살아나신 후"(막 16 : 9).

날짜는 무교절 후 첫 안식일 이튿날, 즉 다음 날로 부활절은 구약의 초실절과 동일한 절기이기도 합니다. 또한 추수한 곡식의 처음 것을 바치는 초실절은 부활의 첫 열매가 되신 예수님이 죽음을 이기신 것을 보여주는 모형적 예식이기도 합니다.

"그리스도께서 죽은 자 가운데서 다시 살아나사 잠자는 자들의 첫 열매가 되셨도다"(고전 15 : 20).

우리는 초실절을 지킴으로 나를 거듭나게 하는 새로운 능력, 사망 권세를 이기고 부활하신 예수 그리스도의 능력을 얻습니다. 예수 그리스도의 은혜로 말미암아 죄에 속하였던 나는 죽고, 의에 대하여 새로 태어난 나로 살게 됩니다. 이는 음부의 권세를 뚫고, 사망의 권세를 뚫고 올라오신 그리스도가 내 속에서 나의 삶을 변화시키는 능력으로 역사해 주시기 때문입니다.

"우리 주 예수 그리스도의 아버지 하나님을 찬송하리로다 그의 많으신 긍휼대로 예수 그리스도를 죽은 자 가운데서 부활하게 하심으로 말미암아 우리를 거듭나게 하사 산 소망이 있게 하시며 썩지 않고 더럽지 않고 쇠하지 아니하는 유업을 잇게 하시나니 곧 너희를 위하여 하늘에 간직하신 것이라"(벧전 1 : 3 - 4).

오순절

"일곱 주를 셀지니 곡식에 낫을 대는 첫 날부터 일곱 주를 세어 네 하나님 여호와 앞에 칠칠절을 지키되 네 하나님 여호와께서 네게 복을 주신 대로 네 힘을 헤아려 자원하는 예물을 드리고"(신 16 : 9 - 10).

무교절 때에 초실절, 즉 처음 익은 이삭을 거두어 하나님께 요제로 드린 후에 7주를 계수하면 49일이 됩니다. 그 49일이 지난 다음 날이 50일인데, 이 50일이 되는 날 하나님이 각 사람에게 주신 복에 따라서 예물을 드리는데 유월절을 지나 50일 만에 지키게 되므로 오순절(순, 旬=10일)이라고 부릅니다. 이스라엘 백성들은 오순절을 '맥추절' 혹은 '칠칠절'이라고도 불렀습니다. 그리스도가 내 속에서 부활의 능력으로 시작되다가 오순절 즈음이 되면 이것이 열매로 나타나게 됩니다. 나만 볼 수 있는 열매가 아니라 사람들에게 보이는 추수의 열매들입니다. 구약에서는 이날 모세를 통하여 십계명을 주셨고, 신약에서는 성령께서 이 땅에 강림하셔서 새 언약의 역사를 시작하셨습니다.

나팔절

나팔절은 나팔을 불어 속죄일을 준비하는 성회의 날입니다. 유대력으로 7월 1일에 거행되는 절기입니다. 나팔을 왜 불게 됩니까? 나팔은 널리 알리기 위해서 붑니다. 그렇다면 무엇을 알리기 위함입니까? 내가 경험한 그리스도를 노래로 표현하고, 감사로 표현하고, 간증으로 내어놓고, 찬양하고, 높이기 위함입니다. 하나님을 인격적으로 만나고, 매일매일 생활 가운데 동행하는 사람은 자랑하고 싶어 견딜 수가 없습니다. 은혜를 풍성하게 받으면 기쁨이 넘쳐서 찬양을 하고, 춤을 추며 기뻐하고, 더불어서 이웃들에게 자랑하고 선포하게 됩니다.

역사적인 나팔절은 후일에 유대인들이 주께로 돌아와 민족적으로 대속죄일을 경험하게 될 때 이러한 절기가 진행될 것입니다. 이 나팔절을 영적으로 이해한다면 내가 주님을 만나고 나서, 은혜받고 나니까 간증하고 싶어서 견디지 못하여 자랑하고, 전달하고, 찬양하는 그런 마음입니다.

『 옛날에 '굼벵이 전도사'라고 불리는 사람이 있었습니다. 건강이 좋지 않았는데 굼벵이를 먹고 간을 치료받았습니다. 그 이후로는 간이 나쁜 사람들만 만나면 굼벵이를 자랑했습니다. 』

동일한 원리입니다. 나팔절은 간증하고, 자랑하고, 나누고, 선포하는 절기입니다. 내 안에 확실한 간증이 있습니다. 내가 춤추며 노래할 확실한 이유가 있습니다. 죄, 눌림, 노예 상태에 있던 사람이 우리 주님을 만나고, 그 안에서 성장하면서 영적 세계들을 경험하고 나니 감격과 기쁨이 넘치게 됩니다. 죄 사함받고 구원받은 유월절이 있고, 그리스도를 양식으로 공급받아 성장하는 무교절이 있습니다. 그 주님의 생명이 부활의 능력으로 내 안에서 역사하여 초실절로 나타나고, 이제 말씀과 성령으로 채워지니, 자연스럽게 사람들에게 나팔을 불어 증거하고, 나누고, 전달하게 됩니다.

속죄일

"일곱째 달 열흘날은 속죄일이니 너희는 성회를 열고 스스로 괴롭게 하며 여호와께 화제를 드리고 이날에는 어떤 일도 하지 말 것은 너희를 위하여 너희 하나님 여호와 앞에 속죄할 속죄일이 됨이니라 이날에 스스로 괴롭게 하지 아니하는 자는 그 백성 중에서 끊어질 것이라 이날에 누구든지 어떤 일이라도 하는 자는 내가 그의 백성 중에서 멸절시키리니 너희는 아무 일도 하지 말라 이는 너희가 거주하는 각처에서 대대로 지킬 영원한 규례니라"(레 23 : 27 - 31).

속죄일은 일 년 중 오직 이 하루만 대제사장이 성막 안의 지성소에 들어가 이스라엘 모든 백성의 죄를 위하여 대속하는 날입니다. 이를 통해 온 이스라엘 백성이 깨끗함을 얻어 죄로 인해 분리되었던 하나님과 다시 화목할 수 있었습니다. 이 속죄일을 출발로 하나님의 자비와 은혜가 1년 동안 유효합니다. 다음 속죄일까지 성막 안에서 진행되는 모든 제사와 하나님을 섬기는 일들을 열납하여 주십니다.

대제사장이신 우리 주님이 십자가 위에서 스스로 속죄제의 제물이 되셨습니다. 우리는 작은 제사장들이 되어 모든 죄인들이 하나님의 용서와 긍휼을 경험할 수 있도록 부지런히 주님의 은혜를 전달하고 예배하며 봉사해야 합니다. 나를 통해 수많은 영혼들이 죄에서 떠나 하나님께로 돌아오게 해야 합니다. 나팔절의 결과는 속죄일입니다. 나의 간증과 전파를 듣고 그 심령에 변화를 경험하게 되면 돌아와 주께로 돌이키는 속죄제를 경험하게 됩니다.

장막절

7대 절기의 마지막 절기는 장막절입니다. 이 장막절은 연중 마지막 절기로서 대속죄일을 통하여 모든 죄에서 정결함을 받은 자들이 추수한 열매들을 먹으며 축제를 즐기는 의식이었습니다. 그들은 과거 출애굽 이후 광야에서 살던 시대를 기억하기 위하여 집 밖에 장막(초막–풀이나 나뭇잎으로 만든 텐트)을 치고 온 가족이 함께 거기에 거하였습니다. 하나님께서 그들을 어떻게 인도하셨는지에 대한 구속의 역사를 기억하고 자녀들에게 교육, 전달, 훈련하였습니다.

오늘날 우리의 교회생활이란 이러한 장막절의 모습을 가져야 합니다. 영적 부모가 자녀들에게 삶을 가르치고, 구속사를 전달하고, 사랑으로 돌보고 양육하는 구조입니다. 부모와 자녀, 목자와 양의 구조로 생명은 전달되고, 양육을 받습니다. 장막절의 구조가 건강한 교회의 모습입니다. 생명의 관계, 생명의 전달, 그리고 세대를 흐르는 대물림이 있어야 합니다. 생명을 낳을 뿐만 아니라 다음 세대에게 전달하는 복음의 증거, 나눔, 교육, 훈련이 있어야 합니다. 그리하여 모든 절기는 장막절로 완성됩니다. 사실 교회생활이 없는 신앙생활은 아직 자라지 못한, 성숙이 없는 생명이라고 할 수 있습니다.

7대 절기를 차근차근 따라가다 보면 내 영적 수준이 높아집니다. 그리스도를 누리는 수준이 달라집니다. 예수 믿고 천당 간다는 수준은 '유월절'입니다. 거기서부터 시작해서 그리스도를 양식으로 삼는 '무교절', 부활의 능력을 경험하는 '초실절'에서 삶의 많은 열매를 맺는 '오순절'로 이어집니다. 삶의 감격과 경험들을 내어놓는 '나팔절'을 경험하고 그러면 사람들이 모여들어 그들이 하나님께로 돌이키는 '속죄일'로 이어집니다. 그들과 함께 하나님의 은혜를 즐기고, 잔치하며 '장막절'의 절기를 즐기게 됩니다. 내가 돌보고, 양육하는 사람들이 점점 많아지고, 그래서 그것이 영적 가족(일대일, 셀)이 되고, 그리스도의 몸과 지체 역할을 하는 교회로 성장하게 됩니다. 이처럼 절기의 단계는 영적 성장으로 볼 수 있으며 교회와 성도들은 장막절에 이르기까지 성숙해야 합니다. 여기에서 우리는 생명의 대물림을 경험하고, 내가 가진 모든 것을 다 믿음의 후손들에게 전수시켜 줄 수 있습니다.

나의 드리는 예배 생활 안에 내가 그리스도를 통해서 하나님께 나아가는 예배(5대 제사)와 그리스도를 나의 생명으로, 양식으로 누리는 7대 절기의 예배가 있습니까?

(3) 번제를 드리는 방법

번제는 매일 아침 드려야 합니다(상번제)

"제단 위의 불은 항상 피워 꺼지지 않게 할지니 제사장은 아침마다 나무를 그 위에서 태우고 번제물을 그 위에 벌여 놓고 화목제의 기름을 그 위에서 불사를지며 불은 끊임이 없이 제단 위에 피워 꺼지지 않게 할지니라"(레 6 : 12 – 13).

우리가 인생을 살면서 우리의 아침, 새로운 출발은 매일 하나님 앞에서 시작하고 이렇게 선언해야 합니다.

"나의 존재, 나의 시간, 나의 물질 모든 것은 다 하나님의 것입니다."

"오늘도 하나님과 동행할 것입니다."

"하나님을 위해 살 것입니다."

이것이 번제의 제사로 매일을 사는 삶의 고백입니다.

"그러므로 형제들아 내가 하나님의 모든 자비하심으로 너희를 권하노니 너희 몸을 하나님이 기뻐하시는 거룩한 산 제물로 드리라 이는 너희가 드릴 영적 예배니라 너희는 이 세대를 본받지 말고 오직 마음을 새롭게 함으로 변화를 받아 하나님의 선하시고 기뻐하시고 온전하신 뜻이 무엇인지 분별하도록 하라"(롬 12 : 1 – 2).

신약에서는 이것이 하나님께서 받으시는 영적 예배라고 말합니다. 하나님께서 제일 좋아하시는 제사, 번제는 우리가 세상 여론이나 흐름을 따라가지 않고, 우리의 생각과 마음이 하나님의 뜻을 늘 분별하고 하나님의 선하신 뜻을 자꾸 찾아, 몸과 마음과 생각을 하나님께로 집중하는 삶입니다. 구약에서는 제단에 제물을 드렸습니다. 그러나 신약시대에는 이제 제물을 드리지 않습니다. 먼저는 그리스도가 제물이 되셨고, 그리고는 우리가 그 제물이 되어야 한다고 말씀합니다. 죽여서 드리는 양, 제물이 아닌 매일매일 살아 있으면서도 희생과 섬김과 자기 부인의 제물로 자신을 드리는 삶을 살 것을 요청합니다. 이러한 생활예배가 하나님께서 기뻐 받으시는 영적 예배입니다.

열납하시도록, 기쁘게 받으시도록 드려야 합니다

예배의 중심은 내가 아닙니다. 예배를 받으시는 하나님이 중심이 되어야 하고 이것이 모든 예배의 근본정신입니다. 예배는 예배자가 중심이 되어 자기 좋은 대로 드리는 것이 아니라, 예배를 받으시는 그분께서 기뻐 받으시도록 드려야 합니다.

그 전부를 드려야 합니다

"그 내장과 정강이를 물로 씻을 것이요 제사장은 그 전부를 제단 위에서 불살라 번제를 드릴지니 이는 화제라 여호와께 향기로운 냄새니라"(레 1 : 9).

"그 내장과 그 정강이를 물로 씻을 것이요 제사장은 그 전부를 가져다가 제단 위에서 불살라 번제를 드릴지니 이는 화제라 여호와께 향기로운 냄새니라"(레 1 : 13).

전부를 주신 하나님은 우리의 생명 전부를 헌신할 것을 요청하십니다.

머리는 나의 생각과 지성이 주님께 드려지는 것을 의미합니다.

기름은 나의 가장 기름지고 부요한 부분이 주님께 드려지는 것을 의미합니다.

내장은 나의 내면의 생각과 느낌, 모든 묵상이 주께로 구별되는 것을 의미합니다.

안수하여 드려야 합니다

"그는 번제물의 머리에 안수할지니 그를 위하여 기쁘게 받으심이 되어 그를 위하여 속죄가 될 것이라"(레 1 : 4).

예배자는 제물의 머리에 손을 얹고 안수함으로써 자기의 죄와 죄책을 짐승에게 전가시킵니다. 이것을 신학적으로 신적 교환(Divine Exchange)이라고 합니다. 미성년자 자녀가 사고 치면 부모가 그 사고를 다 책임집니다. 반면, 부모의 모든 부요함과 혜택은 자녀가 누리는 것과 같은 이치입니다. 내 죄, 허물, 내가 받아야 할 심판, 이러한 어두운 모든 부분은 다 주님이 가져가시고, 그 대신 주님의 십자가와 부활, 승천의 모든 혜택들은 내가 누리게 된다는 말입니다. 안수에는 그런 기능이 있습니다. 안수하면 둘이 연합하게 되고 영으로 교통하게 됩니다.

'회개기도'할 때 나의 모든 허물과 죄가 주님께로 갑니다.

'은혜'가 오고, '믿음'으로 받아들이면 주님이 이루신 모든 혜택들은 내게로 흘러들어 옵니다.

하나님이 기뻐 받으시는 예배를 드리기 위해 나는 어떤 노력을 드리고 있습니까?

(4) 번제를 드리는 제물의 종류는 3가지

구약의 번제의 의미를 현대를 사는 우리의 삶으로 재해석해 보고자 합니다. 구약에서는 번제를 드리는 제물의 종류가 세 등급으로 나누어져 있습니다.

1등급은 '흠 없는 수컷으로 드리는 소의 번제'입니다(레 1 : 3-9). 가장 높은 수준의 번제입니다. 1등급 제물은 회막문에서 잡았습니다. 제물의 머리에 예배자가 손을 얹어 안수하고, 예배자 자신이 잡아 가죽을 벗기고, 각을 뜨고, 내장을 씻은 뒤 불살라 번제로 드렸습니다.

2등급은 '양이나 염소로 드리는 번제'입니다(레 1 : 10-13). 1등급 소를 제물로 드리는 자의 헌신과 2등급 양이나 염소를 제물로 드리는 자의 헌신은 분명한 차등이 있습니다. 구약에서 제물의 크기는 신약적으로 이해하면 믿음의 크기로 이해할 수 있습니다. 이 제물은 제단 북편에서 잡았고, 각을 뜨고, 머리와 기름을 베어 내고, 내장과 정강이를 물로 씻은 뒤 불로 살라서 번제로 드렸습니다.

3등급은 '산비둘기나 집비둘기 새끼로 드리는 제사'입니다(레 1 : 14-17). 3등급 제물은 가난한 사람들이 드리는 제물입니다. 가장 값이 싼 비둘기를 제사장에게 가져다주면, 제사장이 단으로 가져가 머리를 비틀어 끊고 단 위에서 불살라 번제로 드렸습니다.

헌신의 수준의 차이

구약에서 제물의 차이는 신분의 차이, 경제적 부요함의 차이였지만 신약에서는 믿음의 수준, 헌신의 차이로 이해할 수 있습니다. 동물을 다루는 분에게 물어보니 비둘기는 한 마리에 3~4만 원 정도, 양이나 염소는 30만 원 정도, 소는 3~4백만 원 정도 한다고 합니다. 돈 없는 사람에게 3~4백만 원짜리 제물로 예배를 드리라고 한다면 그가 할 수 있겠습니까? 하나님께서는 각자의 형편에 따라 제물을 준비하게 하십니다. 그러나 믿음이 작은 자에게도 그 사람의 수준에 맞는 헌신을 요구하신다는 것을 기억하십시오. 이제 갓 믿게 된 초신자라 할지라도 반드시 헌신의 예배, 드려지는 삶이 있어야 합니다.

자원하여 물질을 드리고, 몸을 드리고, 시간을 드리는 사람들이 소의 번제를 드리는 사람입니다. 그들은 하나님을 위한 수고, 희생, 봉사, 노동을 아끼지 않습니다. 양의 번제를 드리는 사람들은 하나님께서 시키시면 응답하는 순종을 보여 줍니다. 새의 번제를 드리는 사람들은 아직 온전한 순종을 드릴 수준은 못 되지만 억지로라도 목이라도 비틀고 날개라도 찢어야 합니다. 믿음이 어릴 때에는 비둘기를 찢는 흉내만 내도 믿음이 있다고 인정해 주십니다. 그러므로 한 사람도 예외 없이 우리는 저마다 믿음의 분량대로 하나님 앞에서 성도로서 거룩한 삶을 드리도록 노력해야 합니다. 이제 내가 하나님께 드리는 예배의 수준이 소인지, 양인지, 새인지 스스로 검증해 보시기 바랍니다.

소의 헌신을 드릴 수 있는 수준의 사람이 양을 드린다면, 양의 헌신을 드릴 수 있는 수준의 사람이 아까운 생각에 비둘기를 드린다면 하나님의 마음을 기쁘시게 할 수 없습니다. 번제는 열납하시도록 드려야 합니다. 우리는 의식적이고 종교적인 예배가 아닌 진정한 마음의 예배를 드려야 합니다.

잡는 방법의 차이

번제물을 드릴 때 드려지는 제물마다 잡는 방법이 달랐습니다. '소'는 가죽을 다 벗겨 내고 각을 뜨고 내장을 씻어 화제로 드렸습니다. '가죽까지 벗겨 내는 것'은 벌거벗은 몸으로 사람들 앞에 서는 것처럼, 내가 주님 나라를 위해서라면 수치도, 불명예도 감내하고, 주님의 교회를 위해서라면 억울한 누명을 쓰고 욕을 먹더라도 희생하겠다는 마음을 의미합니다. 그럼 '각을 뜨는 것'은 무얼 의미합니까? 대인 관계, 언어 훈련, 사람을 대하는 태도, 물질관, 시간관 등 삶의 모든 영역에서 한 부위씩 각을 떠서 구별시켜야 합니다. 결국 내 삶의 전부를 하나님 앞에 바치는 훈련입니다. 돈, 가족, 자녀, 시간, 건강, 명예, 욕망 등을 부위별로 각을 떠서 하나하나 하나님께 드릴 때, 하나님은 우리의 예배를 기쁘게 받으십니다.

'양'을 잡는 방법은 각을 뜨고 내장과 정강이는 씻어 화제로 드리는 것입니다. 각만 뜨는 수준은 아직 양의 번제입니다. 가죽까지도 벗겨서 드려야 소의 번제입니다. 내 이름이 드러나거나, 나의 의, 자랑거리를 드러내려 한다면 아직 양의 수준입니다.

'새'를 잡아 드리는 번제의 경우에는 제사장이 그 머리를 비틀어 끊고, 날개를 찢되 아주 찢지는 않고 화제로 드렸습니다. 그냥 죽이기라도 하라는 말입니다. 주님을 믿기로 작정했지만 아직도 옛 사람을 끊어 내지 못하고 옛 습관을 저버리지 못하는 경우가 많습니다. 소나 양의 경우는 예배자가 제물인 동물을 잡지만, 새의 경우는 제사장이 잡습니다. 아직 내 믿음으로, 내 힘으로 안 되면 목자의 요구를 따라 복종이라도 하는 자세가 중요합니다.

잡는 장소의 차이

번제물에 따라 잡는 장소가 달랐습니다. '소'는 회막 문에서 잡았습니다. 그곳은 성막 전체가 바깥과 연결되는 문이었습니다. '양'의 경우에는 번제단 북쪽에서 잡았습니다. '새'의 경우에는 번제단에서 잡았습니다. 이것은 번제단에서 멀어질수록 헌신의 영역이 넓어짐을 보여 줍니다. 어떤 사람은 교회에서는 봉사도 잘하고 양보도 잘하고 겸손합니다. 그런데 교회를 벗어나 가정이나 직장으로 가면 옛 사람의 모습으로 사는 사람이 있습니다. 이런 사람은 새의 번제를 드리는 사람입니다. 새는 제단에 있을 때만 헌신합니다. 가정이나 삶의 현장에서도 잘하는 사람이 있습니다. 그런 사람은 양의 번제입니다. 하지만 소의 수준은 제단에서 멀리 떨어진 자리, 곧 불신자들 사이에 들어가서도 희생하며 살고, 사람들이 보지 않는 자리에서도 정직하게, 거룩한 수준을 지킵니다. 우리의 신앙이 새에서 소의 수준으로 올라가야 합니다.

잡는 사람의 차이

번제물에 따라 잡는 사람이 달랐습니다. 소나 양의 번제의 경우에는 본인이, 즉 제사를 드리는 예배자가 잡습니다. 그러나 새의 경우에는 제사장이 잡아 주어야 합니다. 그것은 자기를 부인하고 자기를 내려놓는 일이 자발적으로 이루어지고 있는지, 아니면 누군가 도와줘야 이루어지는지에 대한 예배 수준의 차이입니다. 봉사를 하고, 섬기고, 예배생활을 하고, 주일날 오는 것도 꼭 전화를 해야만 오는 사람, 제사장이 도와줘야만 되는 사람이 있습니다. 항상 우선순위를 하나님께 먼저 두고 자발적으로, 기쁨으로 섬기는 사람은 소나 양의 수준입니다. 억지로 끌려와서 다른 사람에 의해 억지로 하는 사람들은 새의 번제를 드리는 사람입니다. 하지만 새의 번제라 할지라도 하나님은 그것을 아주 귀하게 보십니다. 이제 갓 신앙생활을 시작하는 초신자라 할지라도 하나님께 자신을 드리는 헌신이 있어야 한다는 것이 새의 번제물이 주는 메시지입니다.

나의 번제는 어느 수준입니까?

예배에 성공하기를 원합니다.

하나님이 원하시는 예배가 어떤 것인지 알기를 원합니다.

예배를 통하여 나의 문제들, 허물과 죄악들을 탕감받기를 원합니다.

예배를 통하여 나의 아버지, 나의 주님, 나의 근원이신 하나님을 만나기를 원합니다.
예배의 성공은 하나님께서 기뻐 받으시는 지의 여부에 달려 있습니다.
하나님께서 당신이 드린 번제를 흠향하셨다면 당신은 예배의 성공자입니다.
예배자인 당신을 하나님 앞에서 5대제사로 세워 나가십시오.
7대 절기를 통해 예배의 자리를 존재 속으로, 삶 속으로 확대해 나가십시오.

1분 1초도 허비하지 말고 하나님의 사람으로서 이 땅에 하나님의 나라를 만들어 가십시오.
예배는 예배당에서 시작되는 것이 아니라 당신이 예배를 준비하는 순간부터 시작됩니다.
그 마음 안에, 그 생각 안에 하나님을 향한 구별됨, 헌신으로 예배가 시작됩니다.
예배의 시작은 나에게서 출발합니다. 서투른 형식도, 유치한 섬김도 소중합니다.
내가 주님께로 나아가는 수준입니다.

예배의 성숙은 진리가, 하나님이 제시하신 원칙이 나의 삶에서, 나의 인격에서, 나의 언어와 행동과 타인을 섬기는 자세에서 드러납니다.
가정에서, 직장에서, 비즈니스의 현장에서 내가 아닌 그리스도가 드러나야 합니다.
그분처럼 말하고, 희생하고, 섬기는 헌신의 삶입니다.
예배는 심판을 구원으로, 저주를 축복으로 바꾸는 힘이 있습니다.
예배는 나의 운명을 바꿉니다.
예배를 통하여 세상이 바뀝니다.

"번제의 제물로 자신을 하나님께 올려 드리십시오."

Memo

5대 제사의 다양한 제물들로 아버지께 예배하기를 원합니다. 7대 절기의 잔치들이 나의 공급, 나의 분깃이 되게 하여 주옵소서. 죽은 다음이 아닌 지금, 이곳에서 주님을 풍성하게 누리게 하시고, 내가 사는 그곳에서 하나님 나라를 이루며 아버지를 섬기는 제사장으로 살아가게 하옵소서. 아멘.

4네가 화덕에 구운 것으로 소제의 예물을 드리려거든 고운 가루에 기름을 섞어 만든
무교병이나 기름을 바른 무교전병을 드릴 것이요 5철판에 부친 것으로 소제의 예물을
드리려거든 고운 가루에 누룩을 넣지 말고 기름을 섞어 6조각으로 나누고 그 위에 기
름을 부을지니 이는 소제니라 7네가 냄비의 것으로 소제를 드리려거든 고운 가루와 기
름을 섞어 만들지니라 8너는 이것들로 만든 소제물을 여호와께로 가져다가 제사장에
게 줄 것이요 제사장은 그것을 제단으로 가져가서 9그 소제물 중에서 기념할 것을 가
져다가 제단 위에서 불사를지니 이는 화제라 여호와께 향기로운 냄새니라 10소제물의
남은 것은 아론과 그의 아들들에게 돌릴지니 이는 여호와의 화제물 중에 지극히 거룩

Chapter 3

최고의 것으로 드리는 제사, 소제

레 2 : 4-16

한 것이니라 [11]너희가 여호와께 드리는 모든 소제물에는 누룩을 넣지 말지니 너희가
누룩이나 꿀을 여호와께 화제로 드려 사르지 못할지니라 [12]처음 익은 것으로는 그것을
여호와께 드릴지나 향기로운 냄새를 위하여는 제단에 올리지 말지며 [13]네 모든 소제물
에 소금을 치라 네 하나님의 언약의 소금을 네 소제에 빼지 못할지니 네 모든 예물에
소금을 드릴지니라 [14]너는 첫 이삭의 소제를 여호와께 드리거든 첫 이삭을 볶아 찧은
것으로 네 소제를 삼되 [15]그 위에 기름을 붓고 그 위에 유향을 더할지니 이는 소제니라
[16]제사장은 찧은 곡식과 기름을 모든 유향과 함께 기념물로 불사를지니 이는 여호와께
드리는 화제니라

레 2 : 4-16

예배가 살아 있는 사람은 삶에 윤기가 흐르고, 자신감이 넘칩니다. 예배는 하나님과 교통하는 시간, 교감하는 시간, 힘과 용기를 공급받는 시간이기 때문입니다. 내가 아니라 하나님이 책임져 주시는 인생, 얼마나 평화롭고 안전합니까! 그러나 예배가 무너지면 기도가 무너지고, 예배가 무너지면 말씀이 멀어집니다. 그러면 그때부터 우리는 모든 삶의 문제를 자신이 스스로 책임져야 합니다. 그 결과 조그마한 어려움에도 큰 충격과 손상을 입게 됩니다. 우리가 바른 신앙인이 되기 위해서는 가장 먼저 예배의 본질이 무엇인지를 아는 일이 중요합니다.

『1940년 2차 대전 때의 일입니다. 영국군 33만 5천 명이 독일군에게 쫓겨 프랑스의 조그마한 어촌인 덩케르크에서 포위되었습니다. 첩첩이 독일의 전차와 기갑부대에 포위되고, 공중에서는 독일의 전투기들이 계속해서 폭탄을 투하하고, 기총소사를 하며, 바다에는 독일의 잠수함 유보트가 영국의 어떠한 군함도 근접하지 못하게 막고 있었습니다. 영국의 33만 5천 명 대군이 그곳에서 몰살당하든지, 포로가 될 운명이었습니다. 전 유럽이 나치의 손길에 무너지고 말 형편입니다. 정말 홍해 앞에 갇혀버린 이스라엘 백성들과 같은 형편이었습니다.

그때 윈스턴 처칠 수상은 "온 교회와 온 교역자와 성도들과 믿지 않는 모든 국민들까지도 다 영국과 이 33만 5천 명을 위해서 전능하신 하나님께 기도해 달라."고 부탁했습니다. 그리고 전 국민이 존경하는 윌리엄 템플 경에게 설교를 하도록 요청했습니다. 전 국민에게 전해지는 방송시간에 윌리엄 템플은 조용히 그들이 처해 있는 상황이 얼마나 위태로운지를 설명했습니다. 그리고 마지막 그는 이렇게 당부했습니다. "지금은 우리 온 국민이 예배해야 할 때입니다. 여러분의 마을에서 예배당 종소리가 울려 퍼지면 어른으로부터 시작하여 어린아이에 이르기까지 한 명도 빠지지 말고, 모두 예배당에 가십시오. 지금은 온 민족이 함께 예배해야 할 때입니다. 지금은 온 민족이 전능하신 하나님의 손에 붙들려야 할 때입니다. 지금은 온 국민이 전능하신 하나님 앞에 무릎을 꿇어야 할 때입니다. 지금은 온 국민이 영광스러운 하나님의 뜻을 발견해야 할 때입니다. 지금은 온 국민이 예배에 승리해야 할 때입니다."

영국 황실도, 영국 군인들도, 모든 영국 국민들이 한마음으로 기도하기 시작했습니다. 특히 믿는 사람들은 금식하면서 하나님께 부르짖었습니다. 처칠 수상 자신도 웨스트민스터 예배당 찬양대 좌석에 앉아 하루 종일 하나님께 간절히 기도했습니다. 막다른 골목에 처해서 힘으로도, 능으로도 할 수 없는 절망의 자리에서 온 국민은 하나님께 부르짖었습니다.

그러자 크고 비밀한 일이 나타났습니다. 갑자기 악천후가 시작되어 거대한 파도가 치고, 소낙비가 쏟아져서 모든 독일 전차들이 진흙탕에 바퀴가 빠져서 한 대도 움직일 수가 없게 되었습니다. 기상 악화로 비행기도 뜨지 못하게 되었고 모든 독일의 잠수함들이 철수를 했습니다. 그런데 더 이상한 것은 히틀러가 3일 동안 어떤 공격도 하지 말라는 명령을 내린 겁니다. 영국군은 이러한 상황을 이용해서 전 상선과 개인보트까지 다 동원해서 33만 5천 명의 군인들과 민간인까지 모두 다 재빠르게 철수시켰습니다. 영국군이 다

철수하자 폭풍이 그치고 금방 날이 밝았습니다. 독일군이 덩케르크 마을에 접근했을 때는 이미 영국군은 아무도 남아 있지 않았습니다. 영국군은 1940년 5월 도버해협을 건너 본토로 후퇴했습니다. 그리고 다시 군대를 정비하였습니다. 이번에는 몽고메리 원수가 영국 군대를 이끌고 이집트를 경유, 유럽대륙을 향해서 진격하였습니다. 그 결과 영국군은 독일과의 전쟁에서 크게 승리하였습니다.

1945년 4월 벙커에서 자살로 생을 마칠 때까지 히틀러는 덩케르크 전투 당시 자신이 내렸던 이상한 명령에 대해 어떤 언급도 남기지 않았습니다. 클루크, 하우젠, 블로우 등 독일군 맹장들도 왜 연합군들에게 전쟁의 흐름을 바꾸어 놓을 40시간의 유예기간을 주었는지에 대하여 답하지 못했습니다. 역사는 이 탈출 사건을 '덩케르크의 미스터리'라고 말하지만 우리는 이것을 '기도의 능력'이라고 말합니다. 합리적인 설명을 내어놓을 수 없는, 기도할 때 나타나는 초자연적인 힘, 그 힘이 전쟁을 승리로 이끌게 했습니다. 이 전쟁은 전력, 전술, 전략보다 더 막강한 배후의 신령한 힘이 있다는 사실을 증명하는 위대한 사건이었습니다. 』

"전쟁은 여호와께 속한 것인즉 그가 너희를 우리 손에 넘기시리라"(삼상 17 : 47).

"여호와께서 이같이 너희에게 말씀하시기를 너희는 이 큰 무리로 말미암아 두려워하거나 놀라지 말라 이 전쟁은 너희에게 속한 것이 아니요 하나님께 속한 것이니라"(대하 20 : 15).

만약 우리의 예배가 살아 있다면, 만약 우리가 하나님과 교통하는 삶을 산다면 우리는 세상을, 적들을 두려워하지 않아도 됩니다. 예배를 통하여 나의 삶이 하나님께 드려진다면, 나의 삶의 고난이, 나의 영적 전쟁이 하나님께 접수된다면, 그때부터는 우리는 혼자 사는 것이 아닙니다. 혼자 외롭게 싸우는 전쟁이 아닙니다. 시편 35편을 통하여 다윗도 이와 같이 고백을 합니다.

"여호와여 나와 다투는 자와 다투시고 나와 싸우는 자와 싸우소서 나를 쫓는 자의 길을 막으시고 내 생명을 찾는 자들이 부끄러워 수치를 당하게 하시며 내 생명을 해하려고 함정을 판 자들이 그 숨긴 그물에 스스로 잡히게 하소서"(시 35편).

예배가 살아 있는 사람은 삶에 윤기가 흐르고, 자신감이 넘칩니다. 예배는 하나님과 교통하는 시간, 교감하는 시간, 힘과 용기를 공급받는 시간이기 때문입니다. 내가 아니라 하나님이 책임져 주시는 인생, 얼마나 평화롭고 안전합니까! 그러나 예배가 무너지면 기도가 무너지고, 예배가 무너지면 말씀이 멀어집니다. 그러면 그때부터 우리는 모든 삶의 문제를 자신이 스스로 책임져야 합니다. 그 결과 조그마한 어려움에도 큰 충격과 손상을 입게 됩니다. 우리가 바른 신앙인이 되기 위해서는 가장 먼저 예배의 본질이 무엇인지를 아는 일이 중요합니다.

예배는 하나님을 왕으로, 내 인생의 주인으로 존대하는 최고의 예우입니다.

예배는 하나님의 원칙과 요청을 100% 받아들이는 수용입니다.

예배는 하나님께 집중하면서 그분의 음성에 귀를 기울이고 그분의 기준에 나를 맞추어 가는 거룩한 튜닝 작업입니다.

예배에 승리하지 못하면 역사의 중심에, 삶의 중심에 내가 주인공으로서 있게 됩니다. 그러나 예배가 살아 있는 사람의 특징은 삶의 왕좌에 하나님이 서 계십니다. 하나님께서 주권을 가지고 나를 이끄시고, 나를 통한 통치, 영향력을 행사하십니다. 살아 있는 예배는 하나님의 주권을 인정하고 내 삶의 모든 권한을 하나님께 올려 드리는 겁니다. 살아 있는 예배, 하나님이 받으시는 예배는 하나님이 움직이시는 예배입니다. 예배가 살아 있다는 말은 내 인생의 중심에 주님이 거하시며 나의 삶을 다스려 통치해 주신다는 말입니다.

마음이 흔들리고 삶이 버거워질 때, 우리는 '내 안에 예배가 살아 있는가?', '하나님과의 관계가 건강한가?'를 체크해 보아야 합니다. 예배가 우리의 능력입니다. 하나님께로 구별된 거룩이 그리스도인의 삶의 능력입니다. 신학자 칼 바르트는 "기독교 예배는 인간이 하나님 앞에서 할 수 있는 행위 중에서 가장 중대하고 가장 긴급하며 가장 영광스런 행동이다."라고 말했습니다. 최고의 감격, 최고의 영광스런 행위가 하나님께 드리는 예배라는 말입니다. 이 장에서 다룰 '소제'가 바로 그런 예배입니다. 번제가 우리의 생명, 존재의 전체를 드리는 헌신을 의미하는 예배라면, 소제는 우리의 정성, 지고지선(至高至善)의 가장 귀한 마음을 드리는 예배입니다.

'민하' – 하나님께 드리는 선물, 예물

소제는 히브리어로 '민하'라고 하는데 '선물', '예물'이라는 의미를 가지고 있습니다. 이 단어는 열왕기상 4 : 21에서 솔로몬이 식민지의 왕들로부터 조공을 받을 때 사용했던 표현입니다. 신하가 종주국 또는 군주에게 조공을 바치는 모습을 기술하기 위해 사용되었던 이 단어는 군주에게 받은 은혜를 인정하고 표현하는 마음과 주종관계에 대한 충성과 다짐을 보여 주는 최선의 마음의 모습을 담고 있습니다.

정리한다면, 소제는 자기가 존중하는 분에게 예의를 갖추고, 존중의 마음을 표현하기 위해 가장 좋은 것을 드리는 선물의 제사입니다. 신실한 예배자가 하늘에 계신 만왕의 왕이시고, 만주의 주가 되시는 그 군주에게 드리는 일종의 조공으로, 최고의 것, 최상의 것을 드리는 행위입니다. 물론 민하는 군주와의 관계에서 세금처럼 반드시 내야 하는 의무는 아닙니다. 하나님의 은혜가 너무 감사해서 드리는 충성과 헌신의 최고 표현입니다. 예배자가 마음을 다하고 뜻을 다하고 힘을 다하여 하나님을 사랑하고 있음을 마음껏 표현할 수 있는 예배, 그 예배가 바로 소제입니다.

당신의 예배는 하나님께 드릴 수 있는 최고의, 최상의 선물입니까?

소제를 드리는 마음의 자세

선물이란 내 기준이 아닌 상대방의 마음에 맞추어야 합니다. 우리나라의 결혼식에서 가끔 답례품으로 주는 우산은 중국에서는 금기 선물이라고 합니다. 왜냐하면 중국어의 '우산'은 '이별'이라는 말과 발음이 비슷하기 때문입니다. 또 우리가 어버이날 감사의 의미로 선물하는 카네이션이 프랑스에서는 장례식용으로 사용되는 꽃이기 때문에 절대 선물해서는 안 된다고 합니다. 멕시코에서 연인 사이에서 노란색 꽃 선물은 금기라고 합니다. 죽음을 의미하기 때문입니다. 이와 같이 그 문화를 이해하지 못하고 원치 않는 것, 해서는 안 되는 것들을 선물하면 오히려 역효과를 얻어 관계에 큰 손상을 가져옵니다. 선물은 상대방이 가장 원하는 것을 해 줄 때 최고의 가치가 있습니다. 그래서 하나님께 드리는 소제를 '선물'이라고 표현합니다. 선물은 받는 사람에게 최고의 기쁨을 주고, 지속적으로 좋은 관계를 유지하고 싶다는 마음을 보여 주는 행위입니다. 그래서 예배자는 항상 하나님께서 원하시는 것이 무엇인지 잘 살펴야 합니다. 그렇다면 예배자는 하나님께 무엇을, 어떻게, 어떤 자세로 드려야 합니까? 신명기 6 : 4~5은 예배자가 어떻게 하나님을 섬겨야 하는지에 대한 원칙을 세 단어로 표현하고 있습니다.

"이스라엘아 들으라 우리 하나님 여호와는 오직 유일한 여호와이시니 너는 마음을 다하고 뜻을 다하고 힘을 다하여 네 하나님 여호와를 사랑하라"(신 6 : 4 - 5).

'마음'은 '레바브'라는 히브리어 단어를 사용했는데 감정, 정서, 의지, 이성, 정보, 경험 등, 지, 정, 의를 다 동원해서 그분을 섬긴다는 뜻입니다. '뜻'은 '네페쉬'인데 목숨을 다해, 생명을 다해 섬긴다는 뜻입니다.

'힘'을 다한다는 말은 '메오드'를 썼는데 열렬하게, 뜨겁게 자신의 의지를 다해 섬긴다는 의미입니다. 마태복음 22 : 37에서도 예수님께서 신명기 말씀을 인용하여 말씀합니다.

"예수께서 이르시되 네 마음을 다하고 목숨을 다하고 뜻을 다하여 주 너의 하나님을 사랑하라 하셨으니"(마 22 : 37).

'마음'은 '카르디아'라는 헬라어 단어를 사용했는데 감정, 사고, 감각을 지칭하는 것으로 우리의 모든 생각과 느낌을 다 동원하라는 뜻입니다. '목숨'은 '프쉬케'입니다. 목숨, 영혼, 생명을 의미합니다. '뜻'을 다한다는 말은 '디아노이아'인데 깊은 사고, 마음의 상상, 이해력을 의미합니다.

이상의 단어들의 뜻을 정리해 보면 지, 정, 의, 우리의 내면세계의 전 인격을 동원하고, 마음을 다 바치고, 최선을 다하여 섬기는 자세가 곧 하나님을 사랑하고, 예배하는 자세라고 말씀합니다. 하나님을 예배하는 마음은 어떠해야 합니까? 사랑하는 분에게 "가장 원하는 선물이 무엇입니까?"라고 묻는 상황을 연상해 보십시오. 사랑하는 사람에게 줄 선물을 사면서 "제일 싼 게 어떤 거요?" 하는 사람은 없을 겁니다. "어떤 게 제일 좋은 거지요?" 가격과 상관없이 최고로 좋은 것을 주고 싶은 마음,

이게 사랑하는 사람들의 마음입니다. 예배자가 드리는 예물도 이와 같은 마음으로 준비해야 합니다. 나에게 있어서 최고로 소중한 것, 최고로 좋은 것을 드리는 제사, 그 제사가 바로 소제입니다.

당신의 예배는 어떤 마음으로 준비되고 있습니까?

소제물의 종류

먼저 2 : 1-3의 말씀은 소제의 원칙을 말합니다. 모든 소제에는 고운 가루(부서짐), 기름(성령), 유향(향료)이 있어야 합니다. 번제가 전 존재를 죽여서 드리는 제사라면 소제는 불로 태우든지, 익히든지 하여 드리는 제사입니다.

두 번째는 2 : 4~10에서 나타나는 요리된 떡으로 드리는 소제(요리하여 익혀서 드리는)가 있습니다. 이것은 먼저 고운 가루에 기름을 섞어 반죽을 합니다. 그런 후 화덕에 굽거나 철판에 부치거나 냄비에 요리를 해서 드리는데, 이때는 밖에다 기름을 붓습니다. 이 소제물은 안팎으로 기름이 적셔져 있습니다. 기름이 깊숙하게 흡수가 된다는 것은 말씀이, 성령의 감동이 내 인격이 되고, 삶이 되고 철학이 된다는 말입니다.

세 번째는 2 : 14~16에 나오는 볶아 찧은 가루로 드리는 소제(급조하여 드림–고운 가루가 아닌)가 있습니다. 수확을 해서 첫 이삭, 첫 소출을 가지고 하나님께 제사를 드릴 때는 고운 가루로 잘 말려서 빻을 시간이 없습니다. 그래서 빨리 볶아서 급하게 찧어서 드립니다. 자연 햇빛에 충분히 말리지 않았기 때문에 고운 가루는 아니지만 그 위에 기름을 부어서 드리는 소제의 방법입니다.

"처음 익은 것으로는 그것을 여호와께 드릴지나 향기로운 냄새를 위하여는 제단에 올리지 말지며"(레 2 : 12).

이 제사는 마땅히 드려야 되기 때문에 드린 거지만 하나님께서 기분좋게 받으시는 제사는 아니라고 말씀합니다. 때로 아직 고운 가루가 되지 않았음에도 기름 부음을 받아 쓰임받는 급조된 사람들이 있습니다. 그들은 인격적인 뒷받침 없이 은사로만 하나님의 일을 하는 사람들입니다. 성령의 역사는 일으키지만 자신의 인격이나 성품의 변화는 없습니다. 내면에 충분한 기름의 적셔짐도 없고, 가루가 되지 못한 거친 성품들로 인하여 주변 사람들과 계속 마찰을 일으키고, 함께 일하는 사람들의 마음에 깊은 상처를 남기기도 합니다. 그래서 하나님께서는 그것들을 "향기로운 냄새를 위하여는 제단에 올리지 말라."고 하십니다. 급해서 쓰시기는 하지만 썩 합당한 제사는 아니라는 말씀입니다.

당신은 어떤 소제의 제물입니까?

소제물의 특징

(1) 미리미리 그리고 세심한 준비

소제는 다른 제사에 비해서 준비하는 과정이 좀 길고 복잡합니다. 다른 피의 제사의 경우는 자격을 갖춘 필요한 제물을 선택하여 성막에 가져가면 제사의 현장에서 모든 과정들이 진행됩니다. 그러나 소제의 경우는 집에서 준비하는 과정들이 선행되어야 합니다. 고운 가루를 만들기 위해 곡식을 오랫동안 충분히 건조시켜야 합니다. 시골에서 보리, 밀, 벼나 고추를 말릴 때 보면 저녁 때가 되면 이슬을 맞지 않도록 덮개로 덮어두었다가 다음 날 아침에 해가 뜨면 덮개를 엽니다. 이렇게 열고 닫는 번거로운 작업을 여러 날 반복하며 말립니다. 또한 말린 곡식은 빻는 데도 시간이 오래 걸립니다. 고운 가루로 만들기 위해서는 여러 차례 맷돌질을 해야 합니다. 또 기름을 준비하기 위해 감람나무를 경작하고 수확하여 기름을 짜야 합니다. 그래서 다른 제사에 비해서 소제는 드리는 사람의 준비가 훨씬 많이 필요합니다. 제단에서 제사를 드리는 시간뿐만 아니라 제물을 준비하는 과정 전체가 세심한 정성이 필요한 마음의 제사, 지고지순의 제사가 바로 소제입니다.

우리가 영과 진리로 예배드리기 위해서는 충분한 준비가 필요합니다. 매 주일 드리는 예배에 은혜가 넘치도록 하기 위해 목회자는 말씀을 준비하고, 찬양대는 찬양을, 안내, 헌금, 주차, 애찬, 교육, 대표 기도자까지 모든 봉사 위원들이 질서 있게, 미리미리 기도로 준비해야 합니다. 예배를 드리는 성도들도 마찬가지입니다. 주 중에 매일매일 말씀 읽기와 기도와 경건한 생활이 기본으로 갖추어져야 합니다. 봉헌하는 헌금도 주일이 오기 전에 집에서 미리 봉투에 넣어 정성껏 준비해야 합니다. 의복도 예배자의 복장답게 정숙하고 단정하게 입어야 합니다. 토요일에는 가족들끼리 서로 마음 상하지 않도록 조심하고, 격려와 칭찬의 시간을 갖는 게 중요합니다. 예배 시간 전 충분한 시간을 가지고 미리 와서 주차장에서부터 질서를 지키고, 쫓기지 않는 마음으로 예배실에 입실하여 미리 주보를 보고 성경말씀을 찾아 읽고, 마음을 정돈하고, 준비 기도를 해야 합니다.

G20 정상회담이 우리나라에서 열렸을 때 신문에서 의전(儀典)에 대한 기사를 읽은 적이 있습니다. 외국의 주요 귀빈들이 왔을 때 누가 맞이하러 나갈 것이며, 차량 준비는 어떻게 할 것이며, 식사나 회의 시에 자리 배치는 어떻게 할 것인지 준비하는 것이 의전 담당관들의 역할입니다. 방문하는 상대국과의 관계, 방문자에 대한 우리의 입장에 따라 장관이 맞으러 나가는 경우가 있고, 국빈의 경우에는 총리나 대통령이 직접 나가 맞이하는 경우가 있습니다. 사람을 맞이할 때도 이렇게 철저하게 준비를 하는데, 하물며 만왕의 왕이신 하나님을 예배하러 오는 우리는 어떠해야 하겠습니까! 만약 우리의 예배가 정성 없이, 준비 없이 드려진다면, 그건 하나님이 나에게 중요하지 않다는 말과도 같습니다. 소제의 예물을 긴 시간 미리미리 준비하듯, 이 예배를 통해서 어떻게 하나님을 기쁘시게 할 것인가를 고심하며 준비하는 예배자의 자세가 되어야 합니다. 아버지께 대한 나의 의전의 수준이 얼마나 지극정성인지를 보면 하나님이 나에게 얼마나 중요한 분인가를 알 수 있다는 말씀입니다.

나의 예배는 어떻게 준비됩니까?

나의 하나님에 대한 의전의 수준은 어떠합니까?

(2) 고운 가루

"누구든지 소제의 예물을 여호와께 드리려거든 고운 가루로 예물을 삼아 그 위에 기름을 붓고 또 그 위에 유향을 놓아 아론의 자손 제사장들에게로 가져갈 것이요 제사장은 그 고운 가루 한 움큼과 기름과 그 모든 유향을 가져다가 기념물로 제단 위에서 불사를지니 이는 화제라 여호와께 향기로운 냄새니라"(레 2 : 1 – 2).

소제의 주재료는 고운 가루입니다. 구약에는 수고로 얻은 농작물을 고운 가루로 빻아 하나님께 드렸습니다. 신약에서는 우리 주님이 소제의 예물이 되셔서 아버지를 기쁘게 해 드렸습니다. 그리스도가 내 안에 들어오신 이후에, 이제는 내가 고운 가루가 되어 하나님께 드려져야 합니다. 고운 가루가 된다는 말은 곱게 부수어진 '자기 부인'을 말합니다. '철저한 순종'을 말합니다.

곡식은 농부가 뿌려 놓은 그 자리에서 씨가 썩어 발아하고 자라서 열매를 맺습니다. 곡식은 주인의 뜻에 100% 순종합니다. 동쪽에 떨어뜨리든, 남쪽에 뿌리든, 양지 쪽에 뿌리든 응달에 뿌리든 간에 떨어진 자리에서 뿌리를 내리고 순응하며 삽니다. 예수님도 그러셨습니다. 마구간에서 태어나셨고, 가난한 목수의 집에서 자라셨고, 멸시를 당하셨고, 대적들에게 어려움을 당하셨습니다. 최후의 만찬 후 겟세마네 동산에서 기도하실 때에도 "내 원대로 마옵시고 아버지의 원대로 하옵소서"라며 철저하게 자신을 부인하고 하나님의 뜻에 순종하셨습니다. 마지막 십자가에서까지 얼마나 많은 수모와 부서짐의 아픔이 있었습니까? 그런 순종이 결실되어 30배, 60배 100배의 알곡으로 열매 맺었습니다.

고운 가루를 준비한다는 말은 '희생과 수고'를 의미합니다

소제에 드려지는 곡물은 헌신의 요소가 내포되어야 하는 원칙상 친히 스스로 경작하지 않은 '야생의 산물'은 사용할 수가 없습니다. 제물을 얻기 위해서 자신의 삶을, 정성을 드림으로 얻어진 소산물이어야 합니다. 하나님께 전혀 수고하지 않고 얻은 것은 드릴 수 없습니다. 반드시 수고하고 애를 쓴 희생의 대가로 지불한 곡식만으로 제사를 드릴 수 있었습니다. 이는 다윗이 확실하게 배운 교훈이었습니다(삼하 24 : 24). 사무엘하 24장에 보면 하나님께서 다윗의 인구조사 때문에 진노하셔서 이스라엘 백성 7만 명이 전염병으로 갑자기 죽게 됩니다. 그때 하나님의 심판을 잠재우기 위해서 갓 선지자가 빨리 하나님께 제사를 드릴 것을 요청합니다. 그래서 다윗이 아라우나의 타작마당에서 제사를 드리고자 하는데 아라우나가 그냥 그 밭을 드리겠다고 합니다. 그러나 다윗은 단호하게 거절합니다. 대가를 지불하지 않는 제사는 의미가 없기 때문입니다. 오히려 비싼 값을 지불하고 제사를 드리는 모습을 보여 줍니다. 이것이 바로 올바른 예배 정신입니다. 아무런 정성도, 희생도 없이 구경꾼처럼 나온 예배는 예배가 아닙니다. 대가를 지불한, 희생을 드린, 최고의 정성과 마음을 드리는 예배가 소제입니다.

고운 가루가 된다는 말은 '부서짐'을 의미합니다

배우자, 자녀, 친구, 믿었던 사람, 가족들이 우리를 고통스럽게 할 때가 있습니다. 경제적인 어려움, 건강의 위기, 좌절감 등이 우리를 괴롭힐 때도 있습니다. 때로는 고난당할 때 그 이유를 알지 못할 때도 있습니다. 왜 이런 시련이 우리를 찾아옵니까? 하나님께서는 광야, 고난의 시간들을 통해서 우리의 욕망, 교만, 시기, 질투, 분노, 인간 죄성의 덩어리들을 깨뜨리시고 고운 가루로 만들기를 원하십니다. 하나님께서 왜 야곱에게, 모세에게, 다윗에게, 바울에게 그렇게 엄청난 고난을 주셨습니까? 그들은 처음부터 겸손, 관용, 온유함, 충성스러운 사람들이었습니까? 아닙니다. 하나님의 다루심의 결과였습니다. 하나님께서 그들을 광야로 이끄시고 연단하셨던 이유가 여기 있습니다. 광야를 통하여 그들은 고운 가루가 될 수 있었습니다.

"그러나 내가 가는 길을 그가 아시나니 그가 나를 단련하신 후에는 내가 순금같이 되어 나오리라"(욥 23 : 10).

고난의 골짜기를 지날 때마다 우리는 겸손해지고, 낮아집니다. 내 모습 속에 주님의 모습이 비춰질 때까지 우리를 연단하십니다. 고운 가루가 부드럽고 소리가 나지 않듯이 하나님의 다루심을 통하여 부수어진 사람들도 거칠거나 모나지 않고 소리가 나지 않습니다. 어느 상황에 있건, 누구와 함께 일하건 간에 조용히 일합니다. 곱게 갈아진 가루로 준비된 소제물들이 됩니다. 내가 살아 있고 내 주관이 확실할 때에는 하나님의 말씀은 언제나 옆으로 밀려 났습니다. 하나님의 말씀은 거친 것들이 부수어져 힘을 잃었을 때에야 비로소 내 인격 속으로, 나의 생각 속으로 들어와 나의 사상이 되고 철학이 됩니다.

나에게 부서져야 할 성품들은 무엇입니까?

(3) 기름 부음

"누구든지 소제의 예물을 여호와께 드리려거든 고운 가루로 예물을 삼아 그 위에 기름을 붓고 또 그 위에 유향을 놓아……네가 화덕에 구운 것으로 소제의 예물을 드리려거든 고운 가루에 기름을 섞어 만든 무교병이나 기름을 바른 무교전병을 드릴 것이요 철판에 부친 것으로 소제의 예물을 드리려거든 고운 가루에 누룩을 넣지 말고 기름을 섞어 조각으로 나누고 그 위에 기름을 부을지니 이는 소제니라 네가 냄비의 것으로 소제를 드리려거든 고운 가루와 기름을 섞어 만들지니라"(레 2 : 1 – 7).

5대 제사 중에 소제에만 기름 부음이 있습니다. 번제에 피가 있어야 하듯이, 소제에는 반드시 기름 부음이 있어야 합니다. 기름으로 반죽하기 위하여 하나님은 먼저 고운 가루를 준비하십니다. 왜냐하면 갈리지 않은 거친 가루는 기름 반죽이 잘 되지 않기 때문입니다. 최고의 제사를 드리려면 고운 가루와 기름 부음이 함께 있어야 합니다. 기름은 두 방면으로 부어졌습니다. 먼저 가루 안으로 부어서 반죽을 하여 기름떡을 만들었고, 다음으로는 기름을 기름으로 반죽된 떡 위에 다시 부어 겉으로도 기름 부음이 있게 했습니다. 여기에서 기름은 성령을 상징합니다. 먼저 기름으로 가루에 반죽을 하는 작업은 내면으로 성령의 기름 부음이 흘러들어가 우리의 내면에 기름이 적셔집니다. 소위 성품의 변화를 경험하게 됩니다. 이러한 성품의 변화를 '성령의 열매'라고 표현합니다. 우리의 성품에, 우리의 내면에, 우리의 인격에 성령의 적셔짐이 있다는 의미입니다. 이를 '성령의 내적 역사'(役事)라고 표현합니다(대천덕, 「산골짜기에서 외치는 소리」.

"오직 성령의 열매는 사랑과 희락과 화평과 오래 참음과 자비와 양선과 충성과 온유와 절제니 이 같은 것을 금지할 법이 없느니라 그리스도 예수의 사람들은 육체와 함께 그 정욕과 탐심을 십자가에 못 박았느니라"(갈 5 : 22 - 24).

다음으로 기름을 겉에 부었습니다. 이 기름 부음의 의미는 사역의 현장에 성령의 역사가 드러나는 경우를 말합니다. 이를 '성령의 외적 역사'라고 표현합니다(대천덕).

"각 사람에게 성령을 나타내심은 유익하게 하려 하심이라 어떤 사람에게는 성령으로 말미암아 지혜의 말씀을, 어떤 사람에게는 같은 성령을 따라 지식의 말씀을, 다른 사람에게는 같은 성령으로 믿음을, 어떤 사람에게는 한 성령으로 병 고치는 은사를, 어떤 사람에게는 능력 행함을, 어떤 사람에게는 예언함을, 어떤 사람에게는 영들 분별함을, 다른 사람에게는 각종 방언 말함을, 어떤 사람에게는 방언들 통역함을 주시나니 이 모든 일은 같은 한 성령이 행하사 그의 뜻대로 각 사람에게 나누어 주시는 것이니라"(고전 12 : 7 - 11).

'한 성령이 행하사……' 이를 통해 성령의 여러 은사들이 나타납니다. 우리가 주의 일을 할 때에 성령의 은사가 나타나면 훨씬 능력 있게, 효율적으로 사역을 감당할 수 있습니다. 그런데 어떤 사람들은 내면의 성품에만 기름 부음이 있고, 또 어떤 사람들은 외적인 사역에만 기름 부음이 있습니다. 이 둘은 따로 역사하기보다는 서로 연결되어야 합니다. 소제의 제사는 이 두 역사의 연합을 요청합니다. 하나님께서 기쁘게 받으시는 온전한 소제는 기름 부음이 안팎으로 있는 경우입니다.

나에게 성령님이 찾아오신 후 변화된 성품은 무엇이며, 드러난 성령님의 역사는 무엇입니까?

(4) 기름떡을 요리하는 방법

소제를 드릴 때 기름떡을 불로 익히는 방법에는 세 가지가 있습니다.

첫 번째는 화덕에 굽는 방법입니다

"네가 화덕에 구운 것으로 소제의 예물을 드리려거든 고운 가루에 기름을 섞어 만든 무교병이나 기름을 바른 무교전병을 드릴 것이요"(레 2 : 4).

기름떡을 화덕에 구울 때는 석쇠처럼 떡이 직접 불에 접촉하여 구워집니다. 불이 직접 닿기 때문에 가장 빠르게 조리됩니다. 이는 하나님께서 어떤 사인(Sign)을 주시거나 감동을 주실 때, 성령께서 주시는 말씀에 바로 응답하는 사람을 의미합니다. 사무엘이 "주여, 말씀하옵소서 주의 종이 듣겠나이다"(삼상 3 : 10) 하고 하나님께 즉각적으로 반응한 것처럼 언제나 헌신할 준비가 되어 있는 마음이 화덕에 구운 마음입니다.

두 번째는 철판(번철)에 부치는 방법입니다

"철판에 부친 것으로 소제의 예물을 드리려거든 고운 가루에 누룩을 넣지 말고 기름을 섞어 조각으로 나누고 그 위에 기름을 부을지니 이는 소제니라(레 2 : 5 - 6).

철판에 떡을 부치려면 팬이 달궈지는 시간이 필요합니다. 팬이 달궈진 다음에야 떡이 구워지기 때문입니다. 이는 하나님의 음성을 듣고도 자신의 경험과 생각들을 떨치지 못하여 생각하고 점검하며 전후 사정을 살핀 뒤에나 응답하는 경우입니다.

세 번째는 냄비나 솥에 삶는 방법입니다

"네가 냄비의 것으로 소제를 드리려거든 고운 가루와 기름을 섞어 만들지니라"(레 2 : 7).

떡을 냄비나 솥에 삶으려면 먼저 솥이 가열되고 그 안의 물이 덥혀져야 합니다. 그러면 그 덥혀진 물에 의해 서서히 떡이 삶아집니다. 때문에 냄비나 솥에 떡을 삶는 방법은 가장 느린 순종을 의미합니다. 주변 상황 때문에, 여론을 의식하느라, 사람들의 평가를 염두에 두느라 가장 늦게 순종하는 경우를 말합니다. 그럼에도 감사할 것은 비록 더딜지라도 그 속에 성령님의 기름 부으심이 있다는 사실입니다. 최고의 순종은 '곧', '즉시로' 응답하는 경우입니다.

"그들이 곧 배와 아버지를 버려두고 예수를 따르니라"(마 4 : 22).

"곧 그물을 버려두고 따르니라"(막 1 : 18).

나는 성령님의 감동에 얼마나 빠르게 응답하는 사람입니까?

주의해야 할 특성들

(1) 유 향

"누구든지 소제의 예물을 여호와께 드리려거든 고운 가루로 예물을 삼아 그 위에 기름을 붓고 또 그 위에 유향을 놓아 아론의 자손 제사장들에게로 가져갈 것이요 제사장은 그 고운 가루 한 움큼과 기름과 그 모든 유향을 가져다가 기념물로 제단 위에서 불사를지니 이는 화제라 여호와께 향기로운 냄새니라"(레 2 : 1 - 2).

"그 위에 기름을 붓고 그 위에 유향을 더할지니 이는 소제니라 제사장은 찧은 곡식과 기름을 모든 유향과 함께 기념물로 불사를지니 이는 여호와께 드리는 화제니라"(레 2 : 15 - 16).

유향은 불 가운데서 제물의 불쾌한 모든 냄새를 제거해 주는 향료입니다.

"나의 기도가 주의 앞에 분향함과 같이 되며 나의 손드는 것이 저녁 제사같이 되게 하소서"(시 141 : 2).

기도가 주님 앞에 분향함과 같다는 표현처럼 유향은 하나님께 올려 드리는 기도의 향입니다. '기름'은 성령을 비유하고, '유향'은 기도와 경건을 비유합니다(박윤선). 성도는 기도를 통하여 하나님과 교통합니다. 본문에 '유향'이라는 단어가 4번이나 출현하는 이유는 그만큼 중요하다는 의미입니다. 우리가 하나님께 올려 드릴 수 있는 향은 기도의 제사입니다. 부서진 고운 가루, 거룩한 기름 부음에 유향을 더해야 향기로운 제사가 될 수 있습니다.

"항상 우리를 그리스도 안에서 이기게 하시고 우리로 말미암아 각처에서 그리스도를 아는 냄새를 나타내시는 하나님께 감사하노라 우리는 구원받는 자들에게나 망하는 자들에게나 하나님 앞에서 그리스도의 향기니"(고후 2 : 14-15).

성도에게서는 그리스도의 향취가 있어야 합니다. 우리가 주의 일을 할 때에 "하나님이 무엇을 기뻐 받으실까?"에는 관심이 없고, 단지 나의 사역과 봉사에만 마음을 쏟을 때가 있습니다. 그렇게 되면 나도 모르는 사이에 자기 의(義)를 드러내게 됩니다. 열심히는 뛰었어도 향기 없는 예배가 됩니다. 하나님의 마음을 흡족하게 하려면 우선적으로 기도의 향을 더해야 합니다. 기도로 주일예배를 준비하십시오. 기도로 헌금을 준비하십시오. 특별히 예배 봉사자들, 곧 안내위원, 새가족위원, 주차위원, 또 유아실, 교육부의 교사들, 찬양위원들 모두 기도로 준비하십시오. 성도가 미리 기도를 통해서 준비하면 아름다운 향기로 하나님께 나아갈 수 있습니다. 향이 있어야 주님과 교통할 수 있고, 주님을 기쁘시게 할 수 있습니다.

"그리스도께서 너희를 사랑하신 것같이 너희도 사랑 가운데서 행하라 그는 우리를 위하여 자신을 버리사 향기로운 제물과 희생제물로 하나님께 드리셨느니라"(엡 5 : 2).

하나님 받으시기에 향기로운 제사, 영광은 하나님께로 가고, 내게는 희생이 있는 제사가 되어야 합니다.

나의 섬김과 봉사, 헌신에서, 예배에서 어떤 향취가 납니까?
혹시 구린내, 자기 의, 자기 영광의 냄새가 나지는 않습니까?

(2) 소 금

"네 모든 소제물에 소금을 치라 네 하나님의 언약의 소금을 네 소제에 빼지 못할지니 네 모든 예물에 소금을 드릴지니라"(레 2 : 13).

하나님께서는 모든 소제의 제물에는 언약의 소금을 치라고 하셨습니다. 언약의 소금이란 무엇입니까? 소금은 그 맛이 변하지 않습니다. 또한 그 짠맛이 주변 것들의 변질을 막습니다. 하나님과 우리 사이의 언약도 변함이 없어야 합니다. 아무리 좋은 제물을 드렸다 해도 언약의 신실함이 보장되지 않는다면, 하나님과의 친밀한 관계가 변함없이 이어지지 않는다면 흠향하시는 소제가 될 수 없습니다.

요즈음 의리 없는 신자들이 참 많습니다. 언약에 의한 관계가 아닌 감정에 의한 관계, 이해타산(利害打算)에 의한 관계로 교회에 나오거나, 교회 봉사를 합니다. 조금만 문제가 생겨도 바로 자신의 언약을 깨뜨려 버립니다. 심지어는 항존직(恒存職) 직분자들도 쉽게 의리를 저버립니다. 임직(任職)을 할 때는 하나님의 특별한 조치가 있지 않는 한 그 교회에서 뼈를 묻겠다는 각오로 임직에 임해야 합니다. 그러나 직분이 명예가 되고, 체면이 되는 경우가 많습니다. 이런 신앙은 본인에게 엄청난 영적 손실을 가져옵니다. 하나님이 세우신 목자와의 관계에 있어서도 명분과 신의, 사명이 중요합니다. 구속사를 위하여 만나게 하셨고, 생명의 관계로 엮어 주셨는데 자신의 이익이나 편의에 따라 관계를 갖다 자신의 감정이나 이익에 문제가 생기면 언제든지 관계를 깨뜨려 버리는 사람들이 많습니다. 자신의 왕국을 세우는 경우입니다. 구속사, 하나님 나라를 건설하는 일에는 반드시 소금 언약이 있어야 합니다. 사람과의 관계가 아닌 하나님과의 관계입니다. 일단 사역의 책임을 맡았으면 이 일을 하다 죽겠다는 그런 순교의 마음으로 직분을 맡아야 합니다. 그런 의리가 없으면 자신의 소제에서 소금을 빼 버리는 것과 같습니다. 나의 헌신이 변질되지 않도록 합시다. 감정이나 충동으로가 아닌 언약으로 만나는 의리 있는 성도가 됩시다.

하나님과의 언약을 잘 지키고 있습니까?

나는 의리 있는 신앙인이라고 말할 수 있습니까?

(3) 꿀과 누룩을 넣지 말라

"너희가 여호와께 드리는 모든 소제물에는 누룩을 넣지 말지니 너희가 누룩이나 꿀을 여호와께 화제로 드려 사르지 못할지니라"(레 2 : 11).

하나님께 드릴 떡에는 누룩이나 꿀을 넣지 말라고 말씀합니다. 이는 쉽게 부패시키기 때문입니다. 누룩은 부패하고 변질되게 합니다. 죄나 악한 것은 전염성이 있어서 누룩처럼 뻗어 나갑니다. 사실 우리에게는 자기의 의로움을 엄청나게 부풀려서 말하려고 하는 성향이 있습니다. 그래서 누룩이 들어가면 애써서 준비한 거룩한 제물이 오염이 되고 맙니다.

"내가 입을 열지 아니할 때에 종일 신음하므로 내 뼈가 쇠하였도다 주의 손이 주야로 나를 누르시오니 내 진액이 빠져서 여름 가뭄에 마름같이 되었나이다(셀라) 내가 이르기를 내 허물을 여호와께 자복하리라 하고 주께 내 죄를 아뢰고 내 죄악을 숨기지 아니하였더니 곧 주께서 내 죄악을 사하셨나이다(셀라)"(시 32 : 3 - 5).

내 삶에 누룩이 있다면 회개하고 제거해야 합니다. 누룩은 나만 오염시키는 것이 아니라 내 주변까지도 망하게 하기 때문입니다. 또 꿀은 실제 맛보다 더 좋게 꾸며 주는 작용을 합니다. 우리는 예배를 달콤하게 만들려고 애를 씁니다. 나를 위한 달콤함이나, 사람들을 위한 달콤함을 추구하면 예배는 변질되기 시작합니다. 예배는 나를 위한 것이 아니기 때문에 하나님의 기쁨과 만족을 위해 집중되어야 합니다. 요즈음 예배는 사람의 눈과 귀를 즐겁게 하기 위한 꿀이 첨가되는 경향이 있습니다. 예배가 사람의 만족을 위한 것이 되지 않도록 주의해야 합니다. 또 교회를 출석할 때 자신의 비즈니스나 정치적 야망을 위해서 나오는 경우가 있습니다. 이 또한 우리의 예배를 무너지게 하는 꿀입니다. 조심해야 합니다.

지금 나의 삶 속에서 제거해야 할 누룩과 꿀은 무엇입니까?

세례 받은 사람은 나를 부인함으로 하나님 앞에서 우리 존재가 그리스도와 동일시됨을 기억해야 합니다. 그리스도는 하나님께 드려진 고운 가루의 소제의 예물이십니다. 따라서 동일시된 나도 이제 고운 가루로 하나님께 흠향되도록 드려져야 합니다. 마음을 다하고 뜻을 다하고 정성을 다해 드리는 소제의 예배를 드리고 있습니까? 아니면 이사야 1장에서처럼 하나님께서 거절하시는 그런 예배를 드리고 있습니까?

"여호와께서 말씀하시되 너희의 무수한 제물이 내게 무엇이 유익하뇨 나는 숫양의 번제와 살진 짐승의 기름에 배불렀고 나는 수송아지나 어린 양이나 숫염소의 피를 기뻐하지 아니하노라 너희가 내 앞에 보이러 오니 이것을 누가 너희에게 요구하였느냐 내 마당만 밟을 뿐이니라"(사 1 : 11 - 12).

하나님께서 기뻐 받으시는 제물은 그리스도입니다.
우리 주님은 성령으로 잉태되셨으나 다시 요단강에서 세례 받을 때 성령으로 덧입힘 받으셨습니다.
안팎으로 성령으로 채워지심으로 아버지의 영으로 사역하셨습니다.

우리 주님은 시련과 연단, 모독과 배신의 맷돌 짝으로 철저히 갈릴 때 거절하지 않으시고 주어진 환경과 상황 속에서 자신을 그대로 드러냄으로 고운 가루가 되셨습니다.

고운 가루로, 기름떡으로 드려졌던 소제물이신 그리스도처럼 소제의 1등급으로 드려지기를 기도합시다.
우리를 고운 가루로 만들기 위하여 오랜 시간 말리고 갈아붙이는 나의 환경, 나의 고난의 광야를 사랑합시다.
나를 단련하기 위하여 사용하시는 맷돌 짝, 훈련대장들을 가슴으로 품고 고운 가루로 자신을 내어 드리기를 힘씁시다.

내 힘으로 해결할 수 없는 세상, 죄, 심판, 사망권세와 싸우기 위하여 우리의 안팎을 성령의 기름 부음으로 적셔야 합니다.
나의 삶이, 나의 섬김이 구속사를, 교회공동체를 세워 가는 일에 일조하기를 기도합니다.

"마음을 다하고, 지고지순의 자세로 주님을 섬기게 하옵소서."

결혼식을 준비하는 신부의 순전한 사랑으로 주께 나아오기를 원합니다.
곡식을 심고 거두어, 고운 가루를 빻아서 드리는 소제 예배의 긴 과정들을 소홀히 하지 않게 하옵소서.
오, 주님! 나의 섬김, 나의 예배에 성령의 적셔짐과 기름 부음이 흘러 넘치게 하옵소서. 아멘.

Memo

11여호와께 드릴 화목제물의 규례는 이러하니라 12만일 그것을 감사함으로 드리려면
기름 섞은 무교병과 기름 바른 무교전병과 고운 가루에 기름 섞어 구운 과자를 그 감
사제물과 함께 드리고 13또 유교병을 화목제의 감사제물과 함께 그 예물로 드리되 14그
전체의 예물 중에서 하나씩 여호와께 거제로 드리고 그것을 화목제의 피를 뿌린 제사
장들에게로 돌릴지니라 15감사함으로 드리는 화목제물의 고기는 드리는 그날에 먹을
것이요 조금이라도 이튿날 아침까지 두지 말 것이니라

Chapter 4

하나님과 가까워지게 하는 제사, 화목제, 속죄제, 속건제

레 7 : 11－18

16그러나 그의 예물의 제물이 서원이나 자원하는 것이면 그 제물을 드린 날에 먹을 것
이요 그 남은 것은 이튿날에도 먹되 17그 제물의 고기가 셋째 날까지 남았으면 불사를
지니 18만일 그 화목제물의 고기를 셋째 날에 조금이라도 먹으면 그 제사는 기쁘게 받
아들여지지 않을 것이라 드린 자에게도 예물답게 되지 못하고 도리어 가증한 것이 될
것이며 그것을 먹는 자는 그 죄를 짊어지리라

레 7 : 11-18

부흥과 선교의 간증으로 화려했던 한국교회가 80년대의 고속 성장에서 마이너스 성장으로 떨어지게 되고, 전도길이 막히고 세상으로부터 손가락질을 받게 된 배경에는 바로 이런 모순된 회개의 개념이 숨겨져 있습니다. 우리는 예배를 한쪽 면만 치우치게 배웠습니다. 예배에는 쌍방향의 교통이 있습니다. 죄인이 하나님을 찾아가는 부분과 하나님께서 사죄의 은총으로, 공급하시는 말씀으로, 성령의 기름 부음으로 찾아오시는 부분입니다.

본래 인간은 하나님과 매우 친밀한 관계였습니다. 에덴동산에서 행복하게 주님과 동행하면서 충만한 삶을 살았습니다. 그러나 하와가 아담과 더불어 범죄함으로 그만 하나님의 창조의 작품들을 훼손시키고 이 땅을 심판과 저주의 땅으로 전락시켰습니다. 그로 인해 에덴에서 쫓겨나 에덴의 축복을 상실했고 하나님과의 친밀한 관계도 깨어져 버렸습니다. 불신과 불순종으로 하나님께서 인간에게 주셨던 모든 특권들을 잃어버리고, 죄와 마귀의 노예가 되어 부자유한 존재가 되었습니다. 하나님과의 화목한 관계를 다시 회복하기 위해서는 우리와 하나님 사이의 장애물들을 찾아 해결해 나가야 합니다. 하나님께서는 본질상 진노의 자식이 된 우리에게 다시 회복할 수 있는 방법을 알려 주셨습니다. 화목제, 속죄제, 속건제가 그 답입니다.

가장 중요한 일부터 먼저 하라

스티븐 코비 박사의 "성공하는 사람들의 일곱 가지 습관"이라는 책을 읽어 보셨을 것입니다. 세계적인 경영 컨설턴트인 그는 이 책에서 좋은 인생의 경영 방법을 말하고 있습니다. 그에 의하면 성공의 비결은 미국이 독립하던 때(1776년)로부터 150년 동안은 원칙과 인격에 관한 내면적인 것이었지만, 그 이후부터는 태도와 테크닉, 사람을 대하는 태도가 성공의 요소로 꼽히게 되었다고 지적합니다. 그가 말하는 성공하는 사람들의 일곱 가지 습관 중에서 특별히 이 시간 우리가 주목해야 할 내용은 세 번째, '중요한 일부터 먼저 하라.'입니다. 중요한 일에 대한 원칙을 정하지 않으면 긴급한 일의 횡포에 의해 우리의 시간과 에너지를 다 빼앗겨 버립니다. 정작 해야 될 중요성의 우선순위를 따라 일하기보다는 시간적으로 급한 일을 선택할 때가 더 많기 때문입니다.

신앙적인 입장에서도 하나님 앞에서 바로 서기 위해서는 가장 중요한 일을 먼저 해야 합니다. 스티븐 코비는 사업에 성공하고, 경영에 성공하는 비결을 말했지만 성경은 우리에게 건강한 인생을 살고, 성공적인 인생을 살기 위해서는 하나님을 우선으로 만나야 한다고 선포합니다. 우리에게 '가장 먼저 해야 할 일', '가장 중요한 일'은 하나님을 만나고, 하나님을 섬기는 일입니다. 하나님을 가까이 했을 때는 개인도, 가정도, 사회도, 민족도 복을 받지만 하나님의 뜻을 깨닫지 못하고 진리의 원칙을 떠나거나 하나님의 뜻을 등지면 개인이건, 공동체건 결국은 버림을 받습니다. 이스라엘의 사울 왕, 솔로몬 왕, 아합 왕은 모두 잘나고 똑똑한 왕들이었습니다. 그러나 그들이 하나님을 무시하고 제멋대로 산 결과, 자신만 망한 게 아니라 나라까지도 위기를 겪었습니다.

세계 역사를 돌아볼 때 일반적으로 하나님을 외면한 나라, 기독교를 박해한 나라들은 거의가 낙후되고 가난했고, 또 계속되는 재앙으로 어려움을 벗어나지 못한 경우가 많았습니다. 한국은 유교, 불교, 샤머니즘의 층이 두꺼웠던 나라였지만 130여 년 전에 이 땅에 복음이 들어왔고, 그 복음이 땅에 뿌려지고 자라고 성장해서 지금은 오히려 복음을 수출하는 선교 한국이 되었습니다. 그동안에 한국은 도움받던 나라에서 도움을 주는 나라로 세계 경제 대국이 되었고, 미국 다음으로 선교사를 많이 파송하는 나라로 우뚝 섰습니다. 그러나 작금의 한국교회는 여전히 건강하다고 말할 수 있습니까? 그렇지 않습니다. 많은 사람들이 한국교회의 저물어 감을 우려하고, 위기 상황에서 일어나야 할 것을 경고하고 있습니다. 예배가 무너져 가고, 교회의 거룩함과 구별성이 희미해져 갑니다. 경건과 기도생활에서 떠나 향락으로, 세속으로 흘러가 과거의 헌신과 열정을 잊어 갑니다. 명분상으로는 하나님을 믿고 있지만 실제로는 하나님을 의지하지 않고 사는 크리스천들이 점점 많아지고 있습니다. 이제 우리는 다시금 예배를 회복해야 합니다. 하나님과의 사이에서 무너져 버린 언약관계를 회복하고 믿음으로 돌아서야 합니다.

나는 삶의 최우선 순위, 최고의 가치를 어디에 두고 삽니까?

화목을 위해 드리는 제사, 화목제

사람은 하나님을 위하여 창조된 존재인데 그만 꾐에 빠져 사탄에게 속았습니다. 우리가 '번제'를 드리는 이유는 이 몸은 하나님의 것이라는 선언입니다. 번제를 드림으로 하나님 앞에서, 내 자신에게, 또 사탄 앞에서 시위하고 선언합니다. '나는 내 것이 아니라 하나님의 것'이라고 선포합니다.

그리고 우리의 가장 좋은 것들을 하나님께 드리지 못했음을 회개하고 돌이켜 내게 있는 가장 최상의 것, 최고의 것으로 하나님을 섬기는 제사, '소제'를 드립니다. 또한 우리의 하나님과의 관계, 사람과의 관계가 버성겨졌음을 인정하고 제물을 통하여 화목하게 되도록 '화목제'를 드려야 합니다.

'화목제'는 예배자가 하나님과 화목하게 되기를 기대하며 드리는 제사입니다. 하나님은 화목의 제물을 통하여 죄를 범한 인간이 하나님과 다시 화목하게 될 수 있도록 문을 열어 놓으셨습니다. 화목제는 하나님의 임재 가운데서 잔치를 즐기는 기쁨의 시간으로, 하나님께 예물을 드릴 뿐만 아니라 성소에 모인 무리와 함께 음식을 나누기도 합니다. 화목제에는 주신 축복과 구원에 감사할 때 드리는 '감사제'가 있습니다. 또 스스로 자원하는 기쁨을 나누고 싶을 때 드리는 '낙헌제'가 있습니다. 또 하나님께 삶을 헌신하고 충성하겠다는 서약을 할 때 드리는 '서원제'도 있습니다.

(1) 감사제(Thank offering)

인생의 어려운 일을 겪어 오면서 그 일을 극복할 수 있도록 도우셨음을 감사할 때, 또는 지나온 날들에 대한 감사의 마음을 표현하고 싶을 때 드리는 제사가 감사제입니다. 우리가 하나님께 감사를 표현함으로써 하나님과의 관계가 가까워질 수 있습니다. 하나님께서 화목한 관계를 위하여 감사제를 드리라고 말씀합니다. 감사의 마음이 곧 관계를 회복시키는 원리임을 깨달을 수 있습니다.

"예수께서 대답하여 이르시되 열 사람이 다 깨끗함을 받지 아니하였느냐 그 아홉은 어디 있느냐 이 이방인 외에는 하나님께 영광을 돌리러 돌아온 자가 없느냐 하시고 그에게 이르시되 일어나 가라 네 믿음이 너를 구원하였느니라 하시더라"(눅 17 : 17 – 19).

치유받은 10명의 나병 환자 중 한 사람만 와서 감사하는 장면이 누가복음 17장에 기록되어 있습니다. 모두 치유를 받았지만 '한 사람'만이 감사했습니다. 감사를 표현한 '한 사람'만이 영혼의 구원을 얻고 하나님께 영광을 돌렸다고 말씀합니다. 감사는 하나님이 행하신 일에 대해 하나님께로 그 영광을 돌려 드리는 행위입니다.

"일어나 가라 네 믿음이 너를 구원하였느니라"(눅 17 : 19).

아이작 왈튼은 하나님께는 두 개의 거처가 있다고 말했습니다. 하나는 천국이고, 또 하나는 바로 사랑하고 감사하는 사람의 마음이라고 했습니다. 우리 마음에 하나님을 모시려면 늘 감사의 마음을 놓치지 않아야 합니다. 감사에 대한 이런 감동적인 글이 탈무드에 있습니다.

『이 세상 최초의 인간은 빵 하나를 만들어 먹기 위해 얼마나 많은 일을 했던가? 우선 밭을 갈고, 씨앗을 뿌리고, 그것을 가꾸고, 수확하고, 빻아서 가루로 만들고, 반죽하고, 굽고……. 적어도 15단계의 과정을 거치지 않으면 안 되었다. 그러나 지금은 돈만 내면 빵집에 가서 만들어 놓은 빵을 사올 수 있다. 옛날에는 한 사람이 해야 했던 15단계의 일을 여러 사람이 나누어 해 주고 있기 때문이다. 그러므로 빵을 먹을 때에는 많은 사람들에게 감사하는 마음을 잊어서는 안 된다. 이 세상 최초의 인간은 자기 몸에 걸친 옷 하나를 만들기 위해 얼마나 많은 수고를 했던가? 들에 가서 양을 사로잡고, 그것을 키우고, 털을 깎고, 그 털로 실을 만들고, 옷감을 짜고, 그것을 다시 꿰매어 입기까지는 상당한 노고를 해야 했다. 그런데 지금은 돈만 내면 양복점에서 마음에 드는 옷을 살 수가 있다. 옛날에는 혼자 해야 했던 많은 일을 여러 사람이 나누어 해 주고 있기 때문이다. 그러므로 옷을 입을 때에는 많은 사람들에게 감사하는 마음을 잊어서는 안 된다." 』

감사는 하나님과 우리 사이의 관계를 더욱 깊은 자리로 이끌어 갈 것입니다. 감사하는 마음과 언어의 표현은 사람과의 관계를 더욱 돈독하게 만듭니다.

나는 매일 감사 일지를 쓰고 있습니까?

몸과 마음, 물질로 드리는 감사 생활을 하고 있습니까?

(2) 자원제, 낙헌제(Voluntary offering)

"여호와여 구하오니 내 입이 드리는 자원제물을 받으시고 주의 공의를 내게 가르치소서"(시 119 : 108).

구약시대에 하나님께서 가르쳐 주신 제물에는 자원제물이 있습니다. 이스라엘 백성들이 성전이나 성막에 사용할 물건들을 기쁜 마음으로 자발적으로 드린다하여 '느다바'라고도 합니다. 자원제는 십일조를 드리는 것처럼 의무사항은 아닙니다. 오직 하나님께서 주신 은혜가 감사하여, 기쁜 마음으로 드린다 하여 '낙헌제'라고도 부릅니다. 낙헌제는 문자 그대로 즐거울 락(樂), 드릴 헌(獻), 제사 제(祭)로 자발적이고 즐거운 마음으로 드리는 제사입니다.

구약성경에서 처음 소개되는 자원제, 혹은 낙헌제는 출애굽기에 등장합니다. 모세가 하나님의 명령을 따라 처음 성막을 지을 때, 이스라엘 온 백성들이 마음에 감동을 받았습니다. 그리고 모세의 명령을 따라 성막을 짓기 위하여 고이 간직해 두었던 모든 귀중품들을 가지고 왔습니다.

그 양이 넘쳐나도록 많아서 이제 그만 가져오라고 만류해야 할 정도였습니다. 이렇게 자원하는 심령을 가지고 드리는 예물이 자원제물입니다(출 25 : 1-9, 35 : 4-29). 이것은 하나님을 모르는 사람은 이해할 수 없는 오직 초자연적인 은총을 받은 사람만이 기쁨으로 드릴 수 있는 헌물입니다. 자원제물, 즉 낙헌예물은 하나님의 은혜를 풍성히 누리는 사람만이 드릴 수 있는 기쁨의 예물입니다.

"하나님 여호와께서 네게 복을 주신 대로 네 힘을 헤아려 자원하는 예물을 드리고"(신 16 : 10).

낙헌제는 내가 하나님을 너무나 사랑하기에 그 사랑 때문에 드리는 제사입니다. 누가 시켜서 하는 것도 아니고 의무사항도 아닌, 그냥 마음이 감동되어 하나님께 특별한 마음을 표현하기 위해서 자원해서 더 드리는 감사입니다. 그 속에는 일반적인 감사와 더불어서 하나님을 향한 한 차원 더 높은 지극한 사랑의 표현이 들어 있습니다. 청년 시절에 연애하던 사람을 생각해 보십시오. 그냥 의무사항이나 필요 때문이 아니라 너무 좋고, 사랑스러워서 안 해도 그만인 일을 더 해 주고 싶어 안달하는 마음을 생각해 보면 이 낙헌제를 이해할 수 있습니다.

"내가 낙헌제로 주께 제사하리이다 여호와여 주의 이름에 감사하오리니 주의 이름이 선하심이니이다 참으로 주께서는 모든 환난에서 나를 건지시고 내 원수가 보응받는 것을 내 눈이 똑똑히 보게 하셨나이다"(시 54 : 6-7).

다윗은 숱한 환난에서 자신을 건지시고, 자신의 원수가 보응받는 것을 눈으로 확인하고 그 사실에 대하여 너무나 감사하는 마음으로 인하여 낙헌제를 드리노라고 표현하고 있습니다.

하나님을 사랑하는 마음을 예배 가운데 어떻게 표현하고 있습니까?

(3) 서원제(Vow offering)

서원제는 한 단계 더 높은 차원의 제사입니다. 여기서 서원이란 하나님께 스스로 약속하는 것을 말합니다. 한나가 아들을 주시면 그 아들을 하나님께 바치겠다고 약속했습니다. 이것을 서원기도라고 합니다. 그리고 사무엘을 주셨을 때 약속한 대로 그 아들을 하나님께 드렸습니다. 이것을 서원을 갚는다고 합니다. 이렇게 서원을 하거나 서원을 갚을 때 드리는 제사를 서원제라고 합니다.

"한나가 마음이 괴로워서 여호와께 기도하고 통곡하며 서원하여 이르되 만군의 여호와여 만일 주의 여종의 고통을 돌보시고 나를 기억하사 주의 여종을 잊지 아니하시고 주의 여종에게 아들을 주시면 내가 그의 평생에 그를 여호와께 드리고 삭도를 그의 머리에 대지 아니하겠나이다"(삼상 1 : 10 - 11).

한나의 서원은 삭도를 머리에 대지 않겠다는 '나실인'의 서원입니다(민 6 : 1-21, 삿 13 : 5-14). 그런데 이 나실인의 서원은 태어나기 전부터 이미 자기 자식이 소명되었음(렘 1 : 5, 갈 1 : 15)을 확실히 인식한 어머니에 의하여(삿 13 : 12 이하), 태어날 자식의 평생을 하나님의 손에 맡기겠다는 신앙적 결단에 따라 이루어집니다.

"한나가 이르되 내 주여 당신의 사심으로 맹세하나이다 나는 여기서 내 주 당신 곁에 서서 여호와께 기도하던 여자라 이 아이를 위하여 내가 기도하였더니 내가 구하여 기도한 바를 여호와께서 내게 허락하신지라 그러므로 나도 그를 여호와께 드리되 그의 평생을 여호와께 드리나이다 하고 그가 거기서 여호와께 경배하니라"(삼상 1 : 26 – 28).

한나가 실로에 가서 드린 제사와 같이 이스라엘 백성은 서원을 하고 그 일이 이루어졌을 때 서원제를 드렸습니다.

"네 하나님 여호와께 서원하거든 갚기를 더디 하지 말라 네 하나님 여호와께서 반드시 그것을 네게 요구하시리니 더디면 그것이 네게 죄가 될 것이라"(신 23 : 21).
"하나님이여 내가 주께 서원함이 있사온즉 내가 감사제를 주께 드리리니"(시 56 : 12).

왜 하나님 앞에 드리는 서원기도가 좋습니까? '대가를 치르려는 자세를 하나님 앞에 보여 드리는 것'이기 때문입니다. 순간의 감정이나 충동에 의하여 이랬다저랬다 하는 신앙이 아니라 약속하고 지키는 신앙, 서로가 자신의 말과 고백에 책임지는 인격적인 관계로 하나님은 우리와 교통하기를 원하십니다.

『 어느 날, 링컨이 육군 대령과 함께 여행을 하게 되었습니다. 대화하다가 육군 대령이 주머니에서 위스키 한 병을 꺼냈습니다. "지루한데 우리 술이나 한 잔 합시다." 링컨이 대답했습니다. "죄송합니다. 저는 술을 못 합니다." 대령이 또 말했습니다. "그럼 담배나 피시죠?" 링컨이 또 말했습니다. "죄송합니다. 저는 담배도 못 합니다." 대령이 무안해하자 링컨은 미안해하며 자기 옛날 얘기를 해 주었습니다. 링컨이 아홉 살 때, 병세가 위독한 어머니가 그를 불러 그의 손을 꼭 잡으며 말했습니다. "얘야, 나와 한 가지 약속을 해 줄 수 있겠니? 앞으로 너는 평생 술과 담배를 입에 대지 않겠다고 약속해다오." 링컨은 약속했습니다. 그리고 그 약속을 평생 최선을 다해 지켰습니다. 이것이 링컨의 인격이 되었습니다. 어머니 앞에서 했던 약속을 평생 지키려고 최선을 다했던 그의 모습이 결국 링컨을 미국 역사 속에서 가장 존경받는 대통령으로 세워 주었습니다. 』

은혜받을 때 서원하십시오. 그러나 갚을 수 없는 터무니없는 서원은 하지 말고 지킬 수 있는 서원을 하십시오. 작은 것에서부터 큰 것에 이르기까지, 가능하면 '언약노트'를 만들어 놓고 늘 의식하며 지키는 습관이 좋습니다. 화목제의 최고의 수준은 서원제입니다. 마음에 감동이 있을 때는 서원하십시오. 그 서원이 나를 더 높은 신앙의 경지로 이끌 것입니다.

하나님께 서원 기도를 드린 적이 있습니까?

그리고 그것을 충실히 이행하셨습니까?

하나님의 것은 하나님께, 사람의 몫은 사람에게

5대 제사 가운데 특별히 화목제의 경우에만 제물 중 하나님께 드리는 몫을 제외하고 남은 고기를 제사드린 사람은 물론이고 가족과 친구들까지도 함께 먹을 수 있도록 하였습니다. 하나님과 화목하고 사람들 간의 관계에서도 화목하기를 원하셨기 때문입니다. 그렇기에 화목제는 하나님께 드려야 할 것과 사람이 나누어야 할 것이 분명하게 구분되어 있었습니다. 하나님께 드릴 것은 하나님께 드려야 화목할 수 있습니다(레 3 : 3-4). 하나님께 돌릴 것을 다른 대상에게 주는 것은 우상숭배입니다. 그렇다면 무엇이 하나님의 것이었습니까? 내장에 덮인 모든 기름, 두 콩팥, 간, 피 등이 하나님 앞에 구별하여 드려야 하는 것이었습니다. 마찬가지로 우리의 예배, 주일성수, 십일조 등은 반드시 하나님께 구별해서 드려야 할 성별된 것임을 잊지 말아야 합니다.

유월절 구원받은 즉시로부터 하나님께서는 첫 것은 무조건 하나님의 것이라고 말씀하셨습니다. 구원받은 사람은 첫 자녀도 내놓고, 동물의 첫 새끼도 내놓고, 첫 소득은 다 내어놓아야 합니다. 이것이 하나님과의 언약입니다. 일주일의 첫날은 하나님의 것입니다. 주님의 날입니다. 예배드리고, 봉사하고, 이웃들을 격려해 주고, 또 병원 같은 곳도 심방하면서 어려운 사람들을 돌아보고 하는 날이 주일입니다. 물론 십일조도 하나님의 것입니다. 내 집에 찾아온 손님은 잘 접대하고, 내가 인사해야 할 사람은 빠짐없이 잘 챙기면서도 하나님과의 관계에서는 너무 인색한 사람들이 많습니다. 하나님을 예배하는 일은 삶의 으뜸을 드리는 일입니다. 마음을 다하고 뜻을 다하고 힘을 다하여 하나님을 인격적으로 대하고 섬기는 것이 하나님과의 관계를 회복하는 길입니다.

화목제가 끝나면 남은 고기는 다른 사람들과 함께 나누어 먹었습니다. 특히 감사제에는 무교병과 유교병을 겸하여 나누어 먹되, 제사 당일에 다 먹고(레 7 : 11－15) 서원제는 이튿날까지 다 먹게 함으로(레 7 : 16－17) 백성들과 감사와 서원, 그리고 기쁨을 같이 나누게 하셨습니다. 이는 하나님을 사랑하는 것처럼 우리가 이웃을 돌보고 사랑하고 베풀고 섬기라는 뜻입니다. 이웃과 화해해야 하나님이 우리의 예물을 기쁘게 받으십니다(마 5 : 9, 23－24). 사람과 풀 것은 사람과 풀고, 사람의 몫은 사람과 나누어야 됩니다. 그리고 3일째 되는 날, 먹고 남은 것은 전부 태우라고 말씀하셨습니다. 감사헌금은 이틀 이내에 해야 합니다. 하나님께 감사하는 마음, 사람에게 감사하는 마음을 표현하는 것은 삼 일이 넘어가면 안 됩니다. 만약 지금 당신의 마음속에 누군가를 좀 돕고 싶다거나, 고마운 뜻을 표현하고 싶다고 한다면 이틀을 넘기지 마십시오. 진정한 화목제는 사람과의 관계에서 완성이 됩니다. 하나님과 화해했다고 화목제가 마무리된 게 아닙니다. 하나님과 화해한 사람이 믿음의 공동체에서 화해를 이루고, 더 나아가 이웃과의 관계에서 평화를 이룰 때 그 화목제가 온전하게 드러지게 됩니다. 하나님 앞에서는 경건하게 산다 하면서 사람과는 원수로 사는 것은 모순된 일입니다. 하나님은 우리가 하나님과 화해할 뿐 아니라 사람과도 화목하기를 원하십니다. 그래서 이웃들을 섬기고, 나보다 못한 사람들에게 내게 있는 것들을 나누어 주고, 구제하고, 함께 가는 인생을 살라고 말씀하십니다.

『 한 남매의 이야기입니다. 오빠하고 동생이 싸웠습니다. 둘이 한참 싸우다가 엄마에게 와서 이야기합니다. 오빠는 동생이 먼저 시비를 걸었다고 하고, 동생은 오빠가 가만히 있는 자신을 약 오르게 했다며 서로의 탓만 하며 불평했습니다. 엄마가 가만히 듣고 있다가 말씀했습니다. "엄마는 누가 싸움을 먼저 걸었느냐가 중요한 게 아니야. 엄마는 누가 먼저 손해를 보고, 누가 먼저 싸움을 그만 두었는가에 관심이 있단다. 누가 먼저 화해의 악수를 내밀 수 있을까?" 』

여러분, 이것이 하나님의 마음입니다. 우리는 이 땅에 살면서 누가 잘났다, 못났다 따지기만 하고 자신의 잘못은 돌아보려고 하지 않습니다. 그러나 하나님께서는 누가 먼저 화해의 손을 내미는가를 보십니다. 서로가 마음이 상하지 않게 말 한마디라도 따뜻하게 하고, 만나면 서로 격려하고 지지하며 칭찬하는 삶을 살기를 원하십니다.

"화평하게 하는 자는 복이 있나니 그들이 하나님의 아들이라 일컬음을 받을 것임이요"(마 5 : 9).

화평하게 하는 자(peacemaker)가 '하나님의 아들'이라는 이름을 얻게 됩니다. '하나님의 아들'은 무엇을 의미합니까? 어떻게 하든지 서로 위로하고, 격려하고, 칭찬하려고 하는 이런 삶의 자세를 말합니다.

나의 감사생활은 어떠합니까?
사람들과의 관계를 풀기 위한 화목제가 있습니까?

용서받기 위해 드리는 제사, 속죄제

우리는 허물과 죄로 죽었던 사람입니다. 우리는 아담과 하와의 원죄로 인해 죽었고, 더불어 이 세상에서 수많은 허물을 저질렀기 때문에 그 허물로 인하여 하나님 앞에서 죽은 존재였습니다.

"그는 허물과 죄로 죽었던 너희를……"(엡 2 : 1).
"여호와의 손이 짧아 구원하지 못하심도 아니요 귀가 둔하여 듣지 못하심도 아니라 오직 너희 죄악이 너희와 너희 하나님 사이를 갈라놓았고 너희 죄가 그의 얼굴을 가리어서 너희에게서 듣지 않으시게 함이니라"(사 59 : 1-2).

그래서 우리는 죄 때문에 하나님 앞에 설 수 없게 되었습니다. 죄는 하나님과 우리 사이에 막힌 담이 되어 버립니다. 죄는 에덴을 잃게 합니다.

모든 죄는 하나님의 진노를 유발하고 하나님과의 모든 관계를 박탈할 뿐만 아니라 하나님의 성소까지 더럽힙니다. 거룩하신 하나님은 불의와 부정 가운데 계시지 않습니다. 그래서 속죄제를 드려야 합니다. 번제, 소제, 화목제는 향기로운 냄새를 하나님께 올려 드리는 제사지만 속죄제는 향기로운 냄새를 위한 제사가 아닙니다. 예수님께서 세상 죄를 지고 가는 하나님의 어린 양이 되셔서 내 죄를 지고 진 밖으로 나가 태워져 재가 되어 버리셨던 것처럼 속죄제는 진영 바깥 재 버리는 곳에서 태우는 제사입니다. 하나님께서 금지한 계명들을 부지중에 저질렀을 때, 증인으로서 진술을 회피하거나 함부로 맹세한 죄, 부지중 짐승이나 사람의 부정을 입은 죄 등을 용서받기 위해 드리는 제사입니다. 예수님이 십자가에서 흘리신 그 보혈의 피를 힘입어야만 하나님과의 관계를 회복할 수 있습니다. 예수님은 우리의 속죄제물이 되셨습니다. 하나님의 아들이 직접 와서 우리의 이러한 엄청난 죄를 대신 짊어지시고 십자가에서 몸을 찢고 피를 쏟으심으로 우리의 죄를 씻어 주셨습니다.

"염소와 송아지의 피로 하지 아니하고 오직 자기의 피로 영원한 속죄를 이루사 단번에 성소에 들어가셨느니라"(히 9 : 12).

『 미국의 선교사였던 보먼 박사는 인도 캘커타의 나병 환자 수용소 안에 교회를 건축하게 되었습니다. 준공식이 있던 날 82세의 한 인도 노인이 예수님을 믿기로 작정을 하고 앞으로 나왔습니다. 박사는 그 노인에게 물었습니다. "왜 그 나이에 예수님을 믿기로 했습니까?" 그 노인은 대답했습니다. "지금까지 나는 많은 신들을 섬겼습니다. 그러나 그들 가운데 나를 위해 죽은 신은 만나 보지 못했습니다. 오직 예수님만이 나를 위해 돌아가셨습니다." 』

이 세상에서 우리를 위해 대신 죽으신 분은 오직 예수님 한 분뿐입니다. 예수께서 친히 우리의 속죄제물이 되셔서 우리 모든 죄를 대신 지셨습니다.

『"보혈을 지나 하나님 품으로 보혈을 지나 아버지 품으로
보혈을 지나 하나님 품으로 한 걸음씩 나가네
존귀한 주 보혈이 내영을 새롭게 하네
존귀한 주 보혈이 내영을 새롭게 하네"–"보혈을 지나" 』

그러므로 예수님을 믿는 자는 그 십자가 공로를 통해 값없이 죄 사함을 받고 용서받은 의인이 될 수 있습니다.

죄를 온전히 자복하고 회개함으로 하나님 앞에 나아가고 있습니까?

속죄제의 피 뿌림의 4단계

속죄제에서 제물은 드리는 자의 신분에 따라 네 종류로 구분되었습니다. 제사장의 경우 흠 없는 수송아지를 제물로 드려야 했습니다. 이는 회

중 전체가 죄를 범했을 때 드리는 속죄제물과 같았고, 드려진 제물은 모두 태웠습니다. 회중이 범한 죄에 대해서는 제사장이 범한 죄와 마찬가지로 흠 없는 수송아지를 속죄제물로 드려야 했는데, 이때 이스라엘 회중을 대표하여 백성들의 장로들이 제물에 안수하는 의식을 집행했습니다. 이는 이스라엘 전체의 죄를 희생제물에 전가시키는 행위였습니다.

족장을 위해 드리는 속죄제물은 숫염소였으며, 평민이 죄를 범했을 때 드리는 제물은 암염소나 어린 양이었습니다. 하지만 형편이 어려워 어린 양이나 암염소를 드릴 만한 능력이 없는 가난한 사람은 산비둘기 둘이나 집비둘기 새끼 둘을 가져와 하나는 속죄제물로, 하나는 번제물로 삼았습니다. 속죄제의 원칙 중 피를 어디에 뿌리라고 말씀하셨는가에 우리의 관심을 집중시켜 봅시다. 속죄의 피는 죄가 일으킨 모든 문제를 해결하기 때문입니다. 속죄제의 피 뿌림은 4단계로 되어 있습니다.

(1) 휘장 앞에서 일곱 번 뿌렸습니다(4 : 5-6, 16-17)

휘장은 인간이 하나님의 영광의 처소로 들어가는 것을 막는 역할을 합니다. 구약에서는 대제사장이 일 년에 한 번 휘장에 피를 뿌리고 지성소 안으로 들어갈 수 있었습니다. 그때 휘장에 제물의 피를 일곱 번씩 뿌리고 들어갔습니다. 그 피를 힘입어서 지성소에 들어가서 하나님을 뵙고 하나님의 용서와 복을 받을 수 있었습니다. 제물의 피는 회개를 말합니다. 정결한 양심, 깨끗한 마음으로 하나님을 뵙고, 하나님의 임재를 경험하기 위해서는 반드시 피를 뿌려야 합니다. 유대인의 '7'은 완전을 의미합니다. 온전히 씻음받아야 아버지의 영광, 임재를 경험할 수 있습니다.

(2) 향을 피우는 금 향단의 뿔에 피를 발랐습니다(4 : 7)

향단은 24시간 내내 향을 피우는 제단입니다. 이는 쉬지 않고 계속 되는 성도의 기도와 찬양, 예배생활을 상징합니다. 이 향단의 뿔에 피를 발랐다는 것은 속죄의 은총을 입어야 하나님과의 교제가 가능하다는 말입니다. 이는 오직 속죄제물이 되시는 예수 그리스도의 은총으로만 하나님과의 교제가 가능함을 예표합니다. 피를 바르는 기도에는 능력이 나타나고, 즉각적인 응답이 있습니다. 우리의 찬양에도, 예배에도 피가 있어야 합니다. 회개 없는 예배, 피 없는 찬양, 기도생활은 무효입니다. 피를 통해서만 하나님과의 교통이 열리기 때문입니다. 기도가, 예배생활이, 찬양이 힘이 없습니까? 향단의 뿔에 피를 바르십시오. 나의 예배의 문을 열어 주는 합당한 회개기도가 있어야 합니다.

(3) 번제단 뿔에 피를 발랐습니다(4 : 25, 30, 34)

번제단은 우리가 하나님 앞에 와서 첫 제물을 드리는 곳으로 구원의 의미를 담고 있습니다. 지옥에서 천당으로의 구원만이 아닌 뿔의 능력이 있어야 합니다. 뿔은 힘과 능력, 권세를 상징합니다. 구원은 우리에게 자녀 됨의 특권을 허락했습니다. 그래서 우리를 죽이려고 덤비는 보수자(報讐者)로부터 우리를 보호합니다. 우리가 피에 의한 인생을 살고, 회개하고 하나님 앞에 정결하게 살면, 운명에 끌려다니며 지지부진한 인생이 아닌 하나님의 자녀로, 장자로, 왕 같은 제사장으로 인생을 살 수 있습니다. 자녀 됨의 능력을 누리면서 살아야 합니다.

(4) 남은 피를 번제단 밑에 다 쏟아 부었습니다(4 : 7, 18, 25, 30, 34)

모든 피가 번제단 밑에 쏟아 부어졌다는 것은 십자가 밑에 나아가 모든 짐을 내려놓고 용서와 해방을 경험할 수 있는 자녀의 자격을 획득했다는 말입니다. 이는 구원의 은총, 구원의 확신입니다. 속죄제의 피를 어디에 적용하느냐는 하나님의 자녀가 된 사람이 하나님과 어떤 친밀한 관계를 유지하며 권리를 누리면서 살 수 있는지를 결정해 줍니다. 신분이 높을수록 값비싼 제물과 복잡한 제사가 요구된다는 것을 알 수 있습니다. 송아지와 염소 중에 어떤 제물이 더 비쌉니까? 송아지가 더 비쌉니다. 그리고 제사 절차도 더 복잡합니다. 이것은 제사장이나 족장 같은 높은 지위에 있는 사람에게는 하나님이 더 큰 책임과 더 큰 성결을 요구하고 있음을 말합니다. 사회에서 높은 지위를 얻고, 직장에서도 높이 올라가고, 교회에서도 중요한 직분을 받았다면 더 큰 책임과 더 큰 거룩, 더 큰 헌신을 드려야 합니다.

구약에서는 사회적 신분, 지위의 고하를 가지고 말했지만 신약에서는 믿음의 크기, 하나님 앞에서의 성숙의 차이를 가지고 설명할 수 있습니다. 어떤 사람은 지성소를 겨냥한 믿음을 가지고 살아갑니다. 그러나 어떤 사람은 구원받은 사실 하나만으로 만족하고 영적으로, 신앙적으로 더 성숙하려고 하지 않습니다.

우리의 신앙은 번제단 밑에서 번제단 뿔로, 향단 뿔로, 지성소로 들어가는 휘장에까지 예수님의 피 뿌림의 은총을 더 깊이 경험할 수 있어야 합니다. 그러나 어떤 사람들은 우리 주님의 피의 효능을 단지 번제단 밑에 국한시키며 살아가는 사람들도 있습니다.

"그 아들 예수의 피가 우리를 모든 죄에서 깨끗하게 하실 것이요" (요일 1 : 7).

피의 능력을 어디까지 경험하면서 살아가고 있습니까?

보상, 배상하는 제사, 속건제

속죄제는 '근본적인 죄'(Sin, 롬 5 : 12, 7 : 17)를 속건제는 '죄의 결과들'(sins), '죄의 열매들', '죄의 행위들'을 다루는 제사입니다.

속죄제가 우리의 본성적인 면을 다루는 제사라면, 속건제는 행위의 죄에 대해서 다룹니다.

속죄제가 원인 해결을 위한 회개 제사라면, 속건제는 원인으로 인한 결과를 위한 제사입니다.

속죄제는 배상할 수 없는 죄에 대한 용서를 구했던 제사인 반면, 속건제는 배상이 가능한 죄에 대한 용서를 구하는 제사입니다.

속건제가 우리에게 주는 영적인 교훈은 '배상'입니다. 죄에 대한 배상을 하게 함으로써 죄를 멀리하도록 했습니다.

"여호와께서 모세에게 말씀하여 이르시되 누구든지 여호와께 신실하지 못하여 범죄하되 곧 이웃이 맡긴 물건이나 전당물을 속이거나 도둑질하거나 착취하고도 사실을 부인하거나 남의 잃은 물건을 줍고도 사실을 부인하여 거짓 맹세하는 등 사람이 이 모든 일 중의 하나라도 행하여 범죄하면 이는 죄를 범하였고 죄가 있는 자니 그 훔친 것이나 착취한 것이나 맡은 것이나 잃은 물건을 주운 것이나 그 거짓 맹세한 모든 물건을 돌려보내되 곧 그 본래 물건에 오분의 일을 더하여 돌려보낼 것이니 그 죄가 드러나는 날에 그 임자에게 줄 것이요 그는 또 그 속건제물을 여호와께 가져갈지니 곧 네가 지정한 가치대로 양 떼 중 흠 없는 숫양을 속건제물을 위하여 제사장에게로 끌고 갈 것이요 제사장은 여호와 앞에서 그를 위하여 속죄한즉 그는 무슨 허물이든지 사함을 받으리라"(레 6 : 1-7).

속건제를 드리는 경우들을 보니까 맡은 물건이나 전당 잡은 물건을 돌려주지 않거나, 도둑질하거나, 이웃의 것을 강제로 뺏거나, 남의 잃어버린 물건을 줍고도 그 사실을 부인했을 때, 거짓말을 함으로 이웃에게 재산상의 손해를 끼쳤을 때입니다. 그때 자신이 취한 물건과 그것의 오분의 일을 더하여 주인에게 돌려주게 했습니다. 그 후에 하나님께 속건제를 드렸습니다. 하나님은 우리가 입으로만 회개하는 것을 기뻐하지 않으십니다. 보상할 수 있는 것은 어떻게 해서든지 보상하기를 원하십니다. 우리에게 닥친 어려움이나 상황들이 만일 죄가 원인이 되어 닥친 것이라면 감사하시기 바랍니다. 지금 이 땅에서 속건제물로 보상하여 죄 사함을 받는 것이, 하나님 앞에 가서 심판을 받는 것에 비교할 수 없기 때문입니다.

여리고의 삭개오는 세리였습니다. 로마시대의 세리 중에는 불의한 부자가 많았습니다. 많은 사람에게 세금을 부당하게 징수하여 부를 축적했습니다. 그래서 유대인들은 세리를 매우 싫어했습니다. 예수님이 삭개오의 집에 들어가실 때 삭개오가 예수님을 믿음으로 말미암아 구원을 받았습니다. 그러자 삭개오의 생애 속에 큰 변화가 왔습니다.

"삭개오가 서서 주께 여짜오되 주여 보시옵소서 내 소유의 절반을 가난한 자들에게 주겠사오며 만일 누구의 것을 속여 빼앗은 일이 있으면 네 갑절이나 갚겠나이다"(눅 19 : 8).

그는 속죄제물뿐 아니라 속건제물도 드렸습니다. 그러자 예수님은 말씀하셨습니다.

"오늘 구원이 이 집에 이르렀으니 이 사람도 아브라함의 자손임이로다"(눅 19 : 9).

특이한 것은 사람이 하나님께 죄를 범하면 먼저 제사를 드리고 다음에 배상을 하는 것에 반하여 사람끼리의 범죄로 이웃과 반목이 발생했을 때는 먼저 배상하고 다음에 제사를 드렸다는 점입니다. 속건제를 통해 하나님께서 우리에게 요구하시는 것은 하나님 앞에서만이 아닌, 사람 앞에서도 신실한 사람이 되라는 말씀입니다.

유대인의 절기 전통에 의한 회개법을 한번 살펴봅시다. 유대인의 전통에 의하면 신년 첫날은 심판의 날입니다. 지난해에 어떻게 살았느냐에 따라 하나님으로부터 심판을 받게 되며 그 결과에 따라 새해의 삶이 결정됩니다. 유대인에게 새해 첫날(민간력)에서 대속죄일까지의 열흘 기간은 특별히 중요합니다. 이 기간 동안 유대인들은 철저히 회개합니다. 이 열흘을 가리켜 '두려운 날들'(야밈 노라임)이라고 부릅니다.

그렇다면 어떻게 회개합니까? 1월 1일부터 9일까지는 사람에게 지은 죄를 회개하고 10일에는 하나님께 지은 죄만을 회개합니다. 그러나 사람에게 지은 죄를 용서받지 못한 사람은 1월 10일에 하나님께 지은 죄를 회개할 때 하나님께서 받아 주시지 않습니다. 이 1월 10일은 대속죄일입니다. 1일부터 9일까지 유대인들은 혹 지난해에 누군가의 마음을 상하게 한 것은 없는지 살펴보고 일일이 그 사람을 찾아가 용서를 빕니다. 그렇다면 왜 하나님께 회개하는 데는 하루밖에 날짜를 안 주고 사람에게 회개하는 데는 9일씩이나 주었을까요? 사람에게 용서받는 것이 그만큼 어렵고 또 중요하기 때문입니다. 이 기간은 용서와 화해의 기간입니다. 용서를 빌 준비가 되어 있고 용서해 줄 준비가 되어 있습니다. 얼마나 축복된 절기입니까!

용서를 빌 때는 두 사람 이상의 증인이 필요합니다. 증인이 없는 용서는 법적 효력이 없습니다. 예를 들어 김 집사가 박 집사에게 용서를 빌려면 두 사람 이상의 증인을 대동하고 박 집사를 찾아가야 합니다. 그때 비로소 증인들이 "아, 김 집사가 편협한 사람인 줄 알았더니, 그게 아니구만! 그럴 만한 이유가 있었구만!" 하고 김 집사를 이해하게 되고 실추된 명예가 회복됩니다. 만일 용서를 빌었는데 거절당하면 어떻게 합니까? 증인들과 함께 그 집에서 나와야 합니다. 그 다음은 어떻게 합니까? 다시 증인들과 찾아가서 용서를 빌어야 합니다. 유대법에 의하면 세 번까지 찾아가서 용서를 빌어야 합니다. 그러나 세 번 용서를 빌었는데도 거절하면, 그 사안에 대하여는 더 이상 책임이 없고 더 이상 찾아가서 용서를 구할 필요가 없습니다. 충분히 회개하였는데도 계속 묶여 있는 것을 막기 위함입니다.

『 만일 용서를 빌고자 하는데 상대방이 죽었다면 어떻게 합니까? 유대법에 의하면 성인 열 명의 증인과 함께 그의 무덤을 찾아가 용서를 빌어야 합니다. 이 일로 인하여 죽은 사람의 명예가 회복될 것이며, 잘못한 사람은 평생 가슴에 못 박힌 마음으로 살 필요가 없게 될 것입니다. 왜 열 명입니까? 성인 열 명이라는 숫자는 종교적, 법률적 효력을 갖는 숫자로서 히브리어로 '민얀'이라 부르며 유대법에 의하면 열 명의 성인이 있어야 회당을 설립할 수 있습니다. 하지만 만약 열 명이 안 되면 기도처를 만들 수 있습니다. 사도 바울은 주로 이러한 기도처를 선교의 전초기지로 삼았습니다. 여기서 성인은 13세 이상의 유대인 남자를 의미합니다. – 최명덕, 「유대인 이야기」 』

하나님께서 요구하시는 '거룩'은 하나님 앞에 서기 위한 것일 뿐만 아니라 우리의 변화를 위한 '거룩'입니다. 속건제는 거룩을 실천할 수 있도록 가르쳐 주는, 삶 가운데서 우리가 드려야 할 예배입니다.

『 이창동 감독의 "밀양"이라는 영화가 그리스도인들의 관심을 끌고 그 시시비비로 크게 논란이 된 적이 있었습니다. 서른세 살, 남편을 잃은 신애는 아들 준과 함께 남편의 고향인 밀양으로 내려갑니다. 이 작은 도시에서 작은 피아노 학원을 연 후, 그녀는 새로운 출발을 기대합니다. 그녀는 자신을 과시하고 싶어서인지 돈도 없으면서 땅을 사서 투자하고 싶다고 떠들어 대고 그 좁은 지역 사회에서 돈 많은 사람으로 이해되고, 결국 이게 화근이 되어 그의 아들 준이 유괴되고 살해됩니다. 그에게 남은 유일한 희망이, 삶의 의미가 송두리째 깨져 버립니다. 완전히 무너져 버린 절망 속에서 삶의 의미를 찾아 헤매던 그녀는 교회를 찾게 되고 그곳에서 신앙의 힘으로 위로와 안정을 되찾게 됩니다. 절망과 슬픔을 딛고 일어나 봉사도 하고, 전도행사에도 참여합니다.

교회 생활에 몰입한 신애는 어느 순간 아들을 죽인 살해범을 예수님의 사랑으로 용서해야겠다고 결심합니다. 주변에서는 그 마음은 예수님의 사랑을 바로 이해하고 받아들인 믿음의 결과라면서 칭찬하고 격려합니다. 마침내 교도소에 가서 면회를 신청한 신애가 아들을 죽인 원수를 대면합니다. "주님의 사랑으로 당신을 용서하기 위해 왔습니다."라고 어렵게 힘든 고백을 합니다. 그런데 정작 용서를 고마워하고 감사할 줄 알았던 원수가 너무나도 태연하게 그리고 담담하게 이미 자기는 하나님께 용서를 받았다고 말을 합니다. 사람을 죽인 자기를, 죄인 중의 죄인인 자기를 주님이 찾아오셔서 용서해 주셔서 요즘은 너무나 행복하게 살고 있다는 신애로서는 너무나 이해할 수 없는 소리를 합니다. 아들을 잃은 피해자인 자기가 용서하지 않았는데 가해자는 이미 용서를 받고 평안을 누리고 있었습니다. 이 살해범의 말도 안 되는 고백으로 말미암아 그녀는 다시 절망의 나락으로 떨어져 버립니다.

"내 마음은 터져 버려 죽을 것같이 이렇게 고통스러운데, 신은 어떻게 내가 용서하기도 전에 먼저 살인마를 용서해 주고, 그 살인마는 아주 평안한 마음으로 구원받았다며 저렇게 태연하게 살아가게 할 수 있단 말인가요?"

"그 사람은 이미 용서를 받았대요. 근데 내가 어떻게 다시 그 사람을 용서하냐고요?" 』

"밀양"은 오늘 수많은 그리스도인들이 회개수업을 잘못했음을 고발하고 있습니다. 예배에는 화목제가 있고, 속건제가 있습니다. 하나님과의 관계만이 아닌 사람과의 관계를 풀어 가야 된다는 사실을 많은 그리스도인들이 간과하고 있습니다. 부흥과 선교의 간증으로 화려했던 한국교회가 80년대의 고속 성장에서 마이너스 성장으로 떨어지게 되고, 전도길이 막히고 세상으로부터 손가락질을 받게 된 배경에는 바로 이런 모순된 회개의 개념이 숨겨져 있습니다. 우리는 예배를 한쪽 면만 치우치게 배웠습니다. 예배에는 쌍방향의 교통이 있습니다. 죄인이 하나님을 찾아가는 부분과 하나님께서 사죄의 은총으로, 공급하시는 말씀으로, 성령의 기름 부음으로 찾아오시는 부분입니다.

먼저 타락한 죄인이 하나님을 향하여 나아갑니다. 죄와 허물로 더럽혀진 내가 거룩하신 하나님께로 찾아가기 위하여 그분의 제사와 제물의 요구 조건에 맞추어 예배를 준비하여 드립니다. 예배는 우리의 거룩을 돕습니다. 예배는 세속화된 세상 속에서 우리를 하나님께로 구별시켜 제물로, 제사장으로, 성전으로 세워 가시는 하나님의 본질적 사역입니다.

"그러므로 예물을 제단에 드리려다가 거기서 네 형제에게 원망 들을 만한 일이 있는 것이 생각나거든 예물을 제단 앞에 두고 먼저 가서 형제와 화목하고 그 후에 와서 예물을 드리라"(마 5 : 23 - 24).

남에게 피해를 주고도 하나님 앞에서 고백기도만 하면 된다는 그런 수준의 회개기도가 아니라 피해를 준 내용에 대하여 보상, 배상을 하라고 말씀합니다. 그래야 재범(再犯)을 막을 수가 있습니다. 그래야 우리가 거룩을 향하여 한 걸음씩이라도 올라갈 수 있습니다. 우리는 문제 많은 이 땅을 품어야 합니다. 강단에서는 건강한 예배, 하나님과 사람과의 막힌 담을 허는 소통의 복음을 선포해 줘야 합니다. 삶의 현장에서는 힘들게 살아가는 사람들을 품고 섬기며, 격려하고, 지지해 주는 회복의 사역이 계속 이어져야 합니다.

"나는 너희에게 이르노니 악한 자를 대적하지 말라 누구든지 네 오른편 뺨을 치거든 왼편도 돌려 대며 또 너를 고발하여 속옷을 가지고자 하는 자에게 겉옷까지도 가지게 하며 또 누구든지 너로 억지로 오 리를 가게 하거든 그 사람과 십 리를 동행하고 네게 구하는 자에게 주며 네게 꾸고자 하는 자에게 거절하지 말라"(마 5 : 39 - 42).

이 말씀은 이웃에 대한 책임을 설명하며 이웃을 섬기는 일이 무엇인지 가르쳐 주고 있습니다. 누가 이러한 삶을 살 수 있습니까? 타락한 이 땅과 시대를 품고 기도하는 제사장들입니다. 구속사를 위하여 십자가를 지고 주님의 뒤를 따르는 제자들입니다. 영혼을 품는 일은 매우 높은 수준의 삶을 요구합니다. 하나님은 타락한 이 땅을 하나님 나라로 바꾸기를 원하셔서 우리를 왕 같은 제사장으로 부르셨습니다.

"그들이 새 노래를 불러 이르되 두루마리를 가지시고 그 인봉을 떼기에 합당하시도다 일찍이 죽임을 당하사 각 족속과 방언과 백성과 나라 가운데에서 사람들을 피로 사서 하나님께 드리시고 그들로 우리 하나님 앞에서 나라와 제사장들을 삼으셨으니 그들이 땅에서 왕 노릇 하리로다 하더라"(계 5 : 9 - 10).

이 말씀은 주님과 함께 동역하기를 원하는 킹덤 빌더(Kingdom Builder)들에게 꿈을 제시하고 있습니다. 내 삶에 화목제와 속죄제와 속건제가 살아나기를 기도합니다. 우리의 예배 중에 하나님의 뜻을 찾는 거룩한 갈망이 다시금 일어나기를 기대합니다.

하나님과 친밀한 관계로 사십니까?
주께서 나에게 베푸신 구원의 역사가 여전히 먼 훗날 이루어질 약속에 머물러 있습니까?
아니면 오늘 나의 삶에 구체적인 변화와 성숙을 가져오는 능력이 됩니까?

더 가까이, 더욱 친근하게 주께로 나아가십시오.
감사의 마음이 중요합니다. 하루 5가지 이상 감사하십시오. 감사거리를 찾으십시오.
낙헌제로 주님을 뵙고, 나의 생을 묶어서 서원제로 드리기를 원합니다.
나에게 주어진 아버지와의 화목의 결실이 이웃들과의 건강한 관계로 이어져야 합니다.

주님, 나는 은혜 없이는 살 수 없습니다.

그 피 뿌림이 번제단에서 시작하여 향단으로, 지성소 안 그 임재에 까지 들어가기를 원합니다.

그 영광의 보좌 앞에 서는 왕 같은 제사장으로 나를 세우시옵소서.

주님, 속건제를 통하여 나의 생각과 가치관이 바뀌기를 원합니다.

정직하고 바른 보상의 제사가 나와 이웃들과의 관계를 변화시키고, 성장시키기를 기도합니다.

하나님 앞과 사람 앞에서 온전하고도 신실하게 보상, 배상의 책임까지 감당하게 하옵소서.

그리하여 나의 삶의 현장이 건강한 속건제를 통하여 아버지의 통치가 실현되는 천국이 되게 하옵소서.

"하나님께 더욱 가까이 나아가십시오.
그 영광을 기대하고 매일 행복하십시오."

Memo

주님, 우리의 속죄제가 더욱 깊어지기를 원합니다. 구원받음을 기뻐하는 순종에서 지성소 깊은 곳, 그 은혜의 보좌에까지 나아가 아버지와 교통하게 하옵소서. 이 땅에서 우리가 함께 살아갈 우리의 이웃들과 서로 제물을 나눔으로 화목하게 하시고, 피해를 준 일이 있을 때는 속건제의 원칙을 따라 배상하게 하옵소서. 그리하여 우리가 사는 여기, 이곳을 하나님이 통치하시는 하나님 나라로 만들게 하옵소서. 아멘.

1아론의 아들 나답과 아비후가 각기 향로를 가져다가 여호와께서 명령하시지 아니하
신 다른 불을 담아 여호와 앞에 분향하였더니 2불이 여호와 앞에서 나와 그들을 삼키
매 그들이 여호와 앞에서 죽은지라 3모세가 아론에게 이르되 이는 여호와의 말씀이라
이르시기를 나는 나를 가까이 하는 자 중에서 내 거룩함을 나타내겠고 온 백성 앞에서
내 영광을 나타내리라 하셨느니라 아론이 잠잠하니 4모세가 아론의 삼촌 웃시엘의 아
들 미사엘과 엘사반을 불러 그들에게 이르되 나아와 너희 형제들을 성소 앞에서 진영
밖으로 메고 나가라 하매 5그들이 나와 모세가 말한 대로 그들을 옷 입은 채 진영 밖으
로 메어 내니 6모세가 아론과 그의 아들 엘르아살과 이다말에게 이르되 너희는 머리를

Chapter 5

구별되게 살아야 할 사람들

레 10 : 1-11

풀거나 옷을 찢지 말라 그리하여 너희가 죽음을 면하고 여호와의 진노가 온 회중에게
미침을 면하게 하라 오직 너희 형제 이스라엘 온 족속은 여호와께서 치신 불로 말미암
아 슬퍼할 것이니라 7여호와의 관유가 너희에게 있은즉 너희는 회막 문에 나가지 말라
그리하면 죽음을 면하리라 그들이 모세의 말대로 하니라 8여호와께서 아론에게 말씀
하여 이르시되 9너와 네 자손들이 회막에 들어갈 때에는 포도주나 독주를 마시지 말라
그리하여 너희 죽음을 면하라 이는 너희 대대로 지킬 영영한 규례라 10그리하여야 너
희가 거룩하고 속된 것을 분별하며 부정하고 정한 것을 분별하고 11또 나 여호와가 모
세를 통하여 모든 규례를 이스라엘 자손에게 가르치리라

레 10 : 1-11

제사장들은 구별된 삶을 살아야 합니다. 하나님께로 구별되어야 쓰임받을 수 있습니다. 거룩이라는 말은 '하나님께로 구별되었다'는 말입니다. 다윗, 아브라함과 같은 믿음의 조상들이나 신앙의 멋진 모델들도 사실은 허물이 많은 사람들이었습니다. 그래도 하나님께서 그들을 거룩하다고 말씀하셨습니다. 왜 그렇습니까? 윤리적으로, 도덕적으로 거룩한 것이 아니라 '하나님의 기준'에 거룩했기 때문입니다. 물론 처음부터 거룩해질 수는 없습니다. 그러나 하나님의 기준에 의해서 말씀대로 살고, 또 그 기준에 의해서 예배를 드리고 섬기고 봉사하면 나도 모르는 사이에 하나님께로 구별되어집니다.

구원 이후에 주어진 변화된 신분, 왕 같은 제사장

창세기의 족장시대부터 출애굽 전까지는 누구나 제사장이었습니다. 아담도, 아벨도, 노아도, 아브라함도 다 제사장으로서 직접 하나님께 제단을 쌓고 제사를 드렸습니다. 출애굽 직전, 유월절 날 양을 잡을 때도, 좌우 문설주와 인방에 피를 바를 때에도 그 역할을 가장들이 했습니다. 제사장이라는 역할이 누구에게 국한되거나 따로 구별시킬 필요가 없었습니다. 그런데 출애굽기 32장에 보면 모세가 시내산에 올라 가서 오랫동안 내려오지 않자 백성들은 아론에게 자기들을 인도할 신을 만들어 달라고 요구합니다. 마침내 금을 녹여 만들어 낸 금송아지를 보고 "이것이 우리를 애굽 땅에서 인도하여 낸 우리 신이다."라고 외쳤습니다. 하나님 앞에서 하나님을 부정하고, 다른 것을 신으로 섬기는 우상숭배의 죄를 저질렀습니다. 이에 하나님은 크게 진노하셔서 이들을 쓸어버리려 하셨습니다. 그때 모세가 하나님 앞에 용서를 구하며 탄원하며 매달립니다. 그 기도를 들으시고 하나님께서 이스라엘에게 자비를 베푸셨지만 이후로는 모든 사람이 제사장으로 쓰임받았던 특권을 잃게 되고 대신 하나님께 헌신을 약속했던, 그리고 심판을 대행했던 레위 지파, 특별히 아론 계열에게만 거룩한 직분을 허락하시고, 제사장으로 세워 주셨습니다.

그러나 예수 그리스도의 십자가는 하나님과 분리되었던 성소의 휘장을 찢었고, 그 상실했던 특권을 되찾게 만들었습니다. 하나님께서는 외아들 예수 그리스도를 희생시키시고 우리를 사셨습니다. 그리고는 "너는 내게 소중한 존재다. 나는 너를 아들로 세울 것이다."라고 말씀하면서 우리에게 새로운 신분을 주십니다. 그렇게 새롭게 주어진 첫 번째 신분을 '왕 같은 제사장'이라고 합니다. 왕으로, 선지자로, 제사장으로 우리를 부르셨는데, 이것은 예수님께서 이 땅에 오실 때 가지고 오신 세 가지 직분과 같습니다. 그리스도를 내 마음에 영접하면 그리스도의 3중직이 우리의 신분이 되고, 우리의 사명이 됩니다. 선지자로서 하나님의 뜻을 전달하고, 왕으로서 통치권을 갖고, 제사장으로서 하나님 앞에 중재자로 세워집니다.

하나님께서는 우리를 타락한 세상 속에서 죄인의 상태에 머물러 있게 하지 않으시고 거룩하신 하나님의 형상을 닮아 가도록 단계별로 준비시키시고 훈련시키십니다. 이렇게 철저하게 준비하신 하나님의 모든 진행과정이 레위기에 기록되어 있습니다. 출애굽기 뒷부분(25-40장)에서 죄인이 하나님과 화해할 수 있는 성별된 장소인 성막을 건축하게 하신 하나님은 레위기에 와서 그 성막 안에 들어와서 어떻게 섬길 것인가에 대해 자세하게 가르쳐 주십니다.

레위기 1~5장은 우리가 저지른 죄악들을 떠나 어떤 방법, 어떤 길을 통하여 하나님께 다가갈 수 있는지 5대 제사를 통해 말하고 있습니다. 5장까지는 모든 사람에게 주신 말씀이지만 6~7장은 제사장들을 위한 추가 규례로, 제사장들로서 각 제사마다 기억해야 하는 부분에 대한 말씀입니다. 성막에서 제사를 드릴 때, 그 제사를 도울 사람이 필요했습니다. 죄인이 용서를 받고 하나님께 나아가려면 하나님께 코드를 맞출 수 있는 고도의 훈련과 자격을 갖춘 중재자가 필요했습니다. 8~10장에서 준비된 제사장들을 위임하여 세우게 했습니다. 그리고 11~15장에서 구원받은 하나님의 백성들이 하나님의 법도를 따라 살도록 거룩한 삶의 원칙들을 가르쳐 주셨습니다.

우리는 하나님의 말씀하심을 따라가야 합니다. 하나님의 말씀을 거절하고 자기 식으로 섬긴 사람들은 하나님께서 어떻게 심판하시는가에 대한 모델을 보여 주셨습니다. 우리는 레위기를 통해서 하나님의 기준, 예배의 원칙들을 깨달아야 합니다. 하나님은 우리를 왕 같은 제사장으로 부르셨습니다. 이 사실을 깨닫고 합당한 삶을 살아가는 인생이 복된 인생입니다.

나는 제사장의 특권을 소유한 사람입니까, 아니면 아직도 상실한 채로 살아갑니까?

하나님의 필요를 채우기 위해 성별된 사람

(1) 나는 나의 가치를 알고 있습니까?

『인도에 전해 내려오는 이야기가 있습니다. 한 사람이 현자에게 가서 자신의 가치에 대해 물었습니다. 그러자 현자는 보석을 하나 주면서 이렇게 말했습니다. "이 보석을 가지고 과일가게에 가서, 감자를 파는 식품점에 가서, 또 고기를 파는 정육점에 가서, 또 보석상에 가서 이 보석의 가치를 물어보고 오십시오." 그래서 그 말대로 과일가게에 가서 보석을 내밀었더니 귤 두 개를 주고 바꾸자고 합니다. 감자 가게에 갔더니 감자를 파는 아저씨가 보석인 줄 모르고 감자 세 개에 바꾸자고 말합니다. 고기 파는 집에 갔더니 고기 다섯 근을 떼어 주겠다고 말했습니다. 마지막으로 보석상에 갔더니 보석상 주인이 깜짝 놀라면서 말했습니다. "이런 진기한 보물은 전 지구를 돌아보아도 몇 개 안 됩니다. 이것은 파는 것보다는 소장하는 편이 훨씬 가치가 있습니다."』

얼마나 많은 사람들이 이렇게 자신의 가치를 모른 채 자신의 인생을 귤 두 개 값으로, 감자 세 개 값 정도의 가치로 평가절하해서 살고 있습니까? 보석을 감정하려면 자격을 갖춘 감정사에게 가서 물어봐야 하듯, 여러분의 가치를 알고 싶다면 여러분을 창조하신 그분께 가서 가치를 물어봐야 합니다. 하나님께서는 아들을 희생시키는 비싼 대가를 지불하시면서까지 우리를 사서 아들 삼아 주셨습니다. 제아무리 값비싼 것이라 해도 사람의 목숨과 맞바꿀 만한 가치를 가진 것은 없습니다. 그런데 예수님은 나를 살리시려고 당신의 목숨으로 값을 치러 주셨습니다. 그러니 우리의 가치는 얼마짜리가 되겠습니까? 바로 '예수님짜리'입니다. 사탄은 이 사실을 감추고 우리의 가치를 폄하시키려고 돈이나 외모로 사람의 가치를 평가하도록 조장합니다. 그래서 스스로 싸구려 인생을 살도록 부추깁니다. 그러니 여러분, 그 어떤 자들의 말에도 미혹되지 마시고 당당하게 세상을 향해 여러분의 가치를 선포하십시오.

(2) 나의 가치는 '왕 같은 제사장'입니다

"나는 왕 같은 제사장입니다! 내게는 왕권이 있고, 사람을 살릴 수 있는 제사장권이 있습니다!" 레위 지파의 아론 계열에만 국한되었던 신분이 이제는 그리스도 안에서 구원받은 모두에게 주어졌습니다. 모두가 다 왕 같은 제사장이 되었습니다. 구약에서는 예수님의 예표로서 멜기세덱이 왕권을 가진 제사장이었습니다.

"이 멜기세덱은 살렘 왕이요 지극히 높으신 하나님의 제사장이라 여러 왕을 쳐서 죽이고 돌아오는 아브라함을 만나 복을 빈 자라"(히 7 : 1).

"살렘 왕 멜기세덱이 떡과 포도주를 가지고 나왔으니 그는 지극히 높으신 하나님의 제사장이었더라"(창 14 : 18).

멜기세덱에 대한 표현을 살펴보면, 왕이면서 제사장이라고 여러 번 말합니다. 주경학자들은 이 멜기세덱은 육신을 입고 이 땅에 오신 구약의 예수님이라고 해석합니다.

"그러나 너희는 택하신 족속이요 왕 같은 제사장들이요"(벧전 2 : 9).

신약에서는 이제 우리를 왕 같은 제사장이라고 부릅니다. 하나님께서는 창세전에 우리를 아시고 미리 정하셨는데, 이를 통해 우리를 그 아들의 형상을 본받게 함으로 그분의 맏아들 되게 하셨다고 말씀합니다(롬 8 : 29). 히브리서 2장에서는 '거룩하게 하시는 자'와 '거룩하게 함을 입은 자들'이 다 하나에서 나서 형제라 부르기를 부끄러워하지 않았다고 말씀합니다(히 2 : 11). 따라서 우리를 왕 같은 제사장으로 불렀다고 하는 말씀은 예수님과 형제로, 동등한 신분으로 우리를 불러 주셨다는 뜻입니다. 그러므로 주님은 우리가 지금부터 왕권을 가진 제사장으로 살 것을 말씀합니다. 내가 얼마나 영광스러운 존재인지, 내가 얼마나 어마어마한 신분의 사람인지 그 가치를 인정하고, 그 신분에 집중해야 합니다.

『암행어사는 왕으로부터 탐관오리들을 숙청하고, 억울한 사람들의 누명을 벗겨 주고, 일 잘하는 사람들은 포상을 해서 좋은 나라를 만들라는 특명을 받고 보냄을 받습니다. 그는 어명을 수행하기 위해 일부러 거지처럼, 주정뱅이 한량처럼 변장을 합니다. 그리고 민심을 살피고 다닙니다. 변장은 했지만 그에게는 왕에게서 부여받은 권세가 있습니다. 그 증거로 마패를 들고 다닙니다. 언제 어디서든 임무를 수행할 권한이 있습니다. 』

암행어사와 같이 우리에게도 하나님이 주신 권한이 있습니다. 이것은 사회적 신분이 어떠하든지, 소유가 많든지 적든지, 사람들 앞에서 귀하든지 천하든지 관계없이 나에게 하나님이 이 세상을 통치하도록 주신 왕 같은 제사장이라는 권세입니다. 제사장은 하나님의 필요를 채우기 위해 성별된 사람들입니다. 하나님께서 나에게 그 일을 위임하셨고, 권한을 주셨기 때문에 내가 하면 하나님께서 도와주십니다. 하나님은 우리를 통하여 세상을 바꿀 계획을 세우셨고, 우리는 하나님께로부터 받은 왕권과 제사장권을 가지고 세상을 통치하며 하나님의 나라를 건설해야 합니다.

하나님이 주신 사명을 가슴에 품고 삽니까?

사역의 원칙 – 반드시 하나님의 정하신 기준대로!

사울 왕은 하나님의 말씀을 어기고 자기 식으로 예배를 드려서 버림받았습니다.

"사무엘이 이르되 여호와께서 번제와 다른 제사를 그의 목소리를 청종하는 것을 좋아하심같이 좋아하시겠나이까 순종이 제사보다 낫고 듣는 것이 숫양의 기름보다 나으니 이는 거역하는 것은 점치는 죄와 같고 완고한 것은 사신 우상에게 절하는 죄와 같음이라 왕이 여호와의 말씀을 버렸으므로 여호와께서도 왕을 버려 왕이 되지 못하게 하셨나이다 하니" (삼상 15 : 22 - 23).

사울 왕은 자기가 해서는 안 될 제사장권을 침해했습니다. 하나님의 계시를 따르는 게 아니라 자기가 원칙을 정하고, 자기 방식으로 하나님을 섬기는 것을 우리는 종교라고 부릅니다. 종교적 행위로 하나님을 믿는 것은 무효이고 불법입니다. 제사장은 하나님이 세우신 원칙대로 사역을 해야 합니다. 그 원칙은 간단합니다. 바로 하나님의 지시대로 따르는 것입니다.

나답과 아비후의 예배를 한번 살펴봅시다. 아론의 아들인 나답과 아비후가 각기 향로를 가져다가 여호와께서 명령하시지 않은 다른 불을 담아 여호와 앞에 분향하였습니다. 그런데 사실 예배를 안 드리는 것보다도 어떻든 예배를 드리는 것이 좋은 일이지 않습니까? 봉사를 안 하는 사람보다도 봉사를 하는 것이 얼마나 귀합니까? 그러나 하나님께서는 불법이라고 말씀하시면서 진노하셨습니다. 하나님께서 말씀하시지 않는 다른 불로 분향했기 때문입니다.

"향로를 가져다가 여호와 앞 제단 위에서 피운 불을 그것에 채우고 또 곱게 간 향기로운 향을 두 손에 채워 가지고 휘장 안에 들어가서 여호와 앞에서 분향하여 향연으로 증거궤 위 속죄소를 가리게 할지니 그리하면 그가 죽지 아니할 것이며"(레 16 : 12 - 13).

향단의 불은 반드시 번제단에서 가져와야 했습니다(레 16 : 12). 번제단의 불은 죄를 태운 불, 죄의 문제를 해결한 불이었습니다. 정결하게 되고, 하나님 앞에 깨끗하게 되었다는 죄 사함받은 그 증거의 불을 가지고 가서 하나님께서 흠향하시는 향을 올려 드려야 했습니다. 그러나 나답과 아비후는 이를 무시하고 다른 불을 지폈습니다. 하나님은 그들의 행위에 진노하셨고 즉시 심판하셨습니다. 이렇게 하신 이유가 무엇일까요?

하나님께서는 반드시 죄의 문제를 먼저 해결하라고 말씀합니다. 죄의 문제를 해결하고, 인생의 쓴 뿌리들을 처리하고, 억압된 분노와 육적인 집착들을 치유받아 하나님 앞에서 모든 내면의 문제들로부터 자유자가 되라고 말하셨습니다. 그래야 하나님의 말씀과 가까워지고, 성령의 조명을 받게 되고, 향단에 나올 수 있기 때문입니다. 하지만 이런 하나님의 정하신 예배의 절차와 과정들을 무시하고 자기 식으로 섬기는 사람들이 있습니다. 예나 지금이나 하나님의 원칙을 무시한 사람들에게는 반드시 문제가 생깁니다. 자기 딴에는 죽도록 수고했다 하더라도 하나님께서는 "불법을 행한 자들아, 나는 너희를 모른다."고 하십니다.

"하늘에서 내려온 자 곧 인자 외에는 하늘에 올라간 자가 없느니라"(요 3 : 13).

예수 그리스도 외에는 다른 방법이 없습니다. 우리의 의로는 불가능합니다. 우리는 입법자가 아니라 그저 집행부입니다. 입법자이신 하나님께서 만드신 법을 원칙대로 집행할 뿐입니다. 교회 안에서 하나님의 말씀이 적용될 수 있도록 원칙을 가르쳐 주고, 또 그것이 이루어지지 않을 때에는 이루어지도록 옆에서 검증하여 도와주는 것이 제사장 된 우리의 역할입니다.

하나님께 묻지 않고, 나의 방식대로, 내가 해 온 습관을 따라 행하고 있지는 않았습니까?

거룩해야 쓰시는 하나님

"오직 너희를 부르신 거룩한 이처럼 너희도 모든 행실에 거룩한 자가 되라 기록되었으되 내가 거룩하니 너희도 거룩할지어다 하셨느니라"(벧전 1 : 15 - 16).

제사장들은 구별된 삶을 살아야 합니다. 하나님께로 구별되어야 쓰임을 받을 수 있습니다. 거룩이라는 말은 하나님께로 구별되었다는 말입니다. 다윗, 아브라함과 같은 믿음의 조상들이나 신앙의 멋진 모델들도 사실은 허물이 많은 사람들이었습니다. 그래도 하나님께서 그들을 거룩하다고 말씀합니다. 왜 그렇습니까? 윤리적으로, 도덕적으로 거룩한 것이 아니라 '하나님의 기준'에 거룩했기 때문입니다. 물론 처음부터 거룩해질 수는 없습니다. 그러나 하나님의 기준에 의해서 말씀대로 살고, 또 그 기준에 의해서 예배를 드리고 섬기고 봉사하면 나도 모르는 사이에 하나님께로 구별되어집니다.

"그들을 진리로 거룩하게 하옵소서 아버지의 말씀은 진리니이다"(요 17 : 17).

진리를 자꾸 접하면 나도 모르는 사이에 사상이 바뀌고, 생각이 바뀌고, 기준이 바뀌어서 이제는 내가 내 생각을 하는 건지, 하나님 생각을 하는 건지, 이 말이 내 말인지, 하나님 말씀인지 혼란이 옵니다. 이것을 '거룩한 혼란'이라 합니다. 이 과정을 거쳐 하나님께서 쓰실 수 있는 사람으로 만들어집니다. 하나님을 위해서 구별된 자로 세워져 갑니다.

"그러므로 누구든지 이런 것에서 자기를 깨끗하게 하면 귀히 쓰는 그릇이 되어 거룩하고 주인의 쓰심에 합당하며 모든 선한 일에 준비함이 되리라"(딤후 2 : 21).

나는 내 삶의 어느 것을 하나님께로 구별시켰습니까?

거룩을 위한 단계적 절차, 제사장의 위임식

어떻게 해야 거룩해질 수 있습니까? 레위기 8장에 제사장을 세우는 위임식이 나오는데 그 위임식의 절차가 바로 사람을 거룩하게 하는 하나님의 세움의 과정입니다.

(1) 피의 제사를 드려야 합니다

피를 흘릴 희생의 제물을 준비해서 하나님께 나아가야 합니다. 속죄제를 드려야 되고(8 : 14－17), 번제(8 : 18－21)와 위임식의 숫양(8 : 22－29)을, 화목제(9 : 4)를 드려야 합니다. 그리고 오른쪽 귀에, 오른쪽 엄지손가락에, 오른쪽 엄지발가락에 피를 발라야(8 : 23－24) 합니다. '오른쪽 귀'는 들어야 할 말과 듣지 말아야 할 말, 마음에 담아야 할 말과 담지 말아야 할 말을 구별하라는 의미입니다. 부정적인 말을 들으면 부정적인 말이 나오고, 소망과 기쁨의 말을 들으면 입에서 소망의 메시지가 나오듯이 이제는 하나님의 말씀만, 좋은 말만 나의 마음에 담고 남을 공격하거나, 부정적인 얘기, 허물을 이야기하는 것은 끊어 버려야 합니다. '오른손 엄지손가락'은 우리 행위가 하나님께로 구별되는 것을 말합니다. '오른발 엄지발가락'은 가야 할 곳, 가지 말아야 할 곳, 만나야 할 사람, 만나지 말아야 할 사람을 구별해야 함을 의미합니다. 피는 우리를 하나님께로 구별시켜 줍니다. 하나님께서 우리를 씻어 주셨지만, 내 의지로 피를 바르는 것은 내 스스로 하나님께 구별된 삶을 살겠노라고, 나를 위해 살지 않고 하나님의 기준에 의해 살겠노라고 결단하는 의미입니다.

(2) 물로 씻음을 받습니다

물로 씻는 행위는 '세례'의 의미입니다. 범죄 세계에 몸을 담았다가 빠져나온 사람이 손을 씻었다고 표현하듯이 세례가 그렇습니다. 제사장들이 거룩해지기 위해서는 먼저 피로 씻고, 그 다음에는 물로 씻어야 합니다. 세례를 받으면 모든 주권을 넘겨 드리는 것이기에 더 이상 자기를 주장할 것이 없습니다.

『"주님 말씀하시면 내가 나아가리다 주님 뜻이 아니면 내가 멈춰 서리다
나의 가고 서는 것 주님 뜻에 있으니 오 주님 나를 이끄소서
뜻하신 그곳에 나 있기 원합니다 이끄시는 대로 순종하며 살리니
연약한 내 영혼 통하여 일하소서 주님 나라와 그 뜻을 위하여"
-"주님 말씀하시면" 』

하나님께서 인도하시는 대로 따라가는 사람, 하나님을 향한 목적이 분명하게 세워진 사람은 자기를 부인하는 삶으로 점점 변화되어 갑니다.

(3) 제사장의 옷을 입습니다

레위기 8 : 7~9에 제사장은 직분에 적법한 옷을 입고 섬겨야 한다고 말합니다. 옷은 밖으로 보이는 모습으로 인격적인 부분, 사역적인 부분을 의미합니다.

"내가 말하기를 내 주여 당신이 아시나이다 하니 그가 나에게 이르되 이

는 큰 환난에서 나오는 자들인데 어린 양의 피에 그 옷을 씻어 희게 하였느니라"(계 7 : 14).

역사의 종말에 큰 환난이 있다고 계시록은 말씀합니다. '큰 환난을 극복하고 나오는 자들'은 어떤 사람들입니까? '어린 양의 피에 그 옷을 씻어 희게 한 자'라고 말합니다. 늘 예수 그리스도의 피를 일상에 적용하여 회개하는 삶을 사는 자, 주님의 의를 힘입어 사는 믿음의 사람들을 말합니다. 그런 사람들은 오늘의 삶에서는 광야를 이기는 사람들이고, 종말의 때에는 환난을 극복하고 승리한 사람들입니다.

"오직 주 예수 그리스도로 옷 입고 정욕을 위하여 육신의 일을 도모하지 말라"(롬 13 : 14).

예수로 옷 입은 자들만이 승리합니다.

"밤이 깊고 낮이 가까웠으니 그러므로 우리가 어둠의 일을 벗고 빛의 갑옷을 입자 낮에와 같이 단정히 행하고 방탕하거나 술 취하지 말며 음란하거나 호색하지 말며 다투거나 시기하지 말고"(롬 13 : 12－13).

외출을 할 때 어떤 옷을 입을지, 어떤 액세서리를 할지, 어떤 신발을 신을지 생각하는 것처럼 우리의 영적인 삶에서도 무엇을 입고, 무엇을 벗어야 할지 생각해야 합니다. 그리스도를 입고, 어둠의 일을 벗어야 합니다.

"그러므로 너희는 하나님이 택하사 거룩하고 사랑받는 자처럼 긍휼과 자비와 겸손과 온유와 오래 참음을 옷 입고"(골 3 : 12).

거룩해진다는 것은 하나님을 위한 옷을 입는 것입니다. 경찰이나 군인은 제복을 입습니다. 제복을 입은 자에게는 주어진 고유 직임과 직권이 있습니다. 이처럼 제사장 된 우리도 거룩한 옷을 입고 행위, 성품으로 그리스도를 보여 주어야 한다는 말씀입니다.

급하고 어려운 상황이라 해도 우리의 혈기, 자기 내면의 연약한 모습을 그대로 내놓지 말고 그리스도의 성품이, 그리스도의 형상이, 주님을 대신하는 통치의 능력이 우리의 삶을 통해 나타나도록 해야 합니다. 내가 주님의 성품으로 옷 입으려 애를 쓰면 주님의 은혜가 계속 우리를 도와주십니다. 그리하여 우리는 치유자, 생명의 부양자, 왕 같은 제사장으로 계속 성장하게 됩니다.

(4) 관유로 기름 부음을 받습니다

기름은 두 가지가 있습니다. 빛을 밝힐 때 쓰는 기름을 등유(燈油)라 하고, 왕이나 제사장을 세울 때 붓던 기름을 관유(灌油)라고 합니다. 이 관유는 그 외에도 하나님께 제사를 드릴 때, 제사장의 몸, 회막과 증거궤와 번제단과 물두멍 그리고 그 받침에 발라 거룩하게 구별하였습니다(레 8 : 10-13). 이와 같이 관유는 구별된 거룩한 기름입니다. 우리 내면에도 충만한 기름 부음이 필요합니다. 기름 부음은 나의 내면을 밝히는 등유의 역할을 합니다. 그러나 우리가 거룩한 제사장이 되어 영혼들을 섬기기 위해서는 외적인 기름 부음, 곧 관유의 역할을 해 주는 기름 부음이 있어야 합니다. 관유를 신약에서는 '성령세례', '성령의 기름 부음'이라고 표현합니다.

『 한 그리스도인 자매가 상점에서 일하게 되었는데, 그곳에서 그녀가 자신을 지키려면 상당한 힘과 용기가 필요했습니다. 왜냐하면 동료들이 그리스도인이 아니었기 때문입니다. 그들은 세속적이고 저급한 언행을 쉽게 행했습니다. 행여나 그들과 생활하면서 자기도 모르게 동료들의 저급한 언행을 따라하게 되면 어쩌나 하는 두려움이 있었습니다. 그래서 의식적으로 각별히 조심을 하였습니다. 그러나 날이 갈수록 그녀는 자기 마음속에는 그들의 생활방식을 따라하려는 욕구가 전혀 없다는 사실을 발견하였습니다. 어느 날 그녀는 안 좋은 환경 속에서도 자신이 지킨 순수함을 한 선배 그리스도인에게 이야기했습니다. 듣고 있던 그 선배는 그녀에게 이런 설명을 해 주었습니다.

"흰 비둘기가 더러운 곳이나 진흙 속을 다녀도 더러워지지 않고 항상 깨끗함을 유지할 수 있는 비결은 비둘기의 날개에서 끊임없이 세척제 역할을 하는 기름이 흘러나오기 때문이야!" 』

그렇습니다. 성령이 오셔서 나의 길을 인도하시고, 그 능력으로 기름 부어 주시면 하나님의 코드를 맞추어 따라갈 수 있습니다. 거룩한 종 예수 그리스도, 그 예수님도 기름 부음을 받으셨듯이(행 4 : 27), 우리도 주의 일을 성공적으로 감당하려면 반드시 하나님의 성령으로 충만해져야 합니다.

제사장들에게는 관유의 기름 부음이 필요합니다. 공중 권세 잡은 자(엡 2 : 2), 흑암의 권세 아래 있는 세상(골 1 : 13), 이 세상 임금(요 12 : 31), 사탄의 지배 아래 있는 사람들(행 26 : 18), 세상은 악한 영의 영향력 아래 있습니다. 우리의 힘으로는 감당할 수 없는 타락한 세상의 구조입니다. 그러나 우리가 거룩한 기름 부으심을 입어 성령의 능력을 받으면 악한 영들의 지배 아래 신음하는 영혼들을 찾아올 수 있습니다. 그러므로 제사장은 성령의 기름 부음으로 일하는 사람이라고 말할 수 있습니다.

제사장 세움을 위한 거룩의 과정 중 나는 어느 단계까지 올라가 있습니까?

제사장의 스피릿(Spirit)

레위기 10장은 제사장의 스피릿에 대하여 중요한 몇 가지 원칙들을 가르쳐 줍니다.

(1) 하나님의 뜻, 말씀만을 따르라

"아론의 아들 나답과 아비후가 각기 향로를 가져다가 여호와께서 명령하시지 아니하신 다른 불을 담아 여호와 앞에 분향하였더니 불이 여호와 앞에서 나와 그들을 삼키매 그들이 여호와 앞에서 죽은지라 모세가 아론에게 이르되 이는 여호와의 말씀이라 이르시기를……"(레 10 : 1 – 3).

대제사장 아론의 아들로, 차기 대제사장 후계자인 나답과 아비후가 다른 불을 담아 분향하다가 그 자리에서 심판을 받았습니다. 못된 짓하다가 죽은 것도 아니고, 제사를 드리던 중에 하나님의 진노를 사서 죽었으니 얼마나 큰 충격이었겠습니까? 온 백성들의 분위기가 싸늘해져 버리고 경직되었습니다. 그러나 모세는 침착하게 나답과 아비후가 심판받는 사건 앞에서 하나님의 인도를 받습니다. 그때 모세가 기도하고 백성들에게 말합니다.

"……나는 나를 가까이하는 자 중에서 내 거룩함을 나타내겠고 온 백성 앞에서 내 영광을 나타내리라 하셨느니라……"(레 10 : 3).

이것은 하나님께서 스스로의 거룩한 영광을 지키시기 위하여, 혼잡스러운 것들이 하나님의 왕국(kingdom) 안으로 들어오지 못하도록, 오늘날로 말하면 교회 안에 거룩하지 못한 사상이나 행동이 들어오지 못하도록 하기 위해서 심판하신 일이라고 설명했습니다. 그렇게 진리의 원칙을 선포해 주자 모두가 평정심을 되찾았습니다. 우리의 신앙 공동체 안에는 언제나 두 말씀의 인도가 있어야 합니다. 기록된 하나님의 말씀(Written Words)의 원칙과, 그때그때 상황에 따라 이끌어 주시는 현존하신 말씀(Speaking Words)입니다. 모세의 리더십이 탁월한 것은 바로 이 두 말씀을 언제나 잘 붙잡고 이스라엘을 인도했기 때문입니다. 오늘날 교회의 영적 지도자들도 마찬가지로 언제나 이 두 가지 말씀의 인도를 조화롭게 전달하고 교육할 수 있어야 합니다. 엄청난 시련이요, 민족적인 위기였던 나답과 아비후 사건 앞에서 모세는 기도하면서 하나님의 뜻을 잘 전달함으로 위기를 오히려 교육과 훈련의 적절한 기회로 삼았습니다.

(2) 잠잠하여 하나님의 주권 앞에 복종하라

"모세가 아론에게 이르되 …… 아론이 잠잠하니"(레 10 : 3).

자신의 두 아들이 죽었음에도 불구하고 아론은 자신의 감정을 표현하지 않고 잠잠하게 하나님의 주권 앞에 복종했습니다. 성소 바닥에 늘어져 있는 두 아들의 시체를 보았을 때 아론의 절망이 얼마나 컸을까 상상해 봅시다. 그는 하나님의 말씀대로 제사를 집례하지 않고 제멋대로 행하다 심판을 받은 두 아들의 비참한 모습을 넋을 잃고 바라보았을 것입니다. 그러나 지금 아론은 아버지의 입장으로 죽은 두 아들을 바라보는 마음보다 하나님의 질서대로 섬겨야 할 제사장이 다른 불을 지펴 성막을 오염시킨 죄와 타락의 결과로서의 사망을 보아야 합니다. 눈앞에서 벌어진 이 끔찍한 사건을 자신의 감정, 아버지의 부성애로 보지 않고 하나님의 관점에서 보았다는 말씀입니다.

하나님 앞에 봉사하는 제사장들은 마땅히 자신들을 성별하여 하나님을 거룩되이 섬겨야 합니다. 하나님은 거룩한 사람들에 의하여 구별된 섬김을 받으실 때 모든 사람 앞에서 영광을 얻으십니다. 모든 사람들은 제사장의 행동을 봄으로 하나님을 알게 되며 또 높이게 됩니다. 거룩하지 못한 일, 구별되지 못한 일이 지금 일어났습니다. 일벌백계(一罰百戒)로 이루어진 이 사건은 하나님의 인도하심을 받아 광야를 지나는 이스라엘 백성들에게는 충격적인 사건이었습니다.

제사장은 언제나 하나님과 백성의 중간에 서 있는 사람입니다. 위기의 때에도 그가 어떻게 하나님의 종으로서, 백성의 지도자로서 행동하느냐가 중요합니다. 자기 개인의 감정을 함부로 표현하거나, 자기 기대와 다르다고 불평하거나 원망해서는 안 됩니다. 특별히 광야 백성들의 40년 훈련의 시간들을 볼 때 지도자들의 섣부른 판단과 여과 없이 뱉어 내는 언어가 신앙공동체에 어떤 영향을 가져오는지 뼈저리게 생각해야 합니다. 자칫 자신의 생각과 다르다고 하나님의 약속을 불신하거나, 부정적인 말을 발설하면 중심이 견고하지 못한 사람들에게 바로 영향력을 미쳐 공동체에 큰 손실을 입히게 됩니다. 우리가 고난 가운데서 훈련을 받고, 광야를 지날 때일수록 더욱 생각과 언어를 조심해야 됩니다. 그런 면에서 지금 아론의 태도는 지도자로서 너무나 좋은 모델이 됩니다.

(3) 삶의 최고 우선순위는 사명이다

"모세가 아론과 그의 아들 엘르아살과 이다말에게 이르되 너희는 머리를 풀거나 옷을 찢지 말라 그리하여 너희가 죽음을 면하고 여호와의 진노가 온 회중에게 미침을 면하게 하라 오직 너희 형제 이스라엘 온 족속은 여호와께서 치신 불로 말미암아 슬퍼할 것이니라 여호와의 관유가 너희에게 있은즉 너희는 회막 문에 나가지 말라 그리하면 죽음을 면하리라 그들이 모세의 말대로 하니라"(레 10 : 6 - 7).

"너희는 머리를 풀거나 옷을 찢지 말라"(레 10 : 6).

고대 근동 지역에서 극도의 슬픔을 나타낼 때 머리를 풀어 헤치거나 옷의 가슴 부분을 갈기갈기 찢는 풍습이 있었습니다. 그러나 여호와를 섬기기 위해 특별히 성별된 제사장의 경우, 인간적인 슬픔을 표시하기 위해 머리에 쓴 관을 벗어서 머리를 헝클어뜨리거나, 세마포 제의(祭衣)를 찢는 것은 곧 제사장 직분을 중단하거나 임의로 거부한다는 의미를 가집니다. 따라서 이는 제사장들에게 금지되었는데, 만일 이 명령을 어기는 경우 그는 영적 지도자로서의 자격을 잃게 되고, 제사장으로서의 사역을 감당할 수 없게 됩니다. 그들은 기름 부음을 받은 제사장으로서, 공적 신분을 가진 사람들이었습니다. 제사장은 사사로운 감정으로 화를 내거나, 자기 멋대로 살아서는 안 되는 사람입니다. 인간의 본능적인 감정까지도 초월하면서, 자신에게 주어진 사명을 감당해야 합니다. 제사장은 어떤 경우에도 하나님과 사람 사이에서 중재적인 직무를 거부하거나 소홀히 할 수 없습니다. 하나님께서 제사장들의 애곡을 금지시키는 본 규례를 통해 우리 하나님의 종들은 가족보다 더 하나님을 사랑해야 한다는 교훈을 배워야 합니다(눅 14 : 26).

"여호와께서 모세에게 이르시되 아론의 자손 제사장들에게 말하여 이르라 그의 백성 중에서 죽은 자를 만짐으로 말미암아 스스로를 더럽히지 말려니와 그의 살붙이인 그의 어머니나 그의 아버지나 그의 아들이나 그의 딸이나 그의 형제나 출가하지 아니한 처녀인 그의 자매로 말미암아서는 몸을 더럽힐 수 있느니라"(레 21 : 1 - 3).

『 제사장들은 성소에서 봉사하는 일에만 전무(專務)하도록 되어 있습니다. 특별히 여기서 나답과 아비후의 죽음은 하나님의 징계로 인해 죽임을 당한 것인 만큼, 더욱 근신하여 슬픔을 자제하도록 했습니다. 하나님께서는 가족의 죽음을 눈앞에서 목격한 아론과 엘르아살과 이다말에게 슬픈 기색도 드러내지 말고 시체를 따라 회막 문 밖에도 나가지 말라고 말씀하셨습니다. 전혀 슬픔을 표현하지 말고 잠잠히 사역을 감당하도록 주의를 주었습니다. 만일 그렇지 않다면, 그것은 하나님의 공의로운 심판을 받아들이지 못하고 일종의 불만을 터뜨리는 행위로 보여질 수 있기 때문입니다. -「호크마 주석」 』

"모세가 아론의 삼촌 웃시엘의 아들 미사엘과 엘사반을 불러 그들에게 이르되 나아와 너희 형제들을 성소 앞에서 진영 밖으로 메고 나가라 하매"(레 10 : 4).

"그들을 옷 입은 채 진영 밖으로 메어 내니"(레 10 : 5)

물론 그들의 옷은 성복이었습니다. 원래 제사장은 제사장의 복장을 하고는 절대 진영 밖으로 나갈 수 없습니다. 만약 제물의 재를 버리기 위해 진영 밖으로 나갈 경우, 반드시 제사장 제복을 벗고 나갔다가 들어와 다시 입었습니다(레 6 : 10-11). 그런데 나답과 아비후가 제사장 옷을 입은 채로 죽자 하나님께서 그의 성별하신 법규를 그대로 보호하시는 의미에서 그들의 옷은 입은 채로 두셨습니다. 그러나 이 옷 역시 시체로 인해 더러워졌으므로 함께 진 밖에 버려야 했습니다. 그래서 그들의 시체를 옷 입은 채로 진영 밖으로 끌어냄으로써 그 부정이 이스라엘 공동체에 옮기는 것을 방지하도록 하셨고 거기 있는 무리들로 하여금 이 비참한 사실을 알게 하셨습니다. 하나님의 거룩한 법을 범한 자들은 이렇게 벌을 받는다는 사실이 모든 사람들에게 알려져야 했습니다(사 66 : 24 참조).

한편 시체를 진 밖으로 운반한 사촌 미사엘과 엘사반은 그 시체로 인하여 7일 동안 부정하였습니다(민 19 : 11-19). 따라서 나답과 아비후 사건이 출애굽 제2년 1월 8일경에 일어난 것으로 생각할 때, 그들은 1월 14일 저녁에 있었던 두 번째 유월절 식사에 참여할 수 없었을 것입니다. 그러나 이처럼 부득이한 사정으로 인해 유월절 규례를 지키지 못한 자들을 위해, 하나님께서는 다음 달 2월 14일 저녁 제2의 유월절을 지키도록 명하심으로써 그 문제를 해결하셨습니다(민 9 : 6-12).

시체로 부정해졌거나 여행으로 인해 유월절을 지키지 못한 자들을 위한 보조 유월절을 허락하셨는데, 바로 이 나답과 아비후 사건에 대한 섬세한 배려였음을 알 수 있습니다. 이처럼 제사장으로서 사는 것은 너무나도 어렵고 힘이 듭니다. 이 사명을 감당하기 위해서는 철저하게 나를 버리고 하나님의 원칙을 그대로 따라가야만 합니다. 왜냐면 제사장에게는 하나님께서 맡기신 사명보다 더 중요한 것이 없기 때문입니다. 아론은 자신의 일 중에서 가장 중요한 것이 제사장 직분임을 인지하고 있었습니다. 하나님의 기름 부음을 받은 제사장이 되기 위해서는 자신의 관심과 가치관을 내려놓아야 합니다. 제사장의 직분은 때에 따라 인간적인 모든 것을 거절해야 하는 가장 우선적인 직분입니다. 지금 우리 주변에는 나의 일을 먼저 채우고 난 후에 하나님의 일을 생각하는 그리스도인들이 많습니다. 하루아침에 두 아들을 잃은 슬픔에도 불구하고 자신의 직무를 더 성실히 수행했던 아론의 모습을 통하여, 제사장 된 우리가 어떻게 살아야 하는지 깨닫는 바가 큽니다.

"……너희는 회막 문에 나가지 말라 그리하면 죽음을 면하리라 그들이 모세의 말대로 하니라"(레 10 : 7).

기름 부음받은 제사장들은 회막 안에서 성역에 전속하여야 될 것인 만큼, 다른 일로 외출해서는 안 된다는 말씀입니다. 우리는 작은 것이라도 잃고 나면 불평을 늘어놓습니다. 그러나 아론은 두 아들을 잃고도 묵묵히 주의 사역을 감당했습니다. 환경이나 개인적인 조건에 의하여 주님의 사역이 멈추어서는 안 됩니다. 우리가 해야 할 일 중 가장 우선순위의 일은 주님의 일입니다. 우리가 제사장으로 부름을 받았다는 말씀은 하나님 나라의 건설이 우리의 삶에 일 순위가 되어야 한다는 말씀입니다. 먼저 그의 나라와 그의 의를 구하면 나의 의식주의 문제를 주님이 책임지신다고 말씀하셨습니다(마 6 : 33).

(4) 다른 것에 취하지 말라

"술 취하지 말라 이는 방탕한 것이니 오직 성령으로 충만함을 받으라"(엡 5 : 18).

『 나답과 아비후가 이러한 죄를 범하게 된 이유 중의 하나는 그날 독주를 마셨기 때문으로 추측됩니다. 왜냐하면 이 사건 이후 바로 금주 규례(레 10 : 9)가 주어지기 때문입니다. -「매튜 헨리주석」』

"너와 네 자손들이 회막에 들어갈 때에는 포도주나 독주를 마시지 말라 그리하여 너희 죽음을 면하라 이는 너희 대대로 지킬 영영한 규례라"(레 10 : 9).

다른 것에 취하면 하나님께 집중할 수 없습니다. 다른 것에 취하면 거룩하게 쓰임받는 일에 지장이 있습니다.

"그리하여야 너희가 거룩하고 속된 것을 분별하며 부정하고 정한 것을 분별하고"(레 10 : 10).

바른 분별력이 있어야 합니다. 그렇지 못한 사람은 제사장이 될 수 없습니다.

"또 나 여호와가 모세를 통하여 모든 규례를 이스라엘 자손에게 가르치리라"(레 10 : 11).

바른 분별력이 있는 사람, 하나님의 뜻을 들을 수 있는 사람만 진리를 바르게 가르칠 수 있습니다. 우리는 하나님을 진노하게 했던 '다른 불'을 조심해야 합니다. 속죄, 피의 대속이 없는 다른 불이 우리의 제단을 오염시킬 때가 많습니다. 우리는 우리를 취하게 만드는 다른 '방탕한 것들'을 조심해야 합니다. 물론 세상의 문화와 사상을 완전히 떠나서 살 수는 없습니다. 또 세상의 지식과 정보는 사람을 다루고 복음을 전하는 데 유용하게 사용될 수 있습니다. 그러나 분별하여 사용해야 합니다. 자칫하면 세상의 사상, 세속의 가치관에 물들어 기독교 사상과 상반되는 결과를 초래할 수 있기 때문입니다.

세상과 하나님의 말씀은 일치할 수가 없습니다. 왜냐면 세상 권세 잡은 악한 영들은 어찌하든지 하나님의 백성을 하나님에게서 분리시키려 하기 때문입니다.

나의 일상을 끌고 가는 충만함은 무엇입니까?

『 연구실에서 개구리를 가지고 실험을 하였습니다. 개구리를 약간 뜨거운 물이 들어 있는 큰 비커에 집어넣었더니 놀란 개구리는 펄쩍 뛰어올라 달아났습니다. 이번에는 찬물이 담긴 비커에 그 개구리를 넣었습니다. 그러자 개구리는 여유 있게 헤엄치며 놀았습니다. 잠시 후 개구리가 어떤 반응을 보이는가 보려고 비커 밑에 램프를 놓고 서서히 데워지도록 불꽃을 아주 작게 조절해 놓았습니다. 물의 온도는 서서히 높아졌습니다. 그러나 개구리는 태평스럽게 헤엄만 치고 있었습니다. 온도는 계속 조금씩 올라가고 서너 시간쯤 지났습니다. 과연 개구리는 어떻게 되었을까요? 그 개구리는 푹 삶아져서 하얀 배를 하늘로 향한 채 물 위에 떠 있었습니다. 개구리는 중간에 얼마든지 뛰쳐나올 수 있었습니다. 그러나 개구리는 안락함에 빠져 분별력을 잃어버렸기 때문에 서서히 생명이 조여 오는 것도 모른 채 죽어갔습니다. 』

우리를 둘러싸고 있는 사회 환경은 마냥 도취되어 놀기에 적당한 온도를 지니고 있습니다. 만일 우리가 예민한 시대감각을 상실한 채 하나님의 것과 세상의 것을 분별하지 못한다면, 나의 본능적인 욕망과 하나님의 갈망을 구별하지 못한다면, 우리도 이 개구리와 같은 처지가 되어버릴 것입니다.

하나님은 우리가 주변의 이방인들과 구별된 삶을 살기를 원하십니다. 그래서 우리를 제사장으로 불러 주셨습니다. 제사장은 세상과 짝하지 않고 하나님께로 자신을 구별하여 드리는 삶을 살아야 합니다. 오직 하나님의 영광을 드러내며, 영혼들을 살리는 일에 전념해야 합니다. 패역한 이 세대에 하나님의 온전하신 뜻을 전하는 왕 같은 제사장이 다 되시기 바랍니다.

나는 제단에 다른 불을 지피는 나답과 아비후입니까?
좋은 제사장의 모델을 보여 준 아론입니까?

세상은 진리를 말해 주지 않습니다.
세상은 십자가를 가르치지 않습니다.
세상은 하나님의 길을 가도록 도와주지 못합니다.
세상은 예배자의 삶을 가르치지 않습니다.

세속인은 세상의 열매를 맺고 주님의 사람은 주님의 열매를 맺습니다.
세속인은 자신을 드러내지만 주님의 사람은 자신을 낮추며 오직 주님을 높이고 경외하고 두려워합니다.
제사장이 진리를 배우고, 훈련하지 않으면 다른 불을 사용하게 됩니다.

세상이 내 속으로 물들어 옴을 가벼이 보지 마십시오.
당신은 서서히 세상의 영에게 영향을 받게 되고 어느 순간에 평안을 잃고 기준을 잃어버릴 것입니다.
다른 불로 향단에 분향할 수 있다고 생각하십니까?

하나님의 원칙에 관심하지 않을 때
당신은 다른 불을 사용하게 됩니다.

술 취하지 마십시오.
세상에 취하지 마십시오.
자신의 생각을 따라 살지 마십시오.
다른 불, 다른 열정으로 주님의 제단을 달구려고 하지 마십시오.

번제단의 불
죄 사함의 불, 진리에 근거한 불, 거룩한 구별됨이 있는 불이어야 합니다.
오직 주님의 임재, 주님과의 친밀함, 주님의 말씀하심에 당신의 마음을 두십시오.
그것이 당신의 영혼을 안전하게 할 것이며, 당신은 세상이 주지 못하는 영혼의 기쁨과 평화를 심령 깊숙이 경험하고 누리게 될 것입니다.

무엇이 당신의 인생을, 당신의 제단을 달굽니까?
오직 하늘의 불, 성령의 불로만 당신의 사역을 이끌어 가십시오.

"오직 제사장의 삶, 오직 진리에 의한 삶,
오직 성령의 불을 사모하십시오."

거룩하신 하나님! 물질에 빠지고, 명예에 빠지고, 세상 소리에 취해서 다른 불인지도 모른 채 취한 상태로 분향단에 올라갔습니다. 프로그램으로, 조직으로, 자기 철학의 불로 분향하여 하나님의 마음을 기쁘게 할 수 있으리라 착각했습니다. 그러한 시도들이 심판을 받고, 처절하게 실패하게 하셨음을 감사합니다. 이제 다시 본질로 돌아갑니다. 속죄의 은총으로 섬기겠습니다. 성령 받아 하늘의 불로 예배를 섬기겠습니다. 진리를 따라 심기는 세사장 되게 하옵소서. 아멘.

Memo

44나는 여호와 너희의 하나님이라 내가 거룩하니 너희도 몸을 구별하여 거룩하게 하고
땅에 기는 길짐승으로 말미암아 스스로 더럽히지 말라 45나는 너희의 하나님이 되려고
너희를 애굽 땅에서 인도하여 낸 여호와라 내가 거룩하니 너희도 거룩할지어다

Chapter 6

일상의 구별됨으로 거룩을 훈련하라

레 11 : 44-45

레 11 : 44-45

하나님 방식의 삶이란 거룩하신 하나님의 특성을 따라가는 것입니다. 거룩은 하루아침에 얻을 수 있는 것이 아니고 매일 습관으로, 삶으로 익혀 가야 합니다. 그의 인격 속에 배어야 합니다. 거룩은 영생의 특징입니다. 거룩을 잃어버리면 이 생명은 심각한 손상을 입습니다. 늘 곤고함 가운데 있고, 좌절 가운데 있습니다. 무엇을 해도 만족함이 없습니다. 목이 마르십니까? 배가 고프십니까? 거룩을 사모하십시오. 거룩하기를 훈련하십시오.

이스라엘의 여인들은 남자아이를 낳으면 40일, 그리고 여자아이를 낳으면 80일 동안 정결하게 되는 시간이 필요했습니다. 이는 하와의 범죄로 인류가 타락한 이후 우리의 출생이, 우리의 근원이 부정하다는 사실을 보여 주고 있습니다. 이렇듯 전적인 타락으로 '거룩한 사람'이 되어 '거룩한 삶'을 살지 못하는 우리를 향해 하나님은 늘 안타까워하시고 목말라하십니다. 하나님의 이러한 마음은 구약에서 기어 다니는 것 근처에도 가지 말라고 하시는 부정한 것들에 대한 규정에서 확인할 수 있습니다.

하나님의 배고픔, 하나님의 목마름

하나님의 우리를 향한 갈망은 마치 인간이 배고픔과 목마름을 느끼는 것과 같은 방식으로 표현됩니다. 인간의 갈망은 음식과 물로 채워지고, 하나님의 갈망은 잃어버린 영혼을 되찾을 때 채워집니다.

『 그리스도인들이 '하나님의 뜻'에 관해 이야기하는 것을 들어 보면 흔히 하나님께서 그 뜻을 숨기기나 하는 것처럼 "하나님의 뜻을 알 수만 있다면 얼마나 좋을까?"라고 하거나 "내 생애에 대한 하나님의 뜻을 알고자 기도하고 있다."라는 말들을 합니다. 그것은 그들이 주께서 자신들에게 주님의 뜻을 보여 주기를 원치 않으신다고 믿거나 아니면 주께서 될 수 있는 대로 주님의 뜻을 찾기 어렵게 만들어서 성도들의 IQ를 테스트하고 싶어 하신다고 믿기 때문인 것 같습니다. 불행히도 이런 생각은 성경의 가르침과는 다릅니다. 이사야 선지자는 하나님 앞에 설 만한 사람이 아무도 없다고 말했습니다. 만일 우리가 정말로 하나님이 완전하신 사랑의 아버지이심을 믿는다면 하나님을 야바위꾼처럼 생각하는 일은 없을 것입니다. 하나님은 마술사가 아니십니다. 우리의 신학은 하나님께서 자신의 아들을 보내셔서 우리 죄를 대신하여 십자가에서 형벌을 받게 하실 정도로 우리를 사랑하신다고 이야기하고 있습니다. 따라서 하나님께서 자기 자녀들을 대상으로 자신의 뜻을 숨겨 놓고 "용용 죽겠지. 나 잡아봐라!" 하실 분이겠습니까? 개개인의 생애에 대한 계획을 가지고 계시다고 말씀하시는 하나님께서 자신의 일이 그 백성들을 통하여 진행되지 못하도록 그 계획을 숨기실 것이라는 것이 될 법한 이야기입니까? 그리스도인들은 마땅히 성경이 하나님의 뜻에 관하여 말하고 있는 것을 자세히 살피고 분석하고 꼼꼼하게 규명해야 합니다.

-브루스 월키, 「분별」』

"나는 여호와 너희의 하나님이라 내가 거룩하니 너희도 몸을 구별하여 거룩하게 하고 땅에 기는 길짐승으로 말미암아 스스로 더럽히지 말라 나는 너희의 하나님이 되려고 너희를 애굽 땅에서 인도하여 낸 여호와라 내가 거룩하니 너희도 거룩할지어다"(레 11 : 44 - 45).

우리를 향한 하나님의 배고픔, 목마름이 무엇인지는 레위기에서 분명하게 드러납니다. 그것은 우리가 '거룩하신 하나님'을 닮아 가는 일입니다. 하나님께서는 하나밖에 없는 외아들까지 주셔서 우리를 구원하시고, 새로운 신분으로 우리를 바꿔 주셨습니다. 하나님은 그런 우리가 하나님을 닮은 거룩한 아들이 되어 살기를 간절하게 원하십니다.

거룩은 하나님의 생명의 속성입니다. 식물을 재배하는 사람은 물 주는 방법과 하루 중 얼마나 햇빛을 보게 해야 하는지를 연구합니다. 동물 조련사들은 훈련할 동물의 속성을 연구하는 전문가입니다. 우리는 하나님의 생명을 받은 사람들입니다. 우리 안에 있는 영생, 하나님의 생명을 잘 지켜 내기 위해서는 우리가 하나님 방식의 삶이 어떤 것인지 전문적인 연구를 해야 합니다.

하나님 방식의 삶이란 거룩하신 하나님의 특성을 따라가는 것입니다. 거룩은 하루아침에 얻을 수 있는 것이 아니고 매일 습관으로, 삶으로 익혀 가야 합니다. 그의 인격 속에 배어야 합니다. 거룩은 영생의 특징입니다. 거룩을 잃어버리면 이 생명은 심각한 손상을 입습니다. 늘 곤고함 가운데 있고, 좌절 가운데 있습니다. 무엇을 해도 만족함이 없습니다. 목이 마르십니까? 배가 고프십니까? 거룩을 사모하십시오. 거룩하기를 훈련하십시오.

거룩을 지키기 위해서 내가 진행하고 있는 전략은 무엇입니까?

거룩을 막고 있는 존재와 행위의 오염들

우리는 레위기 1~10장까지의 내용으로 5대 제사와 제사장 제도를 통해 우리가 하나님께 나아갈 수 있는, 하나님과 교제하기 위한 방법에 대해 다뤘습니다. 그리고 11~15장에서는 우리가 삶의 현장에서 경험하기 쉬운 하나님과의 교제를 방해하는 죄와 죄의 오염 요소에 대하여 말씀하고 있습니다. 이 죄는 하나님과의 교제를 방해하고, 우리를 오염시키고 병들게 합니다. 구원받은 하나님의 백성들, 거룩해진 하나님의 사람들은 이러한 요소들을 조심해야 합니다.

하나님과 우리 사이를 갈라서게 만드는 문제점들을 11~15장에서는 4가지로 말하고 있습니다. 그것은 음식에 의한 부정(11장), 출생에 의한 부정(12장), 나병에 의한 부정(13-14장), 유출병에 의한 부정(15장)입니다.

11장은 먹어야 할 음식과 먹지 말아야 할 음식의 기준을 나열해 놓았습니다. 그런데 이것은 단순히 음식에 관한 이야기로 봐서는 안 됩니다. 사도행전 10장의 베드로의 환상 이야기와 연관시켜 이해한다면 베드로는 보자기에 싼 네 발 가진 부정한 짐승에 대한 환상을 세 번 보았는데, 하나님께서는 이것을 잡아먹으라고 하셨습니다. 그런데 '네 발 가진 짐승'은 레위기 11장에서 보면 부정한 동물로, 먹어서는 안 되는 것들이었습니다. 그래서 베드로는 부정한 것을 먹지 않겠다고 대답합니다. 그때 하나님께서는 이렇게 답하셨습니다. "내가 정하게 한 것을 네가 부정하다고 하지 말라." 그 환상 후에 고넬료라고 하는 이방인의 집에서 보낸 하인이 베드로를 찾아왔습니다. 이후 베드로는 자신이 고넬료와 그의 친척과 친구들에게 예수 그리스도에 관해 증거할 때 그들에게 성령의 기름 부으심이 있는 것을 보고 이 환상의 의미를 알게 됩니다. 부정한 음식에 관한 것은 믿지 않는 사람, 곧 이방인과 유대인과의 교제를 말씀하심을 깨달았습니다. 이방인들을 부정하게 생각하여 아예 상종을 안 하던 유대인들에게 이제는 이방인에게도 복음을 전하고, 그들과 교제해야 된다는 사실을 일깨워 주는 환상이었습니다.

베드로의 환상으로 보면 구약의 음식 정결법은 신약에서 신앙인의 교제권으로 이해할 수 있습니다. 먹을 수 있는 음식은 교제할 수 있는 사람을 의미하고 먹지 말아야 할 음식은 교제를 주의하거나 심지어 옆에 가서는 안 될 사람을 말합니다. 만약 우리가 하나님을 닮아 가기를 원한다면 교제를 주의해야 합니다. 매일매일 거룩하신 분과 교통하며, 거룩한 공동체의 지체들과 교제하고 그 속에서 교회, 성도의 스피릿인 거룩을 훈련하고, 닮아 가야 합니다.

12장은 '출생에 의한 부정'을 말합니다. 우리의 출생이 처음부터 부정한 것은 아니었습니다. 하나님께서는 인간을 만드시고, 생육하고 번성하고, 충만하라고 복을 명하셨습니다. 그러나 뱀의 꼬임에 넘어간 하와의 범죄로 인해 내게 축복이었던 것들이 저주로 바뀌었습니다. 그 이후로 인간은 태어날 때부터 죄 속에서, 저주 가운데서 태어납니다. 독사는 태어날 때부터 독을 가진 뱀인 것처럼 우리가 배워서, 무슨 영향을 받아서, 습득해서가 아니라 존재 자체가 부정합니다.

13~14장은 나병의 규례를 가르쳐 주고 있습니다. 피부에 어떤 현상이 나타났을 때, 환부가 그 자리에 머물러 있으면 피부병으로, 환부가 번져 나가기 시작하면 나병으로 간주합니다. 마찬가지로 나의 입술을 통해서, 혹은 나의 행동을 통해서 누군가에게 부정적인 영향력이 퍼져 나가기 시작하면 그것은 영적 나병입니다. 또 나병은 신경이 죽어가면서 살점이 떨어져 나가도 고통을 느낄 수 없습니다. 이처럼 하나님의 말씀을 들어도 반응하지 않고 소홀히 취급하는 영적 무감각도 영적 나병입니다. 영적 나병환자는 하나님의 진영에서 끊어지고, 하나님과의 교통이 차단됩니다.

15장은 유출병을 다룹니다. 유출병은 혈루병이라고도 하는데, 여성의 생리가 멈추지 않고 계속 이어지는 것을 말합니다. 유출병에 걸리면 계속 피를 흘림으로 인해 악취가 나고, 감염 위험도 있어서 부정한 병으로 취급되었습니다. 나병이나 유출병이나 다 접촉만으로 타인을 부정하게 할 수 있기 때문에 이와 같은 병을 가진 사람들은 사람이 가까이 오면 윗입술을 가리고 "부정하다! 부정하다!"(타메! 타메!)라고 크게 외침으로써 자신의 부정한 모습에 대해 증오심을 갖게 하고 외인(外人)의 접근을 막아야 했습니다.

남성의 설정(몽정) 또한 같은 것으로 취급했습니다. 내 속에서 나오는 분비물이 내 마음대로 컨트롤되지 않을 때 이를 부정한 것으로 보았습니다. 우리 안에서 흘러나오는 혈기, 미움, 열등의식, 죄책감, 외로움 등 이러한 내면의 것들이 조절되지 않고 불쑥불쑥 튀어나와 우리를 끌고 갈 때 이는 영적으로 부정한 것들입니다. 우리에게 주어진 거룩한 생명으로 살아가려면 이런 부정한 것들이 조절되어야 합니다. 영상매체를 주의하십시오. 우리의 내면은 보고 듣는 문화에 의하여 지배를 받습니다. 그 악한 문화가 우리를 끌고 가게 해서는 안 됩니다. 거룩한 삶을 유지하기 위해서는 이러한 부정한 요소들을 피하고, 신령한 양식들, 신령한 교제권을 잘 유지해야 합니다.

나를 부정하게 하는 위의 4가지 요소 중 나는 어느 부분에 가장 취약합니까?

그 이름 안에 숨겨져 있는 약속들

예수 그리스도께서 이 땅에 거룩한 생명을 가져오심으로 죄와 사망으로 죽어 가던 수많은 사람들이 새로운 생명, 하나님의 생명으로 살게 되었습니다. 인생을 비참하게 살던 사람들이 생명 안에서 부요를 경험하고, 능력을 경험하고, 형통함을 경험하면서 이제는 오히려 베풀고, 나눠주고 섬기는 인생을 살 수 있게 되었습니다.

무엇이 우리를 달라지게 했습니까? 우리 삶에 복음이 들어왔기 때문입니다. 복음은 예수 그리스도입니다.

"예수 그리스도의 종 바울은 사도로 부르심을 받아 하나님의 복음을 위하여 택정함을 입었으니 이 복음은 하나님이 선지자들을 통하여 그의 아들에 관하여 성경에 미리 약속하신 것이라 그의 아들에 관하여 말하면 육신으로는 다윗의 혈통에서 나셨고 성결의 영으로는 죽은 자들 가운데서 부활하사 능력으로 하나님의 아들로 선포되셨으니 곧 우리 주 예수 그리스도시니라"(롬 1 : 1 - 4).

예수님의 이름 안에 복음의 내용이 설명되어 있습니다. 그 이름은 '예수, 그리스도, 살아 계신 하나님의 아들, 임마누엘'입니다. 이 이름으로 예수님께서 이 땅에 오셨습니다. 이 이름이 예수님의 존재이고, 우리의 구원이요, 우리를 구원하신 목적입니다. 초대교회 교인들은 목숨까지 내놓으면서 이 이름을 증거하였습니다. 이 이름으로 인하여 핍박받는 것을 두려워하지 않았습니다. 이 이름은 우리에게 주신 생명의 특성이기도 합니다.

(1) 예 수

"아들을 낳으리니 이름을 예수라 하라 이는 그가 자기 백성을 그들의 죄에서 구원할 자이심이라 하니라"(마 1 : 21).

'예수'라는 이름의 히브리적 의미는 '구원', 헬라적 의미는 '고치다'(치료함)입니다. 죄의 문제를 해결해 주시는 분, 구원자란 의미입니다. 예수님을 만난 사람들은 모두 구원을 경험하고, 죄의 문제가 해결됩니다. 내 스스로의 힘으로는 절대 죄의 사슬에서 벗어날 수 없지만, 내가 지은 죄를 주께 고백하고 주님의 십자가 앞에 올리면 주님 안에서 해결됩니다. 성경은 우리가 본질상 진노의 자녀라고 정확히 말합니다. 오직 예수 그리스도만이 죄 문제로부터 나를 구원해 주실 분, 나의 모든 상함과 결핍, 상실을 치료하고 건지실 분입니다. 예수를 만나면 죄가 우리에게 왕 노릇 하지 못합니다. 사망과 저주가 우리를 지배하지 못하고 새로운 질서, 하나님의 생명인 영생의 세계로 초대를 받습니다.

(2) 그리스도

"그가 먼저 자기의 형제 시몬을 찾아 말하되 우리가 메시야를 만났다 하고(메시야는 번역하면 그리스도라)"(요 1 : 41).

"요한이 또 증언하여 이르되 내가 보매 성령이 비둘기같이 하늘로부터 내려와서 그의 위에 머물렀더라 나도 그를 알지 못하였으나 나를 보내어 물로 세례를 베풀라 하신 그이가 나에게 말씀하시되 성령이 내려서 누구 위에든지 머무는 것을 보거든 그가 곧 성령으로 세례를 베푸는 이인 줄 알라 하셨기에 내가 보고 그가 하나님의 아들이심을 증언하였노라 하니라"(요 1 : 32 - 34).

"하나님이 나사렛 예수에게 성령과 능력을 기름 붓듯 하셨으매 그가 두루 다니시며 선한 일을 행하시고 마귀에게 눌린 모든 사람을 고치셨으니 이는 하나님이 함께하셨음이라"(행 10 : 38).

'그리스도'라는 말은 아람어로 메시야(Messiah)라고 합니다(단 9 : 24 참조). 메시야는 '기름 부음받은 자'라는 의미인데, 예수님이 그리스도라는 이름으로 이 땅에 오신 이유는 성령으로 세례를 베풀기 위함입니다. 예수님이 그리스도로 오셔서 타락한 이후 망가져 버린 우리의 영혼 안에 하나님의 영을 모시고 살도록 성령을 불어넣어 주십니다. 그래서 성령이 내 안에 오신 이후로 우리는 이성의 세계, 논리의 세계에서만 살지 않고 초이성적인 세계, 영적인 세계를 살아갈 수 있습니다. 영생을 가졌다는 말은 단순히 오래 사는 것이 아니라 하나님의 생명이 내 안에서 시작되었음을 의미합니다. 영생 안에 있는 사람은 하나님의 신의 힘으로 살아야 합니다. 성령 충만함으로 우리는 세상을 이길 수 있습니다.

구약시대에는 선지자에게(왕상 19 : 16), 왕에게(삼상 16 : 12-13, 시 89 : 20, 왕상 1 : 45, 왕하 11 : 12), 제사장에게(출 28 : 41, 29 : 7) 각각 기름을 부었습니다. 그들이 기름 부음을 받으면 바로 하나님 나라를 위해서 일하게 됩니다. 주님은 그리스도라는 이름으로 우리에게 오셔서 기름을 부어 우리가 하나님 나라를 위해 살게 하십니다(마 3 : 11-12, 막 1 : 8, 눅 3 : 16, 요 1 : 33-34). 기름 부음 받은 종들은 그리스도의 3중직, 곧 선지자, 왕, 제사장으로서의 삶을 살아가야 합니다.

(3) 살아 계신 하나님의 아들

"시몬 베드로가 대답하여 이르되 주는 그리스도시요 살아 계신 하나님의 아들이시니이다"(마 16 : 16).

인류가 타락할 때 창조의 원형, 곧 하나님의 형상과 정복하고 다스리는 통치권을 상실해 버렸습니다. 그래서 주님은 '살아 계신 하나님의 아들의 씨'를 가지고 이 땅에 오셨습니다. 아담의 씨가 아닌 하나님의 씨로, 하나님의 자녀로 살아가도록 우리 속에 그 생명을 넣으셨습니다. 하나님의 형상으로 창조된 인간이 범죄한 후 사탄의 씨로 변질되어 주님이 오실 때쯤에는 뱀의 자식이라고 책망을 받을 지경이 되었습니다. 그러나 우리가 예수님을 영접하면 그 아들의 생명이 내 안에 들어옴으로 나도 하나님의 자녀가 됩니다(요 1 : 12).

유전 인자를 조사해 보면 부모와 자식을 확인할 수 있듯이, 구원받은 사람인지 아닌지도 하나님의 DNA를 가졌는가에 따라 확인할 수 있습니다. '살아 계신 하나님의 아들'이라는 말은 우리가 하나님의 DNA를 가지고 있음을 의미합니다. 하나님의 씨가 내 안에 들어와서 성장하면 점점 내 속에 그리스도의 모습이, 성령의 열매가 나타나기 시작합니다.

(4) 임마누엘

"보라 처녀가 잉태하여 아들을 낳을 것이요 그의 이름은 임마누엘이라 하리라 하셨으니 이를 번역한즉 하나님이 우리와 함께 계시다 함이라"(마 1 : 23).

임마누엘은 하나님이 우리와 함께 계시고, 계속 동행하신다는 뜻을 가지고 있습니다. 세상 끝날까지 이 생명을 보존하고, 지키고, 건강하게 승리의 삶을 살 수 있도록, 하나님 나라를 건설하는 역군으로 살아갈 수 있도록 주님이 동행하신다는 약속입니다. 임마누엘은 출애굽 시 이스라엘 백성들이 꿈꾸던 젖과 꿀이 흐르는 가나안 땅의 의미와 같습니다. 구약의 성막 안에 하나님이 찾아오신 것처럼, 가나안 땅에 하나님께서 미리 오셔서 그 땅을 유업으로 주셨던 것처럼, 타락한 세상에 하나님은 말씀으로, 그 아들로 찾아오셔서(요 1 : 14) 계속 우리와 동행하십니다. 세상 끝날까지 우리와 함께 계십니다.

예수님이 스스로를 성전이라 말씀하신 것은 우리 죄를 속해 주시는 임마누엘로, 성막으로 우리와 함께하시겠다는 말씀입니다. 하나님이 동행하시고, 그분이 내 안에 거하시면 내 몸이 성전이 됩니다. 성도의 삶은 하나님의 드러나심이어야 합니다. 우리는 왕의 씨를 가지고 태어나 이 땅에 하나님의 왕국을 건설하기 위해 그 자녀로, 왕권을 가진 통치자로 살아가야 합니다(롬 5 : 17, 벧전 2 : 9). 성전인 우리가 어디로 가든 하나님께서는 우리와 함께 계십니다. 그리하면 내 주변이 모두 이 성전의 영향력 아래 있게 됩니다.

예수님의 이 네 가지 이름을 이해하고 설명할 수 있다면, 이미 복음의 본질을 확실하게 정리하고 있는 사람입니다. 우리가 구원을 받았다는 것은 예수님의 생명이 내 안에 시작되었다는 말입니다. 그러나 그 생명이 시작되었다고 해서 나의 생활이, 나의 언어가, 나의 생각이 한순간에 바꾸어지지 않습니다. 한동안 오히려 혼란을 겪게 됩니다.

장기 이식 수술을 받을 때 다른 사람의 장기가 내 몸으로 들어오면 기존의 장기들이 거부반응을 보이듯, 이제껏 내가 살아왔던 옛 방식들이 그 생명을 거부하고 저항하게 됩니다. 그때 새 생명을 온전한 내 것으로 만들기 위해서는 외부적인 도움을 받아야 합니다. 장기 이식 수술자의 경우 새로 들어온 장기가 괴사되지 않도록 면역 억제제를 한동안 투여해야 합니다. 보통 사람은 면역력을 키워야 건강한데, 이분들은 반대로 해야 이식된 장기를 보호할 수 있습니다.

『 동역하시는 목사님 가운데 간이식 수술을 받은 분이 계셔서 수술 후 치료 과정을 자세하게 들었습니다.

"평생 면역 억제제를 투여해야 하고, 그 면역 억제제에 대한 부작용을 방지하는 약을 복용하거나 주사를 투여하고, 그 부작용 방지제에 대한 부작용 방지제를 또 투여해야 합니다. 그렇게 한 5년 지나면, 이식 수술을 받지 않은 사람과 큰 차이가 없는 일상생활이 가능해집니다. 하지만 면역 억제제와 그 억제제 투여에 따르는 부작용 방지제는 주기적으로 엄격한 검사와 함께 살아 있는 동안 계속 투여해야 합니다." 』

전문지식을 가진 의사의 전문적이고 지속적인 도움 없이는 두 달 이상 생존이 어렵다고 합니다.

『"간이식 수술 후에 의사, 간호사, 약사, 영양사는 환자가 깨어 있는 시간에 틈틈이 상태를 체크합니다. 그들은 하루에 약을 17번을 복용하게 하고 주사를 5번 투여할 뿐 아니라 과일 먹는 법, 밥 먹는 법 등을 교육하고 훈련시킵니다. 한국 과일이 미네랄은 없고 당도만 높아서 건강에 무리를 많이 줍니다. 그래서 사과 1/4쪽을 먹으면 밥 1/3공기를 덜어 내고, 옥수수 반쪽을 먹으면 또 밥 1/3공기를 덜어 내는 등의 생존수칙을 엄격하게 지켜야 합니다."』

우리가 살아 숨 쉬고 있는 동안 은혜의 공급과 성령님의 인도를 평생 따라야 하는 원리와 비슷합니다. 우리가 주님을 영접하고 새로운 존재로 거듭났을 때 홀로서기가 쉽지 않습니다. 목자가 도와주고, 셀장이 도와주고, 일대일로 말씀 딜리버리하고, 교제하고, 또 전화하고, 문자를 보내고, 교회에서 치유 프로그램 만들어서 지속적으로 참여하게 하는 것이 바로 이런 이유입니다. 그래서 영적 리더들은 말씀과 치유에 관한 전문 훈련을 받아야 합니다. 이런 옛 생활에 익숙해 있는 일상의 삶을 바꿀 수 있는 반복적이고, 습관화시킬 수 있는 훈련이 있을 때 한 몸으로 거듭날 수 있습니다. 이때 성령께서 각 지체들을 연결시키기 위하여 기름 부음을 주심으로 한 영, 한 몸으로 교통하게 하십니다.

생명은 상품이나 기계처럼 한 번에 바뀔 것으로 기대하면 안 됩니다. 서서히 변하고, 자라면서 점점 몸 안으로, 몸의 질서 속으로 들어오게 됩니다. 성령의 인도를 받고, 말씀으로 은혜를 받아 새로운 기쁨, 새로운 관계, 새로운 문화 속으로 자연스럽게 정착합니다. 광야 40년은 세례 때 가졌던 언약대로 나의 옛 사람을 거절하고, 삼위일체 하나님의 생명으로 거듭나도록 돕는 훈련이며, 도우심입니다. 광야훈련을 제대로 받은 자들은 여호수아 1장의 말씀처럼 백전백승의 삶을 살게 됩니다.

"이 율법책을 네 입에서 떠나지 말게 하며 주야로 그것을 묵상하여 그 안에 기록된 대로 다 지켜 행하라 그리하면 네 길이 평탄하게 될 것이며 네가 형통하리라 내가 네게 명령한 것이 아니냐 강하고 담대하라 두려워하지 말며 놀라지 말라 네가 어디로 가든지 네 하나님 여호와가 너와 함께하느니라 하시니라"(수 1 : 8 - 9).

하나님의 가족이 된 우리는 '예수, 그리스도, 살아 계신 하나님의 아들, 임마누엘'이신 우리 주님의 이름으로 살아야 합니다. 그 이름 안에 내포된 약속들을 붙잡고 승리의 삶을 살아야 합니다.

예수, 그 이름의 약속들을 어떻게 누리고 있습니까?

거룩은 나의 죄악된 존재를 인정하는 것으로부터 출발합니다

"여인이 임신하여 남자를 낳으면 그는 이레 동안 부정하리니 곧 월경할 때와 같이 부정할 것이며 여덟째 날에는 그 아이의 포피를 벨 것이요 그 여인은 아직도 삼십삼 일을 지내야 산혈이 깨끗하리니 정결하게 되는 기한이 차기 전에는 성물을 만지지도 말며 성소에 들어가지도 말 것이며 여자를 낳으면 그는 두 이레 동안 부정하리니 월경할 때와 같을 것이며 산혈이 깨끗하게 됨은 육십육 일을 지내야 하리라"(레 12 : 2 - 5).

남자아이를 낳으면 7일 동안 부정하고 33일이 지나야 산혈이 깨끗해지고, 또 여자아이를 낳으면 14일 동안 부정하고 66일이 더 지나야 산혈이 깨끗해진다고 성경은 말합니다. 남자아이를 낳으면 도합 40일, 여자아이를 낳으면 도합 80일간의 정결하게 되는 시간이 필요합니다. 왜 여자아이가 남자아이보다 정결기간이 두 배로 길까요?

이와 같은 제도는 여자로 하여금 원죄의 책임을 더 중하게 생각하게 하려는 의도입니다. 딤전 2 : 14에 "아담이 속은 것이 아니고 여자가 속아 죄에 빠졌음이라"라고 말합니다. 남자나 여자나 책임에 있어서는 마찬가지이지만, 생명의 잉태와 출산에 있어서 특별히 여자에게 부과된 죄책이 있음을 성경은 말합니다(창 3 : 16 참조). 이와 같은 말씀은 인간을 괴롭히려는 목적이 아닙니다. 이것은 사람들로 하여금 죄악의 근원을 깨닫게 하여 더욱 겸손하게 하려는 의도입니다(딤전 2 : 11 - 15, 고전 14 : 34 - 35 참조, 박윤선).

하나님의 통치를 실현하는 데는 실제적으로 여성들의 역할이 더욱 큽니다. 여성들이 더 큰 영향력을 미치기 때문입니다. 유대인 사회의 여성들은 가정과 자녀들에게 남편보다 훨씬 큰 영향을 미쳤습니다. 이를 인정하여 유대민족은 부계중심이 아닌 모계중심의 사회구조를 가지고 있습니다.

우리나라도 사실은 과거 오랜 기간 동안 여성이 실제의 힘을 가지고 있었습니다. 유교적 영향력으로 보이지 않게 가리워져 있었을 뿐이었지 실상 주도권을 가지고 공동체를 이끄는 권력의 구조는 여성들이 쥐고 있었습니다. 한 예로 가정의 경제력은 뒤주(쌀통)에 있었는데 그 뒤주 열쇠를 할머니나 시어머니가 쥐고 있었습니다. 또 나라 정치의 배후에는 대비마마의 수렴청정(垂簾聽政)이 있었습니다. 세자를 책봉할 때도 대비와 대왕대비의 입김이 강하게 작용하였습니다. 부정적인 폐해가 많이 있기는 했으나 실제적인 능력이 있었기에 남자들을 움직였습니다.

바라기는 우리 자매님들은 여성들이 가지고 있는 이러한 힘을 구속사를 위해서만 사용하시기 바랍니다. 행여라도 악한 일, 분열과 타락을 조장하는 데, 남자들 위에 군림하고, 조종하고, 복수하는 일에 쓰지 않도록 주의해야 합니다. 각종 시험, 자격증, 외무고시, 사법고시, 행정고시 등의 합격자의 수가 여성이 50%를 이미 넘어섰습니다. 가정에서도, 공동체에서도 여성들의 영향력이 훨씬 커지고 있습니다. 가정의 경제권도 여성들이 쥐고 있는 경우가 많습니다. 때문에 더욱 정결해야 하고, 남성들보다 더욱 많은 훈련을 받아야 할 필요가 있습니다. 가정의 구조를 보면 3세 이전의 어린 유아들의 경우에는 엄마의 영향력이 절대적입니다. 감성의 기초는 영 · 유아기에 형성된 엄마와의 애착관계가 일생을 지배합니다. 이때의 경험들이 그 사람의 인생의 모든 감성의 기초가 되어 그 기초 위에 인생의 집을 짓게 됩니다. 만약 엄마가 공부하기를 소홀히 하거나 훈련하지 않는다면 자녀들의 미래에 끼치는 악영향은 말로 표현할 수 없을 만큼 지대합니다.

"생육하고 번성하고 충만하라"(창 1 : 28)는 메시지는 하나님께서 인간에게 주신 최초의 의무이면서 축복이었습니다. 그러나 하와가 범죄함으로 해산의 고통이 더해지면서 생명을 생육하고 번성하게 하는 일은 고통이 되고 부담이 되어 버렸습니다. 하나님께서는 인간을 하나님의 형상으로 창조해 주셨지만 아담은 자기 형상을 닮은 아이, 죄로 오염되고 타락한 존재를 계속 낳았습니다(창 5 : 3). 죄악 가운데 출생했기에 근본이 오염된 존재입니다. 이 사실을 알고 인정하는 순간부터 하나님을 의지하고 기대하는 신앙이 출발합니다. '거룩'은 내가 죄악된 존재임을 인정하고 주님을 추종하면서부터 시작됩니다.

"아들이나 딸이나 정결하게 되는 기한이 차면 그 여인은 번제를 위하여 일 년 된 어린 양을 가져가고 속죄제를 위하여 집비둘기 새끼나 산비둘기를 회막문 제사장에게로 가져갈 것이요 제사장은 그것을 여호와 앞에 드려서 그 여인을 위하여 속죄할지니 그리하면 산혈이 깨끗하리라 이는 아들이나 딸을 생산한 여인에게 대한 규례니라 그 여인이 어린 양을 바치기에 힘이 미치지 못하면 산비둘기 두 마리나 집비둘기 새끼 두 마리를 가져다가 하나는 번제물로, 하나는 속죄제물로 삼을 것이요 제사장은 그를 위하여 속죄할지니 그가 정결하리라"(레 12 : 6 - 8).

정결 기간이 지나면 속죄제와 번제를 드렸습니다. 속죄제는 나의 존재 자체가 오염된 존재임을 인정하는 제사이고, 번제는 이제 하나님께 나의 존재 전체를 드리며 살겠다고 다짐하는 결단의 의미입니다. 죄인으로 태어난 인간은 속죄제와 번제를 드림으로 하나님께로 구별됩니다.

'켄 가이어'가 쓴 「영혼의 창」이라는 책에 이러한 내용이 있습니다.

『 새집으로 이사 가려면 옛 동네, 옛 친구들, 옛 추억과 이별해야 한다. 대학에 들어가려면 집과 가족을 떠나야 한다. 결혼하려면 혼자만의 세계를 버려야 한다. 직장에 들어가려면 그 특별한 대학 시절, 그 특별한 친구들, 그 안전지대의 울을 떠나야 한다. 자녀를 낳으려면 아이 없이 부부끼리만 있을 때의 비교적 복잡하지 않고 방해받지 않는 삶의 장을 마감해야 한다. 승진하려면 좋아하던 부서, 좋아하던 도시나 지역을 떠나야 한다. 직장에 남은 동료들은 여전히 친구겠지만 그 우정의 차원 또한 뒤로 해야 한다. 자녀들이 대학에 가거나 직장을 잡거나 가정을 이룰 때가 오면, 그들 역시 뭔가를 남겨 두고 가야 한다. 옛이야기와 사진첩을 통해서만 돌아갈 수 있는 뭔가 소중한 것을 은퇴하려면 생계 수단에 영영 작별을 고해야 한다. 』

새 것을 얻기 위해서는 옛 것을 내려놓아야 한다는 내용입니다.

헤르만 헤세도 그의 책 "데미안"에서 비슷한 이야기를 합니다.

『 "새는 알에서 나오려고 투쟁한다. 알은 하나의 세계이다. 태어나려는 자는 하나의 세계를 깨뜨려야 한다." 』

알이 깨져야 새가 되어 비상할 수 있습니다. 우리가 거룩한 생명, 영생을 살려면 옛 생활을 내려놓아야 합니다. '옛 부대'에 '새 생명'을 담을 수는 없습니다. 세례, 자기부인, 십자가를 지는 삶은 영생으로의 비상입니다. 산후 40일과 80일을 정결하게 하는 기간으로 정한 이유는 매우 교훈적입니다. 생명의 오염, 존재의 타락을 선언해 줍니다. 자신의 힘으로가 아닌 어떻게 은혜 안에서 살아가야 할지를 가르쳐 줍니다. 주님께로 구별되어야 하며 주님을 따르는 특별한 시간과 훈련이 필요하다는 것입니다.

나를 정결하게 하는 방법은 무엇입니까?

더욱 거룩하기 위하여 어떤 방법으로 하나님께 나아갑니까?

거룩은 하나님의 영적 질서, 그 권위에 복종하는 마음의 자세입니다

거룩은 하나님께서 세우신 영적 질서, 영적 권위에 복종하는 마음의 자세입니다. 레위기 13~14장에 나병에 관한 내용이 나옵니다. 나병은 통증을 느끼는 감각을 상실하고 점점 살이 썩는 무서운 병입니다. 더 무서운 것은 이 나병은 확산된다는 점입니다.

신앙생활을 하다 보면 부정적인 생각, 미워하는 마음, 대적하는 마음이 생길 때가 있습니다. 그때 가만히 내 안에만 품고 있으면 단순한 피부병에 지나지 않습니다. 그러나 내 입을 통해서 소문으로 뻗어 나가고, 교회를 대적하고, 목자를 대적하고, 영적 질서를 거스르는 일을 하면 그것이 그 공동체를 근본적으로 뒤흔들어 버리는 영적 나병이 됩니다.

목자를 통해서 세우신 영적 권위와 질서를 무시하고, 대적하는 영적인 나병환자들이 많이 있습니다. 이것은 하나님의 혜택을 받지 못하게 막아 버리고, 교회를 통해 흘러오는 축복, 목자를 통해서 오는 생명의 물줄기를 끊어버립니다. 그렇기 때문에 부정적인 영향력을 주변에 끼치는 나병환자가 되지 않도록 조심하고, 또 그러한 자들을 멀리 해야 합니다. 성경은 나병을 죄의 모형으로 삼았습니다. 죄와 나병을 동일시했습니다.

"내 상처가 썩어 악취가 나오니"(시 38 : 5).

"내가 사랑하는 자와 내 친구들이 내 상처를 멀리하고 내 친척들도 멀리 섰나이다"(시 38 : 11).

미리암의 나병(민 12 : 1－10)은 미리암이 모세를 지도자로 보지 않고 동생으로 보고 모세의 허물을 공격했을 때, 하나님께서 주신 형벌이었습니다. 미리암에게 나병을 주셔서 진영 밖으로 내쫓으시고, 정결하게 된 7일 후 진영 안으로 들어오게 했습니다. 이 7일 동안 이스라엘 백성들도 진군하지 못하고 함께 진영에 머물러야 했습니다. 지도자의 약점이나 허물을 드러내고 공격하는 일은 그 영향력이 급속도로 퍼져 나갑니다. 공동체 전체가 부정적인 생각에 오염되고, 심각한 피해를 입습니다. 미리암 한 사람의 잘못이지만 이스라엘 공동체 전체가 진군할 수 없었습니다다. 그들 모두가 한 주간을 함께 근신하며 정결하게 되기를 기다렸습니다. 부정적인 생각이나, 원망하는 말, 특별히 지도자에 대한 공격은 우리의 성장을 멈추게 하고, 전진하지 못하게 합니다.

또한 게하시의 나병(왕하 5 : 20-27)은 선지자의 말을 듣지 않고 탐욕을 붙잡다가 받은 형벌이었습니다. 모두 영적 지도자와 갈등을 일으키다 당한 발병(發病)이었습니다. 영적 지도자와 갈등하지 마십시오. 가능하면 돕는 자가 되십시오. 개인을 위하라는 이야기가 결코 아닙니다. 하나님 나라와 구속사를 위해서입니다.

나병에 걸린 사람은 다른 사람들과의 접촉을 금지시켰습니다. 나병에 걸리면 그가 왕이라 할지라도 성소에서도, 이스라엘 공동체에서 쫓겨나서 진 밖에서 거해야 했습니다. 웃시야 왕이 제사장의 영적 권위를 무시하고 자기가 제사를 집례했다가 바로 나병에 걸렸습니다(대하 26장). 하나님께서는 영적인 질서를 침해하는 자를 엄격하게 다스리십니다.

"나병 환자는 옷을 찢고 머리를 풀며 윗입술을 가리고 외치기를 부정하다 부정하다 할 것이요 병 있는 날 동안은 늘 부정할 것이라 그가 부정한즉 혼자 살되 진영 밖에서 살지니라"(레 13 : 45-46).

나병은 거룩한 삶을 방해합니다. 옷에 있던 나병이 몸으로 번지고 더 확산되어 집 전체로 번져 나갑니다. 나의 부정적인 사고, 불평하는 언어가 뻗어 나가기 시작하면 삽시간에 교회공동체를 부정적인 사고로 오염시켜 버립니다. 부정적인 생각이 확산되면 본인만이 아닌 그 주변까지도 피폐하게 만듭니다. 그래서 부정적인 사람들과 접촉하지 못하도록 격리시키는 겁니다.

우리가 분명히 알아 두어야 합니다. 하나님께서는 문제가 있고 타락한 존재라 해도 육신의 아비를 통해 아들이 태어나게 하시고, 허물이 있어도 스승을 통해서 제자에게 지식이 전달되게 하시고, 목자를 통해서 영적 생명이 양들에게 전달되게 하셨습니다. 하나님께서 직접 하시지 않고 연약하고 문제가 있어도 천사가 아닌, 사람을 대행자로 세워서 통치하시는 원리가 구속사입니다.

악한 영들과 세상은 하나님이 세우신 이러한 권위 질서에 대적하도록 자꾸 허물과 약점을 찾아내게 하여 존경하지 못하게 하고, 영적 질서를 무너뜨립니다. 지도자라 해도 다 허물이 있고 실수가 있습니다. 서로 돕고 협력하여 구속사를 이루는 게 목적입니다. 거룩한 삶은 하나님께서 세우신 영적 질서, 권위에 복종하고 협력할 때 가능합니다. 가정도, 교회도 하나님의 통치가 실현되는 현장입니다. 하나님께서 그를 내게 목자로 세우셨다고 하는 원칙이 세워지지 않으면 언제든지 우리는 목자로 인하여 실족할 수 있습니다.

현재 나의 상태가 나병에 걸려 있는지 점검해 보십시오. 하나님이 세우신 통치 질서를 거슬렀던 죄악들을 회개하십시다. 그리고 나에게 세워주신 영적인 지도자들과 협력관계로 지내십시오. 그를 위해 기도하고 무엇을 도울 것인지, 그의 약점을 내가 도와야 할 영역으로 선포하고 협력하십시오. 그 영적 권위를 인정하고 따를 때 모두가 살 수 있습니다. 나아만 장군은 요단강에 가서 일곱 번 씻으라는 주의 종의 음성에 순종했을 때 나병이 나음을 입었듯이 목자의 말에 순종하고 영적 질서에 순복함으로 나도 살고, 공동체도 살릴 수 있습니다. 혹시 주변이나 내가 속한 공동체 내에 부정적인 말들을 양산하고, 영적인 질서를 무너뜨리고 있는 자가 있습니까? 오염되지 않도록 스스로를 보호하고, 가능하다면 그들을 멀리하십시오.

이러한 영적 질서를 악용해서 스스로의 불의를 덮으려 하는 지도자들도 있습니다. 아주 잘못된 접근이지요. 그래서 많은 그리스도인들이 왜 양인 우리만 조심해야 하느냐고 억울하다고 말합니다. 그러나 그렇지 않습니다. 모세와 아론에 대하여 하나님이 얼마나 공의롭게 이끄셨습니까? 그들도 역시 자신들의 실수와 연약함 때문에 가나안 땅이 보이는 곳까지 왔으나 결국은 가나안 입성의 약속이 성취되는 것을 보지 못하고 생을 마감합니다.

"너는 여리고 맞은편 모압 땅에 있는 아바림 산에 올라가 느보산에 이르러 내가 이스라엘 자손에게 기업으로 주는 가나안 땅을 바라보라 네 형 아론이 호르산에서 죽어 그의 조상에게로 돌아간 것같이 너도 올라가는 이 산에서 죽어 네 조상에게로 돌아가리니 이는 너희가 신 광야 가데스의 므리바 물가에서 이스라엘 자손 중 내게 범죄하여 내 거룩함을 이스라엘 자손 중에서 나타내지 아니한 까닭이라 네가 비록 내가 이스라엘 자손에게 주는 땅을 맞은편에서 바라보기는 하려니와 그리로 들어가지는 못하리라 하시니라"(신 32 : 49 – 52).

하나님께는 불의한 자들의 실수를 처벌하는 일보다도 하나님의 나라를 세우는 게 더 먼저이기 때문에 공의로운 심판을 뒤쪽으로 배열한 것뿐입니다. 때로 악인의 형통을 보고 억울해 할 때가 있습니다. 하나님의 심판이 더디다고, 불공평하다고 불평할 때도 있습니다. 아닙니다. 다만 그 징계가 뒤쪽으로 연기되었을 뿐입니다. 하나님께는 구속사적인 필요가 더 먼저이기 때문입니다. 하나님의 다루심은 결코 불공평하지 않습니다.

나는 나의 영적인 권위자, 목자에게 순종하고 있습니까?

거룩하라, 자신을 제한하라

레위기 15장에 나오는 여자의 유출병과 남자의 설정은 우리 속에 통제되지 않는 죄의 흘러넘침을 상징합니다. 욕심, 혈기, 고집, 증오, 거짓됨, 악한 생각 등 우리 속에는 우리가 조절할 수 없는 악한 것들이 가득 차 있습니다.

"마음에서 나오는 것은 악한 생각과 살인과 간음과 음란과 도둑질과 거짓 증언과 비방이니 이런 것들이 사람을 더럽게 하는 것이요"(마 15 : 19 - 20).

이것들이 조절불능으로 통제되지 않고 그냥 흘러나오면 유출병입니다. 몸을 통제하지 못하고, 몸이 원하는 대로, 욕망대로 살면 이미 유출병에 걸려 있는 상태입니다. 이렇게 통제되지 않고 흘러나온 유출의 분비물들이 사람을 더럽게 합니다. 유출병자의 자리에 앉거나 눕거나 접촉만 해도 부정해지고, 유출병자의 몸에 접촉해도 부정해집니다. 사스나 메르스의 감염 경로를 보십시오. 얼마나 쉽게 전염됩니까? 죄는 그렇게 쉽게 전염됩니다.

요나가 범죄하고 다시스로 가는 배를 타고 숨어 있을 때, 요나만 심판을 받은 것이 아니라 배와 배에 탄 모든 승객들, 화물들까지도 함께 심판의 풍랑을 맞았습니다. 하나님의 말씀에 불순종하고 자신의 욕구를 따라 행동하는 요나를 바다에 던졌을 때 비로소 배가 안전하게 되었습니다. 하나님 앞에 유출병자가 있으면 가정적으로, 공동체적으로 어려움을 당합니다. 빨리 찾아내서 해결을 해야 합니다. 아간이 죄를 범했을 때도 이스라엘 전체가 실패했습니다. 아간을 잡아서 아골 골짜기에 묻었더니 전쟁의 양상이 바뀌었습니다. 거룩한 삶을 살기를 원하십니까? 그러려면 내 안에 통제되지 않고 흘러나오는 것들을 다스려야 합니다. 자신의 내면을 절제하는 생활이 거룩입니다. 하나님은 거룩을 좋아하십니다. 더러운 것은 그 모양이라도 버려야 합니다.

『 언젠가 관광지에서 아주 인상 깊은 광경을 보았습니다. 가족 단위로 오는 여행객들이 많은 곳이었는데, 여러 사람들 속에 묻혀 있어도 유독 눈에 띄는 두 가족이 있었습니다. 한쪽은 아이들이 너무나 진지하게 부모님의 이야기를 경청하며 이곳저곳을 둘러보고 있었고, 또 다른 한쪽은 제 맘대로 뛰어다니는 두 아이들을 부모가 땀을 뻘뻘 흘리며 쫓아다니고 있어서 시선이 끌렸습니다. 아이들을 이끌어 많은 것들을 보여 주며 가르치던 부모의 모습과, 지친 채 짜증 섞인 얼굴로 아이의 손에 이리저리 끌려 다니던 또 다른 부모의 모습은 제게 큰 충격을 주었습니다.

신자와 마음의 관계가 생각났기 때문입니다. 마음을 통제하며 사는 신자가 있는가 하면, 마음에 이리저리 휘둘리며 사는 신자가 있습니다. 그리고 전자의 삶에 비해 후자의 삶은 경건의 진보가 더딜 수밖에 없습니다. 사람의 마음은 야생동물과 같습니다. 잘 길들여지거나 가두어져 있을 때는 안전하지만, 그렇지 못하면 어느 순간에 야수의 본성을 드러낼지 모릅니다. 그러므로 우리는 한순간도 마음에 대해 방심해서는 안 됩니다. 은혜 안에 살면서 자기의 마음을 지키는 동안에는 탐욕적인 욕구에 굴복하지 않지만, 그렇지 못할 때는 언제든지 야수와 방불한 삶으로 나아갈 수 있기 때문입니다. 그러므로 신자가 거룩한 삶을 살기 위해서는 늘 자신의 마음에 통제력을 유지해야 합니다. –김남준, 「마음지킴」』

북유럽에 사는 흰 담비는 털이 아름답기로 유명합니다. 흰 담비는 본능적으로 자신의 털을 더럽히지 않으려는 강한 의지를 갖고 있습니다. 사냥꾼들은 흰 담비의 이런 속성을 이용해 흰 담비를 포획한다고 합니다. 즉, 흰 담비가 사는 굴 입구에 숯검정을 칠해 놓고 숲 속에서 놀고 있는 흰 담비를 굴까지 몰아갑니다. 굴 입구에 다다른 흰 담비는 자신의 흰털을 더럽힐 수가 없어 주저하다가 결국 붙잡히는 쪽을 선택한다고 합니다. 우리가 우리의 정결함을 지키기 위해서 이런 흰 담비의 속성에 도전을 받아야 합니다.

유출병, 통제되지 않고 마구 쏟아지는 욕망, 혈기, 열등의식, 죄책감 등을 조절하기 위하여 우리는 끊임없는 은혜의 공급을 받고, 스스로를 거룩으로 훈련해야 합니다. 성막의 오염을 지키려 애썼던 레위 사람들처럼 나의 거룩을 지키기 위하여 힘쓰고 애쓰는 삶이 있어야 합니다. 어느 날 하늘에서 불이 내려와 나를 거룩하게 바꿀 것이라는 기대를 내려놓으십시오. 거룩은 일상생활 속에서의 훈련을 통하여 일구어집니다.

나는 거룩을 위하여 나의 삶의 욕망 중 어떤 부분을 늘 제한하는 훈련을 하며 삽니까?

거룩을 위하여 교제권이 중요합니다

부정적인 사고, 악한 영향력을 가진 사람들과 교제하는 것은 거룩한 삶을 방해합니다. 죄로 물들게 하고 하나님과의 사이를 멀어지게 만듭니다. 거룩한 사람이 되기 위해서는 거룩한 사람들과 구별된 교제를 해야 합니다. 거룩한 교제는 서로에게 영향력을 끼쳐 합력하여 선을 이루게 합니다. 그렇다면 누구와 교제해야 합니까? 레위기 11장에 그 답이 있습니다. 레위기 11장은 먹어도 되는 음식과 먹어서는 안 될 음식을 정확하게 구분해 놓았습니다. 이 구분의 기준을 잘 살펴보면, 우리가 누구와 교제해야 하는지를 알 수 있습니다.

(1) 굽이 갈라지고 새김질하는 짐승

"육지의 모든 짐승 중 너희가 먹을 만한 생물은 이러하니 모든 짐승 중 굽이 갈라져 쪽발이 되고 새김질하는 것은 너희가 먹되"(레 11 : 2 - 3).

굽이 갈라졌다는 말은 구별됨이 있다는 말입니다. 성속(聖俗)이 구별되고 선함과 악함이 구별되는 사람, 해야 할 말과 해서는 안 될 말에 대해 분별할 줄 아는 사람이 거룩한 사람입니다.

새김질은 말씀을 반추하는 행위를 의미합니다. 말씀을 들으면서 내용을 정리하고, 또 그 말씀을 어떻게 해석해야 할지, 어떻게 그 내용을 삶 속에 적용해야 할지, 누군가에 전달하기 위하여 그 내용을 반복, 정리하는 작업이 말씀의 반추입니다. 말씀을 듣고 은혜를 받았으면 반드시 그렇게 실행하도록 점검해야 합니다. 이런 사람들과 교제해야 합니다.

(2) 지느러미와 비늘이 있는 물고기

"물에 있는 모든 것 중에서 너희가 먹을 만한 것은 이것이니 강과 바다와 다른 물에 있는 모든 것 중에서 지느러미와 비늘 있는 것은 너희가 먹되"(레 11 : 9).

지느러미는 물고기가 물을 역류할 수 있도록 도와줍니다. 물살을 헤쳐 나갈 수 있는 힘은 지느러미에 있습니다. 지느러미가 있는 사람은 세상에서 휩쓸리지 않고 자유롭게 행할 수 있습니다.

비늘은 방어의 역할을 합니다. 과거에 군인들이 입었던 갑옷이 비늘 모양으로 생겼습니다. 비늘을 제대로 갖춘 사람은 세상의 영향력으로부터 자신을 보호할 수 있습니다. 지느러미와 비늘을 가진 사람은 세상 풍조와 문화를 따라 살고, 유행 따라 휩쓸리는 사람이 아닙니다. 스스로를 구별된 상태로 지켜 내는 사람들입니다. 내 주변에 누가 이런 사람인지를 늘 헤아려 의도적으로 그들과 가까이하고, 교제를 열어야 합니다.

(3) 날 수 있는 날개가 있고, 씨를 음식으로 먹는 새

"새 중에 너희가 가증히 여길 것은 이것이라 이것들이 가증한즉 먹지 말지니 곧 독수리와 솔개와 물수리와 말똥가리와 말똥가리 종류와 까마귀 종류와 타조와 타흐마스와 갈매기와 새매 종류와 올빼미와 가마우지와 부엉이와 흰 올빼미와 사다새와 너새와 황새와 백로 종류와 오디새와 박쥐니라"(레 11 : 13 - 19).

날 수 있는 날개가 있고, 씨를 음식으로 먹는 새가 정결합니다. 부정한 새들은 씨를 먹지 않고 고기와 사체를 먹습니다. 독수리, 매, 까마귀, 타조, 갈매기와 같은 새들을 말하는데 3가지로 나누어서 살펴볼 수 있습니다.

매와 독수리와 같은 '맹금류'는 먹지 말아야 합니다. 공격성을 가지고 있는 맹금류처럼 잔인하고, 야만스럽고, 피를 흘리고, 약탈하고, 쪼아 대고, 공격하는 사람들이 있습니다. 주변의 사람들이 계속 다치고, 피해를 입습니다. 험담과 파당 짓기를 좋아하고 모략을 잘 꾸며 죽이는 일을 즐기는 사람들입니다. 이런 사람들이 맹금류과입니다.

올빼미나 까마귀와 같은 '고독한 새'도 하나님께서는 부정하다고 하셨습니다. 하나님께서는 하나님의 백성들이 우울하게 살기를 원하지 않습니다.

뱀을 먹고 사는 황새나 벌레를 먹고 사는 새와 같이 '불결한 것을 먹고 사는 새'들도 부정하다고 했습니다. 하나님의 사람은 어두움이나 슬픈 정서 가운데 빠져 있으면 안 됩니다. 밝고, 맑고, 가볍고, 따뜻하게 살아야 합니다.

씨 곧 생명을 먹고사는 자를 가까이해야 합니다.

거룩은 먼 데 있지 않습니다. 일상성 안에, 교제하는 이웃들과의 관계성 속에서 거룩은 훈련됩니다.

(4) 날개가 있고 뛰는 다리가 있는 곤충

"다만 날개가 있고 네 발로 기어 다니는 모든 곤충 중에 그 발에 뛰는 다리가 있어서 땅에서 뛰는 것은 너희가 먹을지니 곧 그중에 메뚜기 종류와 베짱이 종류와 귀뚜라미 종류와 팥중이 종류는 너희가 먹으려니와"(레 11 : 21 - 22).

우리가 접촉하는 사람, 문화, 지적 정보들, 주변 상황들이 우리에게 영향을 줍니다. 어떤 드라마를 보느냐, 어떤 책을 읽느냐에 따라서 언어가 달라지고 표정이 달라집니다.

『 잠원동에서 '묻지마 살인'이 있었습니다. 뉴욕 대학교 3학년 중퇴생인 박씨가 '블레이 블루'라는 사람을 죽이는 게임을 계속하다가 현실과 가상공간을 혼동해서 새벽에 퇴근하는 김 씨를 아무런 이유도 없이 그냥 찔러 죽였습니다. 』

왜 곁에 가지도 말라고 하셨는지 이해가 됩니다. 드라마, 인터넷, 게임, 각종 세상 문화가 인간을 마비시키고, 폭력과 음란과 맘몬의 영이 영상매체를 타고 사람을 괴물로 만들어 갑니다. 이 퇴폐 문화를 따라가면 나도 모르는 사이에 그렇게 변질되어 갑니다. 나의 문화를 바꿔야 합니다. 생각, 취향, 기호가 성경으로, 예배로, 살리는 문화로 바뀌어야 합니다. 모이면 찬양하고 소감을 나누는 거룩의 문화를 만들어 가야 합니다. 이것이 본질적인 제사장의 삶입니다.

광야 40년 동안 이스라엘은 그 고난의 현장에서 예배 문화, 율법 문화를 익혔습니다. 애굽의 풍속도, 가나안의 문화도 버리고 성막 문화가 40년의 주된 관심사였습니다. 습관화되고, 인격화될 때까지 계속 훈련해야 합니다.

"너희는 너희가 거주하던 애굽 땅의 풍속을 따르지 말며 내가 너희를 인도할 가나안 땅의 풍속과 규례도 행하지 말고 너희는 내 법도를 따르며 내 규례를 지켜 그대로 행하라 나는 너희의 하나님 여호와이니라 너희는 내 규례와 법도를 지키라 사람이 이를 행하면 그로 말미암아 살리라 나는 여호와이니라"(레 18 : 3 - 5).

성도는 스스로를 구별시켜야 합니다. 그대로 따라가면, 분별하지 않으면, 나도 모르는 사이에 부정적, 원망적인 사람이 되어 하나님의 약속의 땅에 이르지 못하게 됩니다. 하나님께로 집중하고 그리스도로 공급받는 자가 세상을 이깁니다.

『"거룩한 삶의 고요한 아름다움은 성령의 권능 다음으로, 이 세상에서 가장 힘 있는 영향력을 발휘한다." - 파스칼 』

당신이 접하는 문화, 당신이 만나는 사람들, 당신이 속한 공동체는 거룩의 영향권에 속해 있습니까?

거룩은 영생의 속성입니다.

거룩을 잃어버리면 이 생명은 심각한 손상을 입게 됩니다.

늘 곤고함 가운데 있고, 좌절 가운데 있습니다. 무엇을 해도 만족함이 없습니다.

목이 마르십니까? 배가 고프십니까?

거룩을 사모하십시오. 거룩하기를 훈련하십시오.

우리 자신의 힘만으로는 거룩을 살 수 없습니다.

거룩은 순간적으로 이루어지지 않습니다.
거룩은 순간순간 우리 안에 계신 그리스도와의 관계 속에서 이루어집니다.
구별된 일상을 통하여 매일매일 하나님을 닮아 갑니다.
단순, 반복, 지속으로 몸에 익숙해질 때까지 훈련하십시오.

예수 믿는 사람들의 문화(Christian culture)가 있어야 합니다.
모이면 칭찬, 지지, 격려, 동기부여의 살리는 말을 하고
구별된 언어와 찬양, 성경공부, 간증으로 이야기의 꽃을 피워야 합니다.
부부의 갈등, 자녀의 문제, 진로, 광야를 지나는 일들이 모두 우리의 영적 전쟁입니다.
잘 싸워 우리의 영역을 지켜야 합니다.
가정을 사탄에게 내어 주지 마십시오.
스스로 인생에서 장애를 만났다고, 광야가 길다고 낙심하지 마십시오.
셀에서 서로의 마음을 나누고 힘을 북돋아 주며, 왕권을 가지고 살아갈 수 있도록 도와야 합니다.

광야의 훈련은 성막 중심이었습니다.
매일 성막을 바라보며 살았습니다.
언약궤를 따라 이동했습니다.
교회로 모이는 일이 즐겁고 행복해야 하며 그 속에서 힘을 공급받아야 합니다.
40년의 훈련의 시간이 필요했다고 출애굽의 역사는 말합니다.
광야에서 훈련을 제대로 마친 사람들에게는 여리고 정복이 어렵지 않았습니다.
백전백승의 승전가를 올려 드렸습니다.

훈련의 자리를 회피한다면 우리는 금세 옛 사람으로 돌아가 버립니다.
언어가, 문화가, 노래가, 대화가 거룩해지면
정신이 맑아지고 마음이 집중되어 더욱 주께로 가까이 가게 됩니다.

광야로 나왔을 때 뱀 옆에 가지도 말고, 사체 옆에 가지도 말고, 부정한 것들은 접촉도 금하셨습니다.
이방 문화와 종교의식을 따라가서도 안 된다고 명하셨습니다.
마음대로 사는 게 자유가 아닙니다.
"진리를 알지니 진리가 너희를 자유롭게 하리라"(요 8 : 32).
구별됨이 힘입니다.
거룩이 능력입니다.

"모든 지킬 만한 것 중에 더욱 마음을 지키게 하소서."

주님! 우리가 아무리 선한 일을 하고 깨끗하게 몸을 씻어도 근본적으로 죄인임을 고백합니다. 더러운 물이 담긴 컵에 깨끗한 물을 끊임없이 쏟아부을 때 그 물이 정화되듯이 날마다 말씀으로, 기도로 주님의 공급하심을 받고 정결한 삶을 살도록 도와주옵소서. 주님, 나의 매일의 일상이 주님께로 한걸음씩 가까이 다가가는 훈련하는 삶이게 하옵소서. 교회와 예배 가운데 있던 거룩이 가정으로, 직장으로, 일상으로 확산되어 가게 하옵소서. 아멘.

Memo

6아론은 자기를 위한 속죄제의 수송아지를 드리되 자기와 집안을 위하여 속죄하고 7또
그 두 염소를 가지고 회막 문 여호와 앞에 두고 8두 염소를 위하여 제비 뽑되 한 제비
는 여호와를 위하고 한 제비는 아사셀을 위하여 할지며 9아론은 여호와를 위하여 제비
뽑은 염소를 속죄제로 드리고 10아사셀을 위하여 제비 뽑은 염소는 산 채로 여호와 앞
에 두었다가 그것으로 속죄하고 아사셀을 위하여 광야로 보낼지니라

Chapter 7

속죄양, 아사셀 염소로 희생되신 우리 주님

레 16 : 6-10

십자가의 거룩한 교환은 회개할 때에, 예배할 때에 이루어집니다. 이를 통해 우리는 죄인으로 사는 것이 아니라 하나님의 자녀로 살게 됩니다. 우리는 예수님의 십자가 앞에 죄와 사망의 형벌을 가지고 왔지만 이제는 용서와 평안을 안고 돌아갑니다. 상처와 열등감을 가지고 왔지만 치유와 자존감을 안고 돌아갑니다. 죄책감을 가지고 왔지만 자유함을 가지고 돌아갑니다. 영벌을 가지고 왔지만 영생을 가지고 돌아갑니다. 가난을 가지고 왔지만 부요를 가지고 돌아갑니다. 수치와 부끄러움을 가지고 왔지만 영광스러움을 얻고 돌아갑니다. 버림받고 외면당해 왔는데 존귀한 하나님의 자녀로 인정받고 돌아갑니다. 죄가 가져다 준 모든 저주와 문제를 가지고 왔지만 예수님 안에 있는 모든 복을 다 받고 돌아갑니다.

이제 우리는 하나님의 기쁨, 하나님의 만족을 위하여 사는 번제물이 되었습니다. 그렇기 때문에 우리는 더 이상 나와 내 옷과 나의 집과 성소와 지성소까지 오염시키는 죄와 사망의 세력에 휘둘리지 않고, 본래의 창조 목적에 부합하게 살 수 있습니다. 그리스도께서 우리의 속죄제물이 되셔서 십자가에서 죽으심으로 죄의 근원인 사탄을 멸하셨습니다. 그래서 죄를 없애는 일은 오직 어린양 되시는 예수님의 피, 이 속죄의 능력으로만 가능합니다. 대속죄일을 통해 예수님이 우리의 구세주 되심을 확인하고, 죄와 사망을 능히 이길 힘을 얻을 수 있습니다.

대속죄일, 피의 복음, 대속의 복음

우리는 가공할 만한 파괴력을 가지고 있는 원자폭탄이나 수소폭탄을 두려워합니다. 실제로 2차 세계대전 때에 일본 히로시마에 원자폭탄이 떨어졌을 때, 그 위력을 확인했습니다. 당시 히로시마의 인구가 34만 명이었는데, 약 20만 명이 죽었습니다. 도시에 200명의 의사가 있었다는데 의사 90%가 죽었고, 간호사가 1,780명이었다는데 1,654명이 죽었습니다. 원자폭탄이 떨어진 곳에서 약 250m 떨어진 곳에 있던 사람이 물처럼 다 녹아 버렸습니다. 얼마나 무서운 위력입니까?

그런데 그 원자폭탄보다 더 강한 파괴력을 가지고 있는 것이 자연의 재해입니다. 쓰나미가 덮쳐서 수십만 명이 죽었습니다. 지진이 나거나 화산이 폭발해서 한 도시를 삼켜 버리고, 거대한 태풍이 휩쓸고, 산불이 나서 한 도시를 다 태워 버려도 현대 과학으로 어떻게 해결할 방법이 없습니다. 자연의 재해 앞에서는 속수무책입니다.

그러나 그것보다 더 센 힘이 있습니다. 바로 죄와 사망의 파괴력입니다. 모든 절망, 모든 눈물, 모든 고통의 출발이 죄임을 알고 계십니까? 죄에게는 모든 인류를 망하게 하는 힘이 있습니다. 또한 하나님과 원수되게 하고, 하나님의 은총을 받지 못하도록 만들어 버립니다. 죄로 인해 에덴동산에서 쫓겨났고, 축복으로 주셨던 출산에는 해산의 고통이 더해졌고, 사랑하자고 만난 부부가 화목하고 살기보다는 서로 핑계하고 공격하며, 저주하는 부부가 되어 버립니다. 애지중지해서 키웠던 자식들이 부모를 향해서 배신의 칼을 들이밀고, 나이가 들수록 몸은 노쇠하고, 병이 들고, 미래에 대해서 불안하고 낙담이 되는, 그런 저주와 심판이 있는 세상을 우리가 살아가고 있습니다. 죄는 이렇게 무서운 파괴력을 가지고 있습니다.

그러나 우리가 희망을 붙잡을 수 있는 이유는 예수님의 십자가의 보혈이 있기 때문입니다. 십자가의 보혈은 죄와 사망을 이길 힘을 가지고 있습니다. 죄가 가져온 모든 폐해들을 다 회복시키고, 재생하고, 잃어버린 권리를 복권할 수 있는 힘이 십자가에 숨겨져 있습니다. 우리 주님이 오셔서 십자가에서 내 죄의 문제를, 내가 받아야 할 심판과 저주를 대신 받아 주셨습니다. 그래서 우리는 죄와 심판으로부터 자유로워졌습니다. 그때부터 우리의 삶은 희망을 붙잡게 되고 새로운 역사를 기대할 수 있게 되었습니다.

『 1. 슬픔 걱정 가득 차고 내 맘 괴로워도

2. 너의 근심 모든 염려 주께 맡기어라

3. 너의 눈물 상한 심령 주가 돌보신다

후렴. 갈보리 십자가 위에서 죄 짐이 풀렸네 놀라운 사랑의 갈보리 갈보리 갈보리 놀라운 사랑의 갈보리 영원한 갈보리 – "영원한 갈보리" 』

크리소스톰(St. John Chrysostom)은 십자가의 고통을 이렇게 표현하였습니다.

『 "주님은 머리끝에서부터 발끝까지 온몸으로 고통을 받으셨습니다. 왜냐하면 우리들의 온몸에 숨어 있는 죄를 샅샅이 씻기 위하여 우리 대신 그리스도는 온몸 구석구석으로 고통을 받으셨습니다." 』

(1) 개인적인 속죄제사

속죄제사를 드리는 과정을 살펴보면, 먼저 죄를 범한 사람이 제물을 끌고 온 후 반느시 속죄제물의 머리에 손을 얹어 '안수'를 합니다. 안수를 하는 것은 죄를 범한 사람이 자신의 죄를 제물에게 넘긴다는 의미입니다. 물론 죄가 전가되는 것은 눈에 보이지 않습니다. 그렇다면 죄가 넘어간 것을 어떻게 확인할 수 있습니까? 하나님의 말씀을 믿음으로 넘어간 사실을 알 수 있습니다. 하지만 확인할 수 있든, 없든 관계없이 안수할 때 죄가 전가된다는 사실을 율법이 말하고 있기 때문에 믿고 행합니다.

안수를 마치면 제사장은 이제 죄가 전가된 짐승을 잡아 피를 받아서 번제단 뿔에 바르고 남은 피를 단 밑에 쏟습니다. 그리고 기름과 고기와 뼈를 번제단에서 모두 불태웁니다. 그렇게 해서 죄를 범한 사람이 자기 죄가 양에게 넘어가 모두 불태워질 때 하나님 앞에서 동일시되어 심판은 양이 받고, 죄를 범했던 사람은 죄 사함을 받게 됩니다. 이 속죄양은 갈보리 십자가 위에서 희생제물이 되신 예수님의 예표입니다. 내가 저질렀던 죄, 현재의 죄, 미래의 죄, 우리 조상으로부터 누적되어 내려왔던 모든 심판들을 대신 짊어지시고 속죄양으로 희생당하셨습니다.

"율법을 따라 거의 모든 물건이 피로써 정결하게 되나니 피 흘림이 없은즉 사함이 없느니라"(히 9 : 22).

(2) 이스라엘 자손 전체를 위한 대속죄일 제사

하나님은 이스라엘 민족이 1년에 한 번씩 이스라엘 전체의 죄를 씻는 속죄제사를 올리게 했습니다. 다른 절기들은 다 잔치 분위기입니다. 그러나 대속죄일은 백성들이 죄를 회개하며 슬퍼하는 날이요, 속죄받는 날입니다. 금식하며 자신들의 죄를 자복하고 슬퍼하는 날입니다.

"이는 너희가 영원히 지킬 규례라 이스라엘 자손의 모든 죄를 위하여 일 년에 한 번 속죄할 것이니라"(레 16 : 34).

매년 7월 10일이 되면, 온 이스라엘이 성막에 나아와 1년분 죄를 씻기 위한 제사를 드리는데, 이때는 제사장이 온 이스라엘을 대표하여 제물의 머리에 안수를 합니다. 그러면 이스라엘 민족의 죄가 전부 제물에게로 넘어갑니다. 염소 두 마리를 가져와서 한 마리는 속죄제물로 드리고, 다른 한 마리는 광야로 보내는데, 이 염소는 이스라엘 민족의 죄를 짊어진 아사셀 염소가 되어 벼랑 밑으로 떨어뜨려 죽이거나 들짐승에게 찢겨 죽임을 당하게 합니다. 제사장은 단 위에 불사른 염소의 피를 가지고 성막 안의 지성소에 들어가 속죄소, 시은좌에 일곱 번 뿌립니다. 그렇게 하면 1년 동안 이스라엘 민족 전체가 그 속죄의 은총을 입습니다.

우리가 '대속죄일'이라고 부르는 날은 하나님께서 이스라엘 사람들이 지은 죄를 씻어 정결하게 만드는 날이고, 죄로 인해 하나님과 불화했던 사이를 다시 화목하게 만드는 날이었습니다. 하나님은 이스라엘 백성들이 지은 죗값을 대신 지불하기 위해서 소와 양, 그리고 염소 등의 가축을 죽여서 그 피를 제단에 드리라 하셨습니다. 그러나 짐승의 피가 인간의 죗값을 지불하는 데는 한계가 있었습니다.

짐승의 피는 이스라엘 백성들의 1년 동안 지은 죄만을 용서할 수 있었습니다. 그러므로 이스라엘 백성들은 매년 같은 제사를 반복해서 드려야 반 했습니다. 그러나 그리스도의 피는 단번에 모든 인류의 죗값을 모두 지불했습니다. 그러므로 예수 그리스도를 믿으면 죄와 심판의 문제로부터 온전히 자유합니다. 예수 그리스도의 피는 인류를 향한 하나님의 공의의 심판을 영원히 해결했습니다. 예수 그리스도의 피를 믿는 사람들은 영원히 하나님과 화목할 수 있으며, 하나님의 자녀가 되고, 하나님의 사랑을 받을 수 있습니다.

십자가가 내게 주는 혜택은 무엇입니까?

지성소에 들어갈 때 조심하라

"이르시되 너희가 너희 하나님 나 여호와의 말을 들어 순종하고 내가 보기에 의를 행하며 내 계명에 귀를 기울이며 내 모든 규례를 지키면 내가 애굽 사람에게 내린 모든 질병 중 하나도 너희에게 내리지 아니하리니 나는 너희를 치료하는 여호와임이라"(출 15 : 26).

하나님은 너희가 내 말을 잘 듣고 순종하고 규례를 지키면 너희에게 질병을 내리지 않겠다고 말씀합니다. 내가 지금 겪고 있는 여러 어려움들, 풀리지 않는 곤란한 문제들이 혹시 하나님의 원칙을 지키지 않고 내 멋대로 신앙생활을 하기 때문에 오는 광야의 요소들은 아닌지 살펴보십시오. 아론의 두 아들이 하나님이 지정하지 않은 불로 향을 태웠을 때에 불이 내려와 그들을 태워 죽였지만(레 10 : 1－2), 하나님께서 정해진 절차와 규정을 따를 때에는 죄를 덮어 주십니다. 특히 대속죄일은 최종적으로 속죄와 구원이 완성되는 날이기 때문에 더욱 더 철저하게 하나님의 규례와 절차를 따라야 합니다.

그렇다면 대속죄일에 지켜야 할 규례는 무엇입니까? 모세시대의 성막은 뜰과 성소, 그리고 지성소로 구분되어 있었습니다. 성막의 뜰에는 번제단과 손발을 씻는 큰 물두멍이 있었으며, 성소 안에는 떡상과 금등잔대, 그리고 분향을 드리는 분향단이 있었습니다. 그리고 지성소 안에는 하나님의 임재와 영광을 드러내는 그룹들을 조각해 놓은 속죄소와 언약궤가 있었습니다. 이 지성소는 지극히 거룩한 곳이었기 때문에 아무나 함부로 들어가지 못했습니다.

"아론의 두 아들이 여호와 앞에 나아가다가 죽은 후에 여호와께서 모세에게 말씀하시니라 여호와께서 모세에게 이르시되 네 형 아론에게 이르라 성소의 휘장 안 법궤 위 속죄소 앞에 아무 때나 들어오지 말라 그리하여 죽지 않도록 하라 이는 내가 구름 가운데에서 속죄소 위에 나타남이니라"(레 16 : 1－2).

대제사장도 1년에 단 하루만(대속죄일) 지성소에 출입할 수 있었습니다. 이날에 대제사장은 정해진 절차와 규정된 예복을 갖추어야 지성소에 들어갈 수 있었습니다. 마찬가지로 우리도 하나님 앞에 나아갈 때는 조심해야 합니다. 하나님께 나오는 것은 그 어느 누구도 막을 수 없고, 누구든지 올 수 있도록 열려 있습니다. 그러나 일단 하나님 앞에 왔을 때는 하나님께서 정하신 원칙을 따라 그 앞에 서야 합니다. 지성소에 들어가는 일을 조심하라는 것은 하나님께서 정하신 원칙을 잘 지키라는 말입니다. 내 멋대로가 아닌 하나님의 뜻, 하나님의 원칙대로 행하라는 말입니다.

하나님께서 정하신 원칙과 질서를 알기 위하여 공부하고 있습니까?

속죄제와 번제를 드려라

동편에 해가 떠오르면 대속죄일의 행사가 시작되었습니다. 이날 대제사장은 다음과 같은 순서로 대속죄일을 준비했습니다.

(1) 물로 자신의 몸을 씻었습니다

아론은 성소에 들어가기 전에 먼저 자신과 자신의 가족을 위해 속죄할 수송아지와 번제로 드릴 숫양을 준비했습니다. 제물을 준비한 후에 대제사장은 몸을 물로 씻어 깨끗하게 했습니다. 물로 씻는 것은 세례를 상징합니다. 자기를 내려놓고, 자기를 부인하는 작업입니다. 나를 포기하고, 나를 거절하면서 하나님을 예배하고, 사람을 존대하는 자세로 섬겼는지를 점검합니다.

(2) 거룩한 옷을 입었습니다

대제사장은 먼저 세마포로 된 속옷을 입고, 그 위에 속바지를 입었으며, 그 위에 세마포로 된 띠를 띠고, 세마포로 된 관을 썼습니다(레 16 : 4). 이 모든 옷은 하얀 세마포로 된 옷이었습니다. 대제사장은 자신과 이스라엘 모든 백성의 죄를 속하는 행사를 모두 마칠 때까지 이러한 흰 세마포 옷을 입고 속죄 행사를 진행해야 했습니다. 이것은 그리스도가 나를 통해 증거될 수 있도록 먼저 자기 자신을 정결하게 한 다음 그리스도를 자신의 의와 거룩함으로 옷 입어야 함을 의미합니다. 세례를 받은 자는 그리스도로 옷 입었다고 말했습니다(갈 3 : 27). 세례받은 종들은 하나님 앞에 나아갈 때, 그리스도로 옷을 입고 나아가야 합니다. 나를 가리기 위해서 의도적으로 복음의 옷을 입어야 합니다.

그러나 우리는 생활하면서 그리스도의 옷으로 나의 수치를 가리지 않고 나의 모습들을 노출시킬 때가 많습니다. 욕심, 분노, 상처, 남에 대한 시기와 질투를 쉽게 드러냅니다. 자기주장, 자랑, 자기 견해를 여과 없이 그대로 표출합니다. 하나님께서는 그런 자아의 모습을 감추고 거룩한 옷을 입으라고 말씀하십니다. 사랑과 희락과 화평과 오래 참음과 자비와 양선과 충성과 온유와 절제의 모습이 우리에게서 나타나야 할 모습들입니다. 이것은 위선이 아니라 훈련입니다. 훈련은 목표를 정해 놓고 겉모습부터 갖춥니다. 콩이 먼저 만들어지는 것이 아니라 콩깍지가 먼저 만들어지고, 그 콩깍지 안에 콩알이 점점 자라 결국은 콩깍지는 버리고 콩알만 취합니다. 우리의 옛 사람이나 율법은 콩깍지라 말할 수 있습니다. 은혜를 받고, 성령을 체험했다고 바로 바뀌는 것은 아닙니다. 콩알이신 그리스도가 새로운 내면의 생명으로 자라기까지 나의 육신의 모든 자원들, 율법적인 태도까지도 콩깍지 역할을 합니다. 속사람은 점점 성장하고, 겉사람은 쇠퇴하여 이윽고 콩깍지는 버리고 내 안의 그리스도의 생명만 취하게 됩니다. 우리는 이러한 과정을 칭의, 성화, 영화의 과정으로 이해합니다. 그날에는 우리가 그와 같아질 것입니다.

"사랑하는 자들아 우리가 지금은 하나님의 자녀라 장래에 어떻게 될지는 아직 나타나지 아니하였으나 그가 나타나시면 우리가 그와 같을 줄을 아는 것은 그의 참모습 그대로 볼 것이기 때문이니 주를 향하여 이 소망을 가진 자마다 그의 깨끗하심과 같이 자기를 깨끗하게 하느니라" (요일 3 : 2-3).

(3) 속죄제와 번제의 제물을 준비했습니다

대제사장은 먼저 번제단의 동편에 서서 자신을 위해 드려질 속죄제물인 수송아지의 머리 위에 안수하고, 다음과 같이 자신과 자기 가족의 죄를 고백했습니다.

"오! 주님! 나는 주님 앞에 죄를 지었습니다. 부정하였습니다. 나와 우리 가정 식구들이 지은 죄를 사하여 주옵소서! 비옵기는 모든 죄와 허물과 부정을 사하여 주옵소서! 모세를 통해 말씀하시기를 이날에 너희를 위하여 속죄하여 너희로 정결하게 하리니, 너희의 모든 죄에서 너희가 여호와 앞에 정결하리라고 하셨나이다."

속죄제는 내가 죄인임을 시인하는 제사입니다. 사람은 태어나자마자 죄인입니다. 그러므로 우리는 출생 때부터 죄에 오염된 사람이며 근본이 타락했음을 인정해야 합니다. 은혜 아니고는 절대로 하나님 앞에 나아갈 수 없다는 피의 복음을 가져야 합니다. 속죄제사가 끝나면 대제사장은 자신과 이스라엘 백성을 위해 하나님께 번제를 드렸습니다. 번제는 하나님께 자기를 헌신하는 제사입니다. 번제는 헌신의 제사였습니다. 이제는 나를 위하여 살지 않고 하나님의 기쁨, 하나님의 만족을 위하여 사는 번제의 생애이며, 번제물의 삶을 살겠노라는 다짐이었습니다. 지성소에 들어갈 대제사장은 먼저 자신을 부인하고 그리스도로 옷 입어야 했습니다. 속죄제와 번제를 드림으로 하나님의 은혜로 살아가는 존재이며, 자신을 온전히 드림으로 하나님을 위하여 헌신된 존재임을 고백하고 대속죄일의 사역을 시작했습니다.

내가 매일 행할 때 입고 있는 옷은 그리스도입니까, 나의 본능입니까?

여호와를 위하여, 아사셀을 위하여

대제사장은 백성들의 속죄를 위해 준비한 두 마리의 염소를 번제단 북편에서 제비를 뽑았습니다. 제비를 뽑을 때에 한 마리는 '여호와를 위하여'라고 쓰인 제비를 뽑고, 또 다른 한 마리는 '아사셀을 위하여'라고 쓰인 제비를 뽑습니다. '여호와를 위하여'라고 쓴 제비에 뽑힌 염소는 붉은 줄을 그 목에 매어 표시했습니다. 이 염소는 백성들의 속죄를 위해 하나님께 드려질 속죄제물이었습니다. 그리고 '아사셀을 위하여'라고 쓴 제비에 뽑힌 염소는 붉은 줄을 그 염소의 두 뿔에 매어서 표시했습니다. 이스라엘 백성들이 먼저 죄를 고백하고, 대제사장이 대표로 그에게 안수하면, 백성들의 죄를 지고 광야로 가서 죽임을 당할 염소였습니다. 이 두 마리의 염소들은 모두 이스라엘 백성들의 1년 분의 지은 모든 죄들을 씻기 위해서 대신 희생을 당할 속죄제물이었습니다.

번제단에 태워 하나님께 드려진 염소와 광야로 보내진 염소는 모두 예수 그리스도를 상징하고 있습니다. 한 마리는 번제단에서, 그리고 한 마리는 광야로 보내어져 희생되었습니다. 두 마리의 염소는 아무 죄도 없었지만 이스라엘 백성들의 죄 때문에 죽어야만 했습니다. 이와 같이 예수 그리스도께서도 인류의 죄를 씻기 위해서 예루살렘 성문 밖으로 나가, 골고다 언덕에서 십자가에 못 박혀 죽어야만 했습니다.

그러므로 우리는 대속죄일에 이스라엘 백성들의 죄를 위해 죽임을 당한 두 마리의 염소를 통해서 왜 예수 그리스도께서 고난을 받고 십자가에 달려 돌아가셔야만 했는지를 발견할 수 있습니다. 예수께서 십자가에 달리신 것은 하나님의 공의를 충족시키기 위해서 하나님 앞에 피를 흘리는 제물이 되시기 위함이었으며, 또 우리를 죄의 고통에서 건져 내시기 위함이었습니다.

신학자 하인리히 포겔(Heinrich Vogel)은 십자가에 대해 이렇게 설명했습니다.

『"어떤 사람이 이 세상에서 가장 희망이 없는 자리가 어디인가?라고 물을 수 있습니다. 그러면 그는 불치의 병을 앓고 있는 병자들만 있는 병동, 아우슈비츠와 같은 집단 수용소, 죽음의 가스실, 죽음을 기다리고 서 있는 감옥의 행렬, 평생 희망을 잃어버리고 사는 히로시마의 희생자들, 혹은 가장 고통스럽고 절망스러운 다른 자리를 생각할 수 있을 것입니다. 그러나 세상에서 가장 깊은 절망의 자리는 하나님을 그토록 전적으로 신뢰했던 한 사람이 하나님으로부터 버림을 받아 십자가에 달려 있는 그곳입니다."』

예수께서 얼마나 힘드셨으면 "엘리 엘리 라마 사박다니", "나의 하나님, 나의 하나님, 어찌하여 나를 버리십니까?"라고 외치셨겠습니까?

안이숙 사모의 「죽으면 죽으리라」라는 책에 보면 이런 간증이 나옵니다. 그분은 자신이 투철한 신앙의 열정과 헌신이 있었기에 감옥에 가고 매를 맞아도 하나님이 도우셔서 아프지 않을 걸로 기대를 했다고 합니다. 그런데 너무 아픈 겁니다. 추위를 견디기가 너무 힘들고, 그 외로움과 두려움에 울어야 하고, 그 절망과 아픔을 견딜 수가 없을 정도였다고 고백합니다.

예수님은 신이셨기에 십자가의 고통을 전혀 느끼지 않으셨을까요? 전혀 그렇지 않습니다. 인간의 몸으로 그 아픔을 고스란히 담당하셨습니다. 예수님은 온몸으로 그 심판의 고통을 다 감당하셨습니다. 주님이 그렇게 철저하게 형벌을 치르시고 대가를 지불하셨기에 우리가 그 심판으로부터 자유로울 수 있게 되었습니다.

"그가 채찍에 맞으므로 우리는 나음을 받았도다"(사 53 : 5).

이 혜택, 이 은총을 힘입기 위해서는 우리가 내 죄를 그리스도께 이양시키는 고백, 회개가 전제되어야 합니다.

죄와 사망으로부터 건져 주신 우리 주님의 십자가의 은총을 감사하는 마음이 있습니까?
그 마음을 어떻게 표현하고 응답합니까?

아사셀 염소를 광야로 내보내라

"아론은 그의 두 손으로 살아 있는 염소의 머리에 안수하여 이스라엘 자손의 모든 불의와 그 범한 모든 죄를 아뢰고 그 죄를 염소의 머리에 두어 미리 정한 사람에게 맡겨 광야로 보낼지니 염소가 그들의 모든 불의를 지고 접근하기 어려운 땅에 이르거든 그는 그 염소를 광야에 놓을지니라"(레 16 : 21 - 22).

대제사장은 '아사셀을 위해 제비 뽑은 염소'에게로 가서 두 손을 그 염소의 머리에 안수하고 다음과 같이 고백하였습니다. "오! 주님, 하나님의 백성인 이스라엘이 하나님 앞에 큰 죄를 범하였나이다. 오! 주님, 주님 앞에 용서를 비오니, 백성들의 모든 죄와 허물을 용서해 주옵소서!" 고백을 하면서 대제사장은 이스라엘 백성들이 1년분의 모든 죄를 '아사셀을 위한 염소'의 머리에 안수함으로 전가시켰습니다. 그 후에 그 염소는 이제 이스라엘 백성의 죄를 지고 광야로 보내어져 죽었습니다.

이 아사셀 염소는 미리 정한 사람에게 맡겨서 광야로 보냈습니다. 염소를 데리고 간 사람이 마침내 목적지에 도착하게 되면, 그 사람은 염소의 뿔에 매어 있던 진홍색 끈을 풀어서 반은 바위에 묶고, 반은 염소의 뿔에 매었습니다. 그리고 그 염소를 절벽에서 떨어뜨려서 죽였습니다. 염소가 절벽에 떨어져서 죽게 되면 염소를 데리고 간 사람은 염소가 죽은 소식을 적당한 거리에 떨어져 있는 사람들에게 신호를 통해서 전했습니다. 그러면 그 신호는 또 다시 다음 장소로 전달되었습니다. 그리고 마침내 이 신호는 예루살렘 성전에서 염소가 죽은 소식을 기다리고 있던 이스라엘 백성들에게까지 전달되었습니다. 염소가 죽은 소식이 이스라엘 백성들에게 전해지면 그들은 하나님께서 자신들의 죄를 처리하시고 용서해 주신 것에 대해서 감사를 드렸습니다. 이것은 다음과 같은 이사야의 예언이 성취된 내용입니다.

"너희의 죄가 주홍 같을지라도 눈과 같이 희어질 것이요 진홍같이 붉을지라도 양털같이 희게 되리라"(사 1 : 18).

광야로 끌려가서 희생당한 '아사셀 염소'도 우리 죄를 담당하기 위해서 처참하게 버림받으신 예수 그리스도를 상징하고 있습니다.

"자녀들은 혈과 육에 속하였으매 그도 또한 같은 모양으로 혈과 육을 함께 지니심은 죽음을 통하여 죽음의 세력을 잡은 자 곧 마귀를 멸하시며"(히 2 : 14).

"이는 죄를 위한 짐승의 피는 대제사장이 가지고 성소에 들어가고 그 육체는 영문 밖에서 불사름이라 그러므로 예수도 자기 피로써 백성을 거룩하게 하려고 성문 밖에서 고난을 받으셨느니라"(히 13 : 11 - 12).

그리스도께서도 하나님을 떠나 방황하는 인류의 죄를 위해서 친히 아사셀 염소가 되셔서 인류의 죄를 지시고 성문 밖에서 십자가에 매달려 돌아가셨습니다. 예수 그리스도는 세례 요한의 말대로 '세상 죄를 지고 가는 하나님의 어린 양'이셨습니다(요 1 : 29). 짐승의 피의 유효기간은 일 년이기에 두 마리 염소의 죽음으로 이스라엘 백성 전체가 지은 일 년 동안의 원죄와 자범죄가 사함을 받습니다.

과거의 상처와 죄로부터, 습관으로부터 자유하십니까?

나는 어떻게 회개기도를 합니까?

죄사함에 대한 기쁨과 감격이 있습니까?

향기로운 향을 올려 드리라

대제사장은 번제단에 피운 불을 향로에 담고, 곱게 간 향을 국자처럼 생긴 그릇에 담아 지성소로 가지고 들어갑니다. 지성소에 들어가서 지성소 안이 향연으로 가득 차도록 했습니다.

"향로를 가져다가 여호와 앞 제단 위에서 피운 불을 그것에 채우고 또 곱게 간 향기로운 향을 두 손에 채워 가지고 휘장 안에 들어가서 여호와 앞에서 분향하여 향연으로 증거궤 위 속죄소를 가리게 할지니 그리하면 그가 죽지 아니할 것이며"(레 16 : 12 - 13).

지성소 안에 들어갈 때 반드시 하나님께서 원하시는 향을 갖고 들어가야 합니다. 예수께서 하나님의 마음을 흡족하게 하는 향기셨듯이 우리도 하나님의 마음을 만족하게 하는 향기가 되어야 합니다. 향연은 나를 위한 것이 아니고 하나님의 만족을 위함입니다. 나를 만족시키기 위한 찬양, 나를 위한 기도, 나를 위한 예배가 아닙니다. 하나님을 만족시키기 위한 찬양, 하나님을 위한 기도, 하나님을 향한 예배를 올려 드려야 합니다.

번제단에서의 은총, 사죄는 나를 위한 것입니다. 나를 향한 저주, 내가 저질렀던 모든 실수와 아픔들을 하나님 앞에 탕감받도록 도움을 요청하는 것이 번제단에서의 섬김입니다. 그러나 지성소를 향한 향단에서의 예배는 내게 역사하신 내 주님이 너무 좋아서 그분 앞에 감사를 올려 드리는 찬양입니다. 아들로, 장자로 부르시고 복을 주셔서 나로 이 땅에서 하나님의 영광을 위해 살 수 있도록 도우셨다는 사실을 감사하는 예배입니다. 이렇게 아버지 마음을 위해서, 하나님께서 정한 방법으로 분향하는 것이 합당한 섬김입니다.

예배할 때, 찬양할 때, 기도할 때 나는 하나님께 어떤 향을 올려 드립니까?

속죄소를 정결하게 하라

지성소를 연기로 가득 채운 후에 대제사장은 뒷걸음질을 쳐서 성소를 나와서 제단으로 갑니다. 그리고 그곳에서 자신과 가족을 위해 준비한 수송아지의 피를 가지고 다시 성소 안으로 들어갑니다. 손가락에 그 피를 묻혀서 그 피를 속죄소의 동쪽에 위로 한 번 뿌렸으며, 속죄소 앞쪽으로 7번 피를 뿌립니다(레 16 : 14－19). 이것은 1년 동안 대제사장의 죄로 인해 부정해진 지성소를 성결하게 하기 위한 것이었습니다. 지성소와 성소를 정결하게 한 후에는 번제단이 있는 곳으로 나갑니다. 그리고 그곳에서 대제사장을 위한 속죄제물로 드려진 수송아지와 백성들을 위해 드려진 숫염소의 피를 함께 섞습니다. 그 피를 들고 성소에 들어가서 위에서 아래쪽으로 분향단에 피를 바르고, 아래에서 위로 번제단의 네 귀퉁이에 있는 뿔들에도 피를 바릅니다. 손가락에 그 피를 묻혀서 그 피를 번제단 위에 일곱 번 뿌립니다. 이러한 절차는 1년 동안 이스라엘 자손의 죄로 인해 부정해진 번제단을 성결하게 하기 위한 것입니다.

하나님의 임재 앞에 있는 성소와 지성소의 모든 성물들이 자동으로 거룩해진 줄 알았지만 그것이 아니었습니다. 번제단도 피를 바르고, 향단도 피를 바르고, 지성소, 속죄소도 피를 뿌려야 합니다. 이는 인간의 죄로 쉽게 오염되기 때문에 하나님의 성전 안에 있는 거룩한 성물들이라 하더라도 피를 발라 정결하게 하고 속죄해야 한다는 말입니다.

목사님 한 분이 함께 성경공부를 하던 중 자신이 정말 충격을 받았던 간증을 나눈 적이 있습니다. 그분은 1.4후퇴 때 북에서 교인들은 다 내려보내고, 마지막까지 교회를 지켰다고 합니다. 그때 자신의 상식으로는 포탄이 날아와도 하나님의 집이니까 교회는 무사할 줄 알았다고 합니다. 그래서 담대하게 교회 예배당 한가운데 앉아 기도하고 있었습니다. 그러던 중 포탄이 날아와 교회 가운데를 뻥 뚫어 버리더랍니다. 얼른 도망쳐 나오면서 깨달음을 얻었다고 합니다. "아하! 건물이 아니구나. 공간의 문제가 아니구나!" 그때 이후로 그분은 교회의 건물에 좌우되지 않고 참된 성전을 위해 살게 되었다고 고백하셨습니다. 이스라엘 백성들도 그랬습니다. 그 성전 자체가 거룩한 줄 알았습니다. 그런데 하나님께서는 이스라엘 백성들이 죄를 지음으로 하나님과의 관계가 끊어져 버리니까 그 성전을 적들이 짓밟고, 허물도록 내버려 두셨습니다.

신앙생활에서 가장 중요한 것은 하나님과의 관계입니다. 내가 주님의 마음을 만지고, 주님이 나의 기도와 찬양을 들으시고, 주님이 말씀하실 때 "예, 순종하겠습니다!"라고 응답하는 자세가 인격적인 관계입니다.

이 관계가 틀어져 버리면 제사를 드려도 의미가 없습니다. 내가 이미 주님을 거절했기 때문입니다.

"염소와 송아지의 피로 하지 아니하고 오직 자기의 피로 영원한 속죄를 이루사 단번에 성소에 들어가셨느니라 염소와 황소의 피와 및 암송아지의 재를 부정한 자에게 뿌려 그 육체를 정결하게 하여 거룩하게 하거든 하물며 영원하신 성령으로 말미암아 흠 없는 자기를 하나님께 드린 그리스도의 피가 어찌 너희 양심을 죽은 행실에서 깨끗하게 하고 살아 계신 하나님을 섬기게 하지 못하겠느냐"(히 9 : 12 - 14).

정결하게 하는 일은 예수의 피가 아니고서는 불가능합니다. 오직 어린 양 되신 예수님의 피에만 속죄의 능력이 있습니다.

종교개혁자 마르틴 루터가 갈라디아서 강해에서 이렇게 말했습니다.

『"십자가에서 인간의 죄와 하나님의 의가 교환되었습니다. 예수께서 십자가로 우리와 즐거운 교환(Fröhlicher Wechsel)을 하시므로 예수님께서는 우리의 죄된 인격을 자신에게 입히시고 자신의 무죄하고 승리하신 품격을 우리에게 주셨습니다. 이것을 입고 단장한 우리는 율법의 저주에서 해방되었습니다."』

즐거운 교환, 십자가에서 하나님의 위대한 맞교환이 이루어졌습니다. 내 허물과 죄는 십자가로 가져가시고, 그 십자가에 보장된 하나님의 모든 축복들은 내게 주셨습니다. 이 십자가에서의 맞바꿈을 '신적 교환'(Divine Exchange)이라고 부릅니다.

『"예수님이 대신 징벌을 받으심으로 다 같이 우리가 용서받고, 예수님이 대신 채찍에 맞음으로 다 같이 우리가 낫게 되고, 예수님이 대신 십자가를 지심으로 우리가 의롭게 되고, 예수님이 대신 죽으심으로 우리가 생명을 얻게 되고, 예수님이 대신 가난하게 되심으로 우리가 부요하게 되고, 예수님이 대신 수치를 당하심으로 우리가 영광에 이르게 되고, 예수님이 대신 거절당하심으로 우리가 하나님의 자녀로 영접되고, 예수님이 대신 저주를 받으심으로 우리가 축복을 받게 되었습니다."

– 데릭 프린스, 「축복이냐 저주냐 당신이 선택하라」』

십자가의 거룩한 교환은 회개할 때에, 예배할 때에 이루어집니다. 이를 통해 우리는 죄인으로 사는 것이 아니라 하나님의 자녀로 살게 됩니다. 우리는 예수님의 십자가 앞에 죄와 사망의 형벌을 가지고 왔지만 이제는 용서와 평안을 안고 돌아갑니다. 상처와 열등감을 가지고 왔지만 치유와 자존감을 안고 돌아갑니다. 죄책감을 가지고 왔지만 자유함을 가지고 돌아갑니다. 영벌을 가지고 왔지만 영생을 가지고 돌아갑니다. 가난을 가지고 왔지만 부요를 가지고 돌아갑니다. 수치와 부끄러움을 가지고 왔지만 영광스러움을 얻고 돌아갑니다. 버림받고 외면당해 왔는데 존귀한 하나님의 자녀로 인정받고 돌아갑니다. 죄가 가져다 준 모든 저주와 문제를 가지고 왔지만 예수님 안에 있는 모든 복을 다 받고 돌아갑니다. "할렐루야!"

십자가의 신적 교환의 엄청난 혜택을 누리고 삽니까?

복음을 알고 나서 나는 어떤 변화를 경험했습니까?

정말 사랑하는 사람에게 자랑하면서 초청할 만한 간증들이 있습니까?

영원히 이 규례를 지키고 안식하라

"이는 너희에게 안식일 중의 안식일인즉 너희는 스스로 괴롭게 할지니 영원히 지킬 규례라"(레 16 : 31).

대속죄일은 큰 안식일입니다. 안식일은 신약에서는 은혜의 개념입니다. 내가 수고하고, 대가를 지불하고, 내가 노력을 해서 의에 도달한 것이 아니라, 우리 주님이 십자가 위에서 이루신 모든 일들을 다 그대로 내가 갖다 쓰는 것이기에 은혜입니다. 그래서 하나님께서는 안식하라고 말씀하셨고, "이날 일하는 자는 끊어지리라."라고 하셨습니다. 그들은 하나님의 도우심 없이도 살 수 있다고 독립선언을 한 사람입니다. 자기 힘으로 의를 이루고, 자기 공로로 뭔가 거룩해질 것이라고 착각하는 사람들입니다.

안식일은 단순히 아무런 일도 하지 않고 그저 누워서 휴식을 취하는 날이 아닙니다. 하나님께서 창조 6일 동안 준비하신 것들을 누리는 날입니다. 그 안식 안에는 우리의 생존과 거룩을 위한 모든 공급이 다 준비되어 있습니다.

신약의 안식은 우리 주님이 십자가, 부활, 승천을 통하여 이루신 모든 복음의 혜택을 믿고 받아들이는 작업입니다. 죄 사함도, 거듭남도, 존귀하게 되는 축복도 모두 우리 주님 안에 있습니다.

그리스도로 공급받는 개념이 주일입니다. 하나님께서 준비하신 의, 공급하시는 은혜를 우리가 충분히 누리는 것이 안식입니다. 안식일을 누림으로 성령의 에너지를 받고, 그 에너지로 사역해야 합니다. 이미 주님께서 대속죄일의 큰 제물이 되셨습니다. 그리고 큰 안식일을 우리에게 준비해 놓았습니다. 이 대속죄일을 통해 주님이 주신 은혜를 누리고 또한 이 은혜를 전달하는 자들이 되십시오.

내게 안식일이 있습니까?
나는 어떤 방법으로 우리 주님의 안식을 누리고 있습니까?

평안하십니까?
행복하십니까?
좋은 부모를 둔 자녀의 넉넉함이 있으십니까?
창조 엿새 동안 모든 수고는 아버지가 하시고, 우리에게는 안식일을 주셨습니다.
하나님을 주로 모시고, 그의 수고와 은혜 주심을 알 때 우리는 참 안식을 누리게 됩니다.

안식일은 안식년으로 확대됩니다.

더욱 크고 부요한 그리스도를, 하나님의 공급을 받게 됩니다.

빚의 탕감과 노예 해방과 휴경이 있습니다.

진정한 쉼이, 재창조가 그 안식년 안에 있습니다.

이러한 안식의 원리를 깨닫게 되면 내가 아닌 내 안의 그리스도가 사시는 새로운 인생이 열립니나.

안식이 없으면 힘이 고갈되어 짜증이 날 수밖에 없습니다.

주님의 힘이 아닌 자기 힘으로 살려고 하니까 탈진하고 지치게 됩니다.

내 힘으로 지킬 수 있는 것이 무엇이 있습니까?

안전도, 가정도, 내면의 평화도 지킬 수가 없습니다.

부부의 문제, 자녀와의 갈등, 대인관계의 어려움…….

죄와 사탄은 우리를 허물과 실수로 얽어매 노예로 끌고 다니면서 고통스럽게 합니다.

사람이 타락한 이후에 우리는 모든 능력을 상실해 버렸습니다.

그러나 그리스도 안에서 우리는 잃었던 모든 것을 되찾을 수 있습니다.

도둑은 모든 것을 빼앗아 갔으나 우리 주님은 생명을 주시고, 풍성한 삶을 약속하셨습니다(요 10 : 10).

우리 주님 안에서 우리는 천상의 기쁨과 영광과 누림을 가질 수 있습니다(골 3 : 1 - 4).

지금, 여기(Here & Now)를 당신의 천국으로 만드십시오.

"나를 행복하게 하기 위하여 속죄양, 아사셀 염소가 되신 주님, 사랑합니다."

Memo

번제단에서 가져온 속죄의 불이 나의 분향 제단 위에 올려지게 하옵소서. 진리가 아닌 다른 열심으로 하나님을 기쁘시게 할 수 있다고 착각하지 않게 하옵소서. 말씀의 가르침을 따라 먼저 나를 부인하게 하시고, 그리스도로 옷 입게 하옵소서. 속죄제와 번제로 주께 나아가 내 일, 내 행복을 위함이 아닌 하나님을 위하여 헌신된 왕 같은 제사장임을 고백하게 하옵소서. 주님, 나로 인하여 수많은 사람이 복 받고 살아나게 하옵소서. 아멘.

1여호와께서 모세에게 말씀하여 이르시되 2너는 이스라엘 자손에게 말하여 이르라 나
는 여호와 너희의 하나님이니라 3너희는 너희가 거주하던 애굽 땅의 풍속을 따르지 말
며 내가 너희를 인도할 가나안 땅의 풍속과 규례도 행하지 말고 4너희는 내 법도를 따
르며 내 규례를 지켜 그대로 행하라 나는 너희의 하나님 여호와이니라 5너희는 내 규
례와 법도를 지키라 사람이 이를 행하면 그로 말미암아 살리라 나는 여호와이니라

Chapter 8

하나님의 생명을 사는 하나님 자녀들

레 18 : 1-5

원숭이가 새끼를 낳으면 원숭이를 낳고, 개가 새끼를 낳으면 강아지를 낳고, 사람이 낳으면 사람이 됩니다. 그러나 하나님께서 낳으시면 하나님의 형상, 하나님의 씨를 가진 자가 됩니다. 하나님께서 이 땅에 하나님의 생명, 거룩한 하나님의 아들들을 낳기 위해서, 하나님의 생명을 이 땅에 퍼뜨리기 위해서 내 속에 거룩한 씨, 거룩한 생명을 넣어 주셨습니다. 우리가 가진 이 영생은 죽은 다음에 천국을 약속하는 것만이 아니고, 이 땅에서부터 이 놀라운 생명의 신비를 드러냅니다.

생명은 정직합니다. 사과를 심으면 사과가 나옵니다. 복숭아를 심으면 복숭아가 나옵니다. 살아 계신 하나님의 아들! 생명으로 이 땅에 찾아오신 예수님이 한 알의 밀알이 되어 수천, 수만의 하나님의 아들들의 마음에 심겨졌습니다. 내 안에 뿌려진 이 생명을 위해 적절한 조건과 환경이 제공되면 생육, 번성, 충만하여 땅끝까지 흘러가고 확산됩니다. 이 씨를 키우는 적절한 환경과 조건은 '거룩'입니다. 거룩이란 이 땅의 원칙이나 시대의 흐름을 따르지 않고, 여호와 하나님의 질서를 따라 사는 삶을 말합니다. 하나님께서는 사람들이 거룩한 삶을 살아갈 수 있도록 제사와 절기의 원칙들을 가르쳐 주셨습니다. 시키는 대로 그 길을 따라가기만 하면 거룩을 얻게 됩니다.

씨앗의 비밀, 생명의 비밀

사과 한 개에 씨가 몇 개쯤 들어 있습니까? 보통 2~8개 정도 들어 있습니다. 이 작은 씨 하나를 심으면 사과가 얼마나 열리겠습니까? 씨앗 하나만 가지고도 심어서 나무로 자라면 수많은 사과 열매를 얻습니다. 이 씨앗 안에 30배, 60배, 100배의 생명이 들어 있기 때문입니다. 농부는 씨를 심고 자기가 기대하는 결실을 기다립니다. 마침내 가을이 되면 기다렸던 생명이 나오고, 원하는 결실들을 얻게 됩니다. 그리고 경작하는 농부의 수고를 통하여 수백, 수천 배로 생명이 계속 확산되는 것을 볼 수 있습니다. 이 얼마나 놀라운 생명의 비밀입니까! 그런데 더 놀라운 것은 우리가 인지하든, 그렇지 못하든 간에 우리는 이미 이 생명의 비밀 가운데 참여하고 있다는 사실입니다. 부모님이 결혼해서 나를 낳았고, 내가 또 성장하고 결혼해서 아이를 낳았습니다. 그런데 신기하게도 모두가 서로 닮아 있습니다. 의도하지 않았어도 나의 외모, 특성, 재능, 약함과 질병까지도 흘러갑니다. 유한히 짧은 인생을 살다가 우리가 이 땅을 떠날 때에는 그 씨를 남겨 놓고 떠납니다. 종족 보존, 생명의 흐름은 천 년이 지나도 멈추지 않습니다. 하나님의 창조 섭리가 너무나 놀랍습니다.

"영접하는 자 곧 그 이름을 믿는 자들에게는 하나님의 자녀가 되는 권세를 주셨으니 이는 혈통으로나 육정으로나 사람의 뜻으로 나지 아니하고 오직 하나님께로부터 난 자들이니라"(요 1 : 12 - 13).

말씀에서는 '영접한다'는 말과 '믿는다'는 말을 같이 사용하면서 그것이 하나님의 자녀가 되는 길이라고 말합니다. 하나님의 자녀가 된다는 말씀은 나의 생명, DNA가 하나님 아버지의 생명, DNA와 같아진다는 말입니다. 내 어머니, 아버지가 내게 생명을 전달해 주고 나도 내 자녀에게 DNA를 전달하는 육적 생명의 질서처럼, 하나님의 뜻으로 난 자들, 하나님의 거룩한 창조의 역사를 통해 난 자들에게도 질서가 있다는 말입니다. 그러나 이것은 혈통으로나, 육정으로나, 사람의 뜻으로 되는 것이 아닌, 오직 하나님께로만 가능합니다. 원숭이가 새끼를 낳으면 원숭이를 낳고, 개가 새끼를 낳으면 강아지를 낳고, 사람이 낳으면 사람이 됩니다. 그러나 하나님께서 낳으시면 하나님의 형상, 하나님의 씨를 가진 자가 됩니다. 하나님께서 이 땅에 하나님의 생명, 거룩한 하나님의 아들들을 낳기 위해서, 하나님의 생명을 이 땅에 퍼뜨리기 위해서 내 속에 거룩한 씨, 거룩한 생명을 넣어 주셨습니다. 우리가 가진 이 영생은 죽은 다음에 천국을 약속하는 것만이 아니고, 이 땅에서부터 이 놀라운 생명의 신비를 드러냅니다. 이런 씨의 비밀을 우리가 알고 있기 때문에 '내가 누구인가?'를 고민할 필요가 없습니다. 종자를 조사해 보면 분명하게 드러납니다. '내가 무엇을 할 수 있는가?' 역시 나의 근원을 찾아 들어가 보면 알 수 있습니다. 나의 본질, 나의 근원, 나의 생명의 출발이 어디인가를 알고 그 근원을 연구하면 내가 무엇을 해야 할지, 어디로 가고 있는지를 정확하게 분별할 수 있기 때문입니다.

"그러므로 내가 이것을 말하며 주 안에서 증언하노니 이제부터 너희는 이방인이 그 마음의 허망한 것으로 행함같이 행하지 말라 그들의 총명이 어두워지고 그들 가운데 있는 무지함과 그들의 마음이 굳어짐으로 말미암아 하나님의 생명에서 떠나 있도다"(엡 4 : 17 - 18).

그런데 이 하나님의 생명을 가진 자답지 못한 사람들이 있습니다. 어떤 사람들을 말합니까? 이방인처럼 행하고, 마음에 허망한 것을 따라 살고, 총명이 어두워지고, 무지함과 마음이 강퍅하게 된 사람들입니다. 그들은 하나님의 생명으로부터 떠나 있다고 말씀합니다. 창세기 1장에서 창조의 순서를 보면, 사람을 만드시기 전에 짐승을 만드셨습니다. 프랑스 철학자 파스칼은 인간을 중간적인 존재라고 표현했습니다. 선하고 아름답고 덕이 있고 진실한 사람이 신 쪽으로 가까우면 그를 성인(聖人)이라고 했고, 악행을 일삼고 위선적이며 증오와 질투로 가득한 욕망의 화신이라면 짐승에 가까워 악인(惡人)이라고 표현했습니다. 사람 창조의 목적은 하나님을 드러내고(형상, Sonship), 하나님을 대신하도록(통치권, Kingship) 하기 위함이있습니다. 사람은 당연히게 하나님의 형상, 하나님의 통치를 대행하는 자로 창조되었습니다. 사람 위에는 하나님이 계시고, 사람 밑에는 짐승이 있습니다. 사람은 하나님과 짐승의 중간적 존재(골 3 : 1 - 2)입니다. 위로 성숙하면 하나님의 생명인 영생의 축복을 누리며, 하나님의 후사, 아들로 삽니다. 그러나 밑으로 추락하면 그때부터 그 사람은 짐승처럼 살고, 짐승처럼 행동합니다.

"그러므로 너희가 그리스도와 함께 다시 살리심을 받았으면 위의 것을 찾으라 거기는 그리스도께서 하나님 우편에 앉아 계시느니라 위의 것을 생각하고 땅의 것을 생각하지 말라"(골 3 : 1 – 2).

사람은 그 삶의 자세에 따라서 성화(聖化)를 향하여 나아갈 수도 있고, 땅의 것을 생각하며 사는 세속화(世俗化)로 나아갈 수도 있습니다. 그래서 위의 것을 생각하고, 위의 것을 찾아야 한다고 말씀합니다. 탈무드에 사람을 창조하실 때의 모습을 기록한 예화가 나옵니다.

『사람 속에는 하늘과 땅의 요소들이 함께 공존한다고 말합니다. 네 가지 천사적인 요소가 있고, 네 가지 동물적인 요소가 있다고 합니다. 천사적인 요소에는 말할 수 있는 능력(언어), 지혜, 곧게 서서 걷는 능력(직립 보행), 그리고 눈빛이 있습니다. 동물적인 요소에는 음식 먹는 것, 배설하는 것, 생식하는 것, 그리고 죽는 것이라 했습니다. 사람이 이 천사적인 요소를 사모하며 살면 영원히 살게 되지만, 그것을 잊어버리고 동물적인 요소에만 메어 살면 영멸합니다. 』

하나님은 우리를 하나님을 닮은, 하나님을 대행하는 존재로 창조하셨습니다. 그러나 얼마나 많은 사람들이 짐승처럼 세상을 살고 있습니까? 욕망을 따라 살고, 충동을 따라 살고, 규범과 원칙이 없이 사는 사람들, 짐승처럼 사는 사람들이 얼마나 많습니까? 참으로 불행한 일입니다. 성경은 이런 사람에 대해서 '하나님의 생명'에서 떠나 있다고 표현합니다.

“이제부터 너희는 이방인이 그 마음의 허망한 것으로 행함같이 행하지 말라. 그들의 총명이 어두워지고 그들 가운데 있는 무지함과 그들의 마음이 굳어짐으로 말미암아 하나님의 생명에서 떠나 있도다”(엡 4 : 17－18). ‘고환이 상한 자나 음경이 잘린 자’, ‘사생자’는 여호와의 총회에 들어갈 수 없었습니다. ‘잘못된 씨를 남긴 모압과 암몬 족속 같은 사람들’도 영원토록 여호와의 총회에 들어갈 수 없었습니다(신 23 : 1－3).

그러나 우리는 하나님의 형상으로 창조되었기에 분명히 좋은 종자를 가지고 있습니다. 하나님께서 우리에게 주신 ‘구원’이라는 말은 우리 안에 영생, 하나님의 생명이라는 종자를 주셨다는 뜻입니다. 그러나 많은 사람들이 이 ‘구원’을 죽은 다음에 좋은 곳에 갈 수 있는 ‘티켓’ 정도로 치우쳐서 생각합니다. ‘하나님의 자녀가 되었다, 천국 백성이 되었다, 하나님 나라의 시민이 되었다’는 말은 단순히 신분상의 변화만을 말하는 게 아니라 종자(seed)의 성분, 종자의 특성, 이 종자가 갖고 있는 놀라운 잠재력이 발현되는 것까지 포함되어있습니다. 우리 안에 하나님의 생명이 숨어 있기 때문에 우리가 성장할수록 우리에게서 점점 하나님의 생명이 느러날 것이라는 밀입니다. 말하는 것이나, 행동하는 것이나, 표현하는 것이나, 사람을 대하는 태도가 점점 변화되고 성장하게 될 것입니다. 짐승처럼 태어났지만 신앙이 성장될수록, 훈련받을수록 점점 하나님을 닮아 가게 됩니다.

주기도문의 첫 시작은 ‘Heavenly Father’입니다. 우리 번역으로는 ‘하늘에 계신 우리 아버지’이지만 하늘스러운 하나님, 천적(天的)인 하나님, 하늘 같은 삶을 요구하시는 하나님으로 번역해야 그 의미가 더 자연스럽습니다. 하나님스러운 삶, 거룩한 삶, 경건한 삶, 하나님처럼 사는 삶, 이것이 구원받은 하나님의 백성들에게 주신 생명의 속성이요, 본질입니다. 그냥 그대로 놓아 두면 짐승처럼 본능, 충동, 욕망에 따라 살아가지만, 절제를 가르치고 말씀의 원칙을 따라 잘 훈련시키면 하나님처럼 말하고, 하나님처럼 생각하고, 하나님처럼 사람을 살리는 일을 할 수 있습니다. 왜냐면 그 안에 하나님의 능력, 하나님의 생명, 하나님의 씨가 있기 때문입니다.

"그의 신기한 능력으로 생명과 경건에 속한 모든 것을 우리에게 주셨으니 이는 자기의 영광과 덕으로써 우리를 부르신 이를 앎으로 말미암음이라 이로써 그 보배롭고 지극히 큰 약속을 우리에게 주사 이 약속으로 말미암아 너희가 정욕 때문에 세상에서 썩어질 것을 피하여 신성한 성품에 참여하는 자가 되게 하려 하셨느니라"(벧후 1 : 3 - 4).

씨를 주셨을 뿐만 아니라 생명과 경건에 속한 모든 것을 주셨습니다. 씨의 적절한 환경과 조건을 주셔서 그 씨가 정상적으로 잘 자라서 하나님께서 의도하시는 대로 성장하기를 원하십니다. 우리에게 교회, 목자, 좋은 셀, 만나야 할 여러 가지 상황들, 광야 같은 고난의 삶들을 주셨습니다. 그리고 이를 통하여 우리로 하여금 경건을 훈련하여 신의 성품에 참여하는 자로, 하나님처럼 거룩한 성품으로 살아가도록 이끌어 주십니다. 이렇게 하나님 앞에 훈련된 자만이 만나는 모든 사람들을 살리는 생명의 부양자로, 복의 근원으로 살아갈 수 있습니다.

거룩한 삶의 지침서, 레위기

그렇다면 하나님의 생명과 영생을 가진 자들은 어떻게 살아가야 합니까? 어떻게 하면 하나님처럼 살 수 있습니까? 그 해답을 가르쳐 주는 책이 바로 레위기입니다. 레위기는 1~17장과 18~27장 이렇게 두 부분으로 나눌 수 있습니다.

1~17장은 제사법을 가르쳐 주면서 우리가 하나님께 나아가는 길, 하나님께 갈 수 있는 길이 무엇인가를 가르쳐 줍니다. 18~27장은 거룩한 백성으로서 어떻게 우리가 하나님과 동행할 수 있는가를 가르쳐 주는 내용들이 병렬구조로 되어 있습니다. 세분화해서 살펴보면 이렇습니다. 1~5장은 평신도 제사법이고, 6~10장은 제사장 제사법인데, 마찬가지로 18~20장은 평신도 규범, 21~22장은 제사장 규범으로 똑같이 반복됩니다. 또 11~15장은 정결 규정을 가르쳐 주고, 16~17장이 속죄일과 피로서 대속하는 원리를 가르쳐 주듯이 23~25장은 절기 규정, 26~27장은 계약과 서원을 우리에게 말해 줍니다. 또한 1~17장이 대속적 희생을 통하여 우리가 하나님께 나아가는 거룩한 길에 대하여 말한다면, 18~27장은 하나님과의 거룩한 동행에 대해서 말하고 있습니다.

거룩이란 세상과 구별되어 여호와 하나님의 질서를 따라 사는 새로운 삶의 형태입니다. "나는 여호와 너희 하나님이니라."가 18장에서 여섯 번이나 반복되며, 우리가 하나님께 속한 사람임을 뚜렷하게 강조합니다. 우리는 하나님께 속한 사람이기에 더욱더 하나님의 사람답게 거룩하게 구별되어 살아야 합니다.

17~26장은 신학적으로 '성결법전'(Holiness code)이라고 부릅니다. '성결법전'의 핵심 사상은 "나 여호와 너희 하나님이 거룩하니 너희도 거룩하라"입니다. 하나님께서는 사람들이 거룩한 삶을 살 수 있도록 제사와 절기의 원칙들을 정해 주시고, 삶의 규범들을 제시해 주심으로 그 길을 따르면서 점점 하나님을 닮아 갈 수 있도록 하셨습니다.

17~24장에서 가정과 공동체 전체가 거룩한 백성이 되는 길을 제시하고 있는데, "너희는 내 규례를 지켜 행하라 나는 너희를 거룩하게 하는 여호와이니라"(레 20 : 8)라는 구절이 끊임없이 각종 의무의 종결 부분에 반복됩니다.

25~27장에서는 안식년, 희년 정신을 바탕으로, 하나님의 통치가 하나님의 백성들을 통하여 실현될 것을 요청하고 있습니다. 레위기의 마지막 결론 부분을 장식하는 것은 바로 희년 제도입니다. 희년 제도는 부(富)의 재분배를 주기적으로 실시함으로 각 가정의 기본적인 생활권을 보호하려는 제도입니다. 이 희년 정신은 백성들의 경제생활뿐만 아니라 하나님께 드리는 헌물에 이르기까지 실현되어야 하는, 하나님 나라 건설의 기본 정신입니다. 예수님의 오심도 희년의 실현을 위해서라고 말씀합니다.

“예수께서 그 자라나신 곳 나사렛에 이르사 안식일에 늘 하시던 대로 회당에 들어가사 성경을 읽으려고 서시매 선지자 이사야의 글을 드리거늘 책을 펴서 이렇게 기록된 데를 찾으시니 곧 주의 성령이 내게 임하셨으니 이는 가난한 자에게 복음을 전하게 하시려고 내게 기름을 부으시고 나를 보내사 포로 된 자에게 자유를, 눈 먼 자에게 다시 보게 함을 전파하며 눌린 자를 자유롭게 하고 주의 은혜의 해를 전파하게 하려 하심이라 하였더라”(눅 4 : 16 - 19).

잃어버린 모든 것을 되찾고 자유와 풍요를 누리며 사는 것이 희년의 삶입니다. 하나님은 희년의 삶을 위하여 우리를 부르셨습니다. 이처럼 하나님께서 우리에게 성막을 주시고, 제사장을 주시고, 제사법을 가르쳐 주셨습니다. 그 이유는 우리가 하나님처럼 살기 원해서입니다. 하나님의 씨를 가진 자로서, 하나님의 생명이 살아날 수 있는 적절한 주변적인 여건을 조성해서 이 생명이 고갈되지 않고, 이 생명이 타락하지 않고, 계속 하나님을 향해 나아갈 수 있기를 간절히 바라시기 때문입니다. 그래서 우리는 하나님과 동행하고, 하나님처럼 살 수 있는 방법을 레위기를 통해 분명하게 배워야만 합니다.

나는 하나님 섬기는 법(레위기 스피릿)을 안다고 말할 수 있습니까?

하나님의 생명을 가진 사람들의 원칙, 기준, 목표는?

『 아프리카에 사역하고 있던 데이비드 리빙스턴 선교사가 휴가 차 영국을 방문했을 때, 글래스고 대학에서는 그에게 법학 박사학위를 수여하기로 결정했습니다. 그러나 리빙스턴은 정기적인 스케줄로 항해하는 배가 아닌 화물선을 탔고 그 배가 늦어지는 바람에 학위 수여식장에 늦게 도착하게 되었습니다. 영국의 유명한 대학에서, 그것도 당시에 뛰어난 과학자, 교육자, 예술가 등에게 명예박사 학위를 수여하는 그 식장에 빈 의자가 한 개 놓여 있었는데 바로 리빙스턴 선교사의 자리였습니다. 그리고 그 식장에는 축하객들과 졸업생, 선후배들로 가득 차 있었습니다. 드디어 총장이 그의 이름을 호명했습니다. "데이비드 리빙스턴 선교사님!" 그러나 대답이 없었습니다. "데이비드 리빙스턴 선교사님, 이 자리에 안 계십니까?" 총장은 다시 한 번 이름을 부르며 물어보았습니다. 그때 막 식장으로 걸어 들어오던 선교사가 대답했습니다. "네, 여기 있습니다!" "선교사님, 이 앞으로 나와 주시기를 바랍니다." 총장의 말대로 강단 가까이로 걸어 나오자마자 리빙스턴 선교사는 그에게 말했습니다. "총장님, 하시는 일을 저에게 좀 속히 진행해 주시면 고맙겠습니다. 제가 타고 온 배가 이제 몇 시간 후면 바로 다시 떠난다고 하는데, 저는 그 배편으로 아프리카에 돌아가야 합니다. 저는 그 배를 타고 가서 계속 교회와 병원을 지어야 하고, 아프리카 사람들에게 하나님의 사랑을 전해 주어야 합니다."

그때에 어떤 사람이 갑자기 자리에서 벌떡 일어나더니 큰 소리로 말하기 시작합니다. "총장님, 제가 이렇게 하는 것이 대단히 이례적인 일인 줄로 압니다. 그러나 저는 지금 이러한 제안을 하려고 합니다. 저 노인 선교사님으로 하여금 아프리카로 돌아가서 그 더럽고 지저분하고 병자들이 득실거리는 곳에서 살도록 보내드립시다! 그로 하여금 그곳으로 다시 돌아가서 흑인들과 함께 살게 하십시다! 그로 하여금 거기에다 교회와 병원을 짓게 하십시다! 만약 필요하다면, 저 선교사님이 그곳에서 죽도록 그냥 놓아두십시다! 그러나 총장님! 저 노인 선교사님이 아프리카로 떠나기 전에 그분의 머리카락을 한 움큼만 얻어 주십시오! 그리고 그 머리카락을 그분의 사진 아래에다 넣고 액자에 담아 주십시오. 이제 그 사진과 머리카락이 들어 있는 액자를 우리 학교의 벽에다 걸어 놓고, 그 액자 아래에는 다음과 같은 글을 써 놓으면 좋겠습니다. '여기에 예수님처럼 산 사람이 있다.' 그래서 앞으로 올 세대의 사람들을 포함해서, 모든 사람들이 그것을 보고 읽을 수 있게 했으면 좋겠습니다!" 』

하나님의 뜻대로 살기를 원하는 사람들에게는 늘 스스로에게 질문해야 합니다. 이전에는 나의 혈기대로, 욕망대로 살아왔지만 하나님의 생명이 내 안에 뿌려지고, 발아하면서부터는 나의 본능과 충돌하고, 나의 갈망과 부딪치고, 세속의 문화와 갈등을 느끼기 때문에 마음이 편안하지가 않습니다. 늘 거룩한 불편함이 우리를 부자연스럽게 합니다. 그건 너무나 당연한 일입니다. 하나님께서 우리를 하나님의 형상을 가지고 생육하고 번성하고 충만하고, 또 하늘과 땅과 바다에 속한 모든 것들을 정복하고 다스릴 수 있도록 창조하셨고, 또 구원하셨기 때문입니다. 이것은 매우 높은 수준의 삶으로 우리를 초대하시는 초청입니다.

하나님의 수준을 맞추어서 살려면, 하나님의 원칙, 기준을 가지고 삶에서 적용시켜 나가야 합니다. 그런데 하나님께서는 그 원칙을 두루뭉술하게 주지 않으시고 레위기 18~22장에 상세하게 제시해 놓으셨습니다. 18~20장은 보통 수준에 있는 거룩한 성도들이 지켜야 할 구별됨이고, 21~22장은 특별하게 더 많은 구별됨을 가져야 할 제사장들의 삶을 말하는데, 그 속에서 네 가지 원칙을 찾아 함께 나누기를 원합니다.

나의 삶 속에 하나님의 원칙, 기준이 우선적으로 세워져 있습니까?

(1) 나의 문화를 버리고 새로운 질서를 따르라

우리는 시대의 흐름을 따라가서는 안 됩니다. 세상 풍조에 휘말려서도 안 됩니다. 역사의 흐름에만 순응해서도 안 됩니다. 살아가는 이 삶의 현장에서 풍속을 따라 살면 우리 생명은 고갈되어 버리기 때문입니다.

"너희는 너희가 거주하던 애굽 땅의 풍속을 따르지 말며 내가 너희를 인도할 가나안 땅의 풍속과 규례도 행하지 말고"(레 18 : 3).

하나님께서는 이스라엘 백성들에게 이제껏 살아왔던 애굽 땅의 풍속을 따라가지 말라고 하셨습니다. 그 풍속은 우상숭배의 문화였습니다. 출애굽하기 전, 모세를 통해 주셨던 열 가지 재앙은 그들이 믿었던 우상들이 거짓 신이라는 것을 하나님께서 하나씩 보여 주시는 역사였습니다. 이를 통해서 그들이 믿고 신뢰했던 신들에 대해서 하나님께서 심판하셨습니다. 또한 이스라엘 백성에게는 앞으로 들어갈 가나안 땅에서도 도처에 위험요소가 숨어 있었습니다. '바알과 아세라'는 그들이 믿는 농경신이었는데 문란한 성 문화를 만들어 냈습니다. 그 신전에는 성창들이 있어서, 제사하고 나서 음란한 행위를 했습니다. 이 역시 이스라엘 백성들이 싸워야 할 문화였습니다.

우리는 현재 속해 있는 삶의 자리에서 시대의 흐름, 풍속, 유행, 정신 사조를 주의해서 살펴야 합니다. 아무 것이나 믿고 따라가서는 안 됩니다. 모든 사람들이 옳다 인정하고 따른다 하여도 진리가 아닌 것, 하나님이 원치 않으신 것들은 단호하게 버려야 합니다. 사람들의 움직임을 보지 말고 진리를, 하나님의 원칙을 보고 결단해야 합니다. 물론 밖의 문화만 위험한 게 아닙니다. 내 안에 그동안 살아왔던 옛 사람의 습관과 가치관을 조심해야 합니다. 하나님께서 제시하신 삶이 아닌 내가 살아왔던 방식, 내가 배워 왔던 가치관, 몸에 익숙해진 방식으로 하나님을 섬기지 않도록 주의해야 합니다. 나이가 들면 사람이 잘 안 바뀝니다. 우리 뇌의 구조가 나이가 들수록 살아왔던 방식, 익숙한 것을 따라가기를 좋아합니다. 그래서 고착되어 버리고, 새로운 변화를 싫어하고, 진리로 나아가기를 꺼려합니다.

그러나 하나님을 사랑하고, 그 말씀을 듣기를 좋아한다면 나이가 들어도 얼마든지 변화, 성장할 수 있습니다. 내가 살아왔던 방식보다, 내게 익숙해진 원칙보다 하나님의 뜻이 내게 더 소중하다면 우리는 계속 성장하고 발전할 수 있습니다. 점점 더 그분을 닮아 가게 됩니다. 그러니 배우고 훈련하는 일에 게으르지 마십시오. 아무리 오랜 시간 신앙생활을 했어도 세상 문화에서 빠져 나오지 못하면 우리는 옛 사람의 질서에 고착되게 됩니다.

하나님께서 어떤 예배를 원하시는지, 내가 어떻게 행동하는 것이 하나님의 마음을 기쁘게 하는 것인지에 늘 관심을 가지면 됩니다. 내가 중심이 아닌 하나님이, 말씀이 중심이 되면 계속 하나님의 형상으로, 대행자로 변화되어 갈 수 있습니다. 성령께서 우리 안에 들어오셔서 우리를 성전으로 가꾸어 가시기 때문에 그 인도하심에 민감하면 자연스럽게 성장해 갑니다. 그래서 하나님은 우리에게 신앙의 출발시점에서 세례를 받게 하셨습니다. 혹시 40년 동안 이스라엘을 인도하셨던 하나님, 매일 만나를 주셨고, 목마를 때 생수를 공급해 주셨으며, 신발과 옷이 닳지 않게 하셨던 우리의 보호자 하나님, 내가 부르면 대답하시고, 그분이 말씀하시면 순종하려고 했던 그 인격적인 신앙을 버리고, 나의 기호와 욕구를 충족시켜 주는 바알과 아세라를 붙잡고 하나님이라고 부르고 있지는 않습니까? 종교란 사람이 자신의 심리적, 영적 갈망을 충족시켜 줄 신을 만들어 놓고 믿고 따라가는 행위입니다. 그러나 신앙은 나 중심, 사람 중심의 종교행위가 아닙니다. 신앙은 위로부터의 계시를 통해서 하나님을 경험하기 시작합니다. 내가 찾아간 게 먼저가 아니고 그분의 은혜가, 임재가 먼저였습니다. 하나님께서 말씀하고, 하나님께서 자신의 뜻을 우리에게 계시하시고, 우리가 바른 사람으로 살아가기를 원하십니다. 그래서 신앙은 인격적인 만남입니다. 의사소통이 있고, 서로에게 영향력을 주는 관계입니다. 그 기준이 내가 받고 싶은 복이 먼저가 아닌, 그분의 진리, 그분께서 정하신 원칙, 그분의 뜻이 먼저라는 말씀입니다.

내가 주님 안에 들어가 있다면, 하나님의 생명은 내 인생 속에 큰 영향력을 미치고 있어야 하고, 나도 하나님 나라, 구속사에 큰 영향력을 미치고 있어야 합니다. 우리는 서로를 잘 알고 있어야 합니다. 우리는 서로를 신뢰하고 배신하지 않아야 합니다. 우리는 서로를 의지하고 살아야 합니다. 그러나 우리의 문화는 분열의 문화, 대적의 문화, 이혼의 문화로 치달리고 있습니다. 서로 감사하고, 인정하고, 격려하고 높여 주는 분위기가 아닌, 나의 이기적인 욕망을 위하여 상대방을 이용하다가 이용가치가 떨어지거나 싫증나면 버리는 그런 시대를 살고 있습니다. 이런 악한 질서가 신앙생활 안에서도 그대로 나타나고 있습니다. 시내산에서 금송아지를 만들어 놓고 이것이 우리를 애굽에서 건져 낸 신이라고 춤추며 광란했던 이스라엘과 다를 바가 없습니다.

"너희는 너희가 거주하던 애굽 땅의 풍속을 따르지 말며 내가 너희를 인도할 가나안 땅의 풍속과 규례도 행하지 말고 너희는 내 법도를 따르며 내 규례를 지켜 그대로 행하라 나는 너희의 하나님 여호와이니라 너희는 내 규례와 법도를 지키라 사람이 이를 행하면 그로 말미암아 살리라 나는 여호와이니라"(레 18 : 3 - 5).

"그러므로 내가 이것을 말하며 주 안에서 증언하노니 이제부터 너희는 이방인이 그 마음의 허망한 것으로 행함같이 행하지 말라 그들의 총명이 어두워지고 그들 가운데 있는 무지함과 그들의 마음이 굳어짐으로 말미암아 하나님의 생명에서 떠나 있도다 그들이 감각 없는 자가 되어 자신을 방탕에 방임하여 모든 더러운 것을 욕심으로 행하되 오직 너희는 그리스도를 그같이 배우지 아니하였느니라 진리가 예수 안에 있는 것같이 너희가 참으로 그에게서 듣고 또한 그 안에서 가르침을 받았을진대 너희는 유혹의 욕심을 따라 썩어져 가는 구습을 따르는 옛 사람을 벗어 버리고 오직 너희의 심령이 새롭게 되어 하나님을 따라 의와 진리의 거룩함으로 지으심을 받은 새 사람을 입으라"(엡 4 : 17－24).

하나님께서 법을 만드신 것은 다 우리를 보호하기 위해서입니다. 우리에게 복을 주시기 위한 방법입니다. 세상의 법도 법을 지키는 자를 위하여 존재합니다. 그렇기 때문에 하나님의 질서를 따라 행하면 우리가 복을 받고, 우리에게 유익하고, 우리에게 안전하고, 우리가 잘 살게 됩니다. 이스라엘의 구원은 심판에서 축복으로, 바로에게서 하나님께로, 애굽에서 약속의 땅 가나안으로 이어집니다. 우리는 애굽에서 건짐받아 가나안 땅으로 가고 있지만 궁극적으로는 가나안 땅에 사는 자가 아니라 '하나님 안에서 사는 자'입니다. 그래서 하나님의 말씀대로 사는가가 중요합니다. 우리는 애굽 문화도, 가나안의 풍속도 따라서는 안 됩니다. 우리가 따를 질서는 오직 하나님의 거룩입니다.

나는 무엇을 붙잡고 신앙생활을 하고 있습니까?
여전히 애굽의 추억으로 광야를 살고 있지는 않습니까?

(2) 하나님과 화목하기를 힘쓰라

우리 안에 하나님과 친해지고자 하는, 하나님과 교통하고자 하는 갈망이 있어야 합니다.

"너희는 헛된 것들에게로 향하지 말며 너희를 위하여 신상들을 부어 만들지 말라 나는 너희의 하나님 여호와이니라 너희는 화목제물을 여호와께 드릴 때에 기쁘게 받으시도록 드리고 그 제물은 드리는 날과 이튿날에 먹고 셋째 날까지 남았거든 불사르라 셋째 날에 조금이라도 먹으면 가증한 것이 되어 기쁘게 받으심이 되지 못하고 그것을 먹는 자는 여호와의 성물을 더럽힘으로 말미암아 죄를 담당하리니 그가 그의 백성 중에서 끊어지리라"(레 19 : 4 - 8).

하나님과 화목하기 위해서는 두 가지를 지켜야 합니다. 먼저 하나님께서 싫어하시는 것이 무엇인지, 기뻐하시는 것이 무엇인지 알아야 합니다. 하나님께서는 우상숭배를 가장 싫어하십니다. 하나님이 아닌 헛된 것들을 향해 그릇된 열망을 품지 마십시오. 하나님은 우리가 순전한 마음으로 주님께 나아오기를 원하십니다. 항상 하나님이 기뻐하시는 화목 제물로 나를 드릴 수 있기를 바랍니다.

"그 예물이 소의 번제이면 흠 없는 수컷으로 회막 문에서 여호와 앞에 기쁘게 받으시도록 드릴지니라"(레 1 : 3).

"너희는 화목제물을 여호와께 드릴 때에 기쁘게 받으시도록 드리고"(레 19 : 5).

"기쁘게 받으심이 되도록 소나 양이나 염소의 흠 없는 수컷으로 드릴지니"(레 22 : 19).

"만일 누구든지 서원한 것을 갚으려 하든지 자의로 예물을 드리려 하여 소나 양으로 화목제물을 여호와께 드리는 자는 기쁘게 받으심이 되도록 아무 흠이 없는 온전한 것으로 할지니"(레 22 : 21).

"너희가 여호와께 감사제물을 드리려거든 너희가 기쁘게 받으심이 되도록 드릴지며"(레 22 : 29).

"제사장은 너희를 위하여 그 단을 여호와 앞에 기쁘게 받으심이 되도록 흔들되 안식일 이튿날에 흔들 것이며"(레 23 : 11).

화목제물을 드릴 때는 하나님께서 기쁘게 받으시도록 드려야 합니다. 그러려면 하나님의 마음을 읽고, 얻어야 합니다. 내 욕심대로 살면 절대로 가까워질 수가 없습니다. 하나님과 가까워지려면 하나님이 어떤 분인지를 알아야 합니다. 어떤 사람들이 하나님께 쓰임을 받았으며, 어떤 사람들이 내침을 받았는지를 연구해야 합니다. 우리는 서로 사랑하고 의존하는 관계이면서도 막상 관계하는 방법은 잘 모르고 살 때가 많습니다. 서로 관계하는 법을 먼저 배워야 합니다. 상대방을 알지 못하고, 그의 기호와 문화 코드를 모르면, 가까워지기가 아주 어렵습니다.

부부 관계 혹은 연인 관계에서 생각해 봅시다. 사랑에 빠진 남녀를 보면 늘 둘이 함께 있고 싶어 합니다. 그 사람과 같이 있으면 행복해질 것으로 기대하고 사랑에 빠지면 100% 자발적인 사람이 되어 피곤치 아니하며 곤비치 아니하며 독수리가 날개 치며 올라가는 능력들을 발휘합니다. 그것이 사랑의 능력입니다. 그런데 아이러니한 것은 그렇게 뜨겁게 사랑하고 결혼했으면 오래 사랑하며 행복하게 살아야 정상인데 현실은 그렇지 않다는 것입니다. 어디서부터 문제가 생겼습니까? 바로 내 마음입니다. 나의 마음먹기에 따라 콩깍지가 씌여지기도 하고, 벗겨지기도 합니다. 나의 마음의 상태에 따라 능동적이고 자발적인 슈퍼맨이 되기도 했다가 부정적이고 공격적인 원수가 되기도 합니다. 관계가 중심이 아닌 나의 욕망이 중심이라는 말입니다. 그렇기 때문에 하나님과 친해지길 원한다면 먼저 하나님의 마음을 얻어야 합니다. 건강한 부부 관계를 유지하는 첫 번째 원리는 '배우자의 마음을 상하지 않게 하는 것'입니다. 둘이 마음만 통하면 세상에 무서울 것이 없습니다. 함께 있는 시간보다 더욱 중요한 것은 마음으로 하나 되는 일입니다. 아무리 비싸고 좋은 것을 사다 주어도 마음이 상해 버리면 소용없습니다. 마음을 존중해 주고 마음을 만져 줬을 때 신뢰가 오는 것이지, 마음이 상해 버리면 그 때부터는 모든 것이 무너져 버립니다. 마음이 어긋나 버리면 그곳은 이미 지옥입니다.

세상에 많은 피조물들이 있지만 사람만이 관계지향적 존재입니다. 관계를 통해서 행복과 불행을 확인합니다. 촌수가 없는 부부 관계라 말하지만 마음이 떠나 버리면 세상에 그런 원수가 없습니다. 가장 큰 행복을 주는 관계도 부부 관계고, 가장 큰 상처와 아픔을 주는 관계도 부부 관계입니다. 때문에 정말 소중한 관계라면 예의를 지키고 존중해 주어야 합니다.

하나님과의 관계도 동일한 원리입니다. 우리가 주님을 사랑하면 그분의 마음을 만져야 합니다. 레위기 18~22장은 특별히 성결한 삶을 강조하고 있는데, 우리가 하나님 앞에서 성결해야 할 이유는 하나님과의 관계에서 화목하기 위함입니다. 하나님께서는 우리와 화목하기 위해서 그분이 기뻐 받으시는 예배의 원칙을 가르쳐 주십니다. 그분의 마음과 원하시는 코드에 맞는 원칙을 손수 가르쳐 주고 계십니다. 거룩한 생명을 받았지만 적절한 환경을 제공해야 이 생명이 건강하게 아버지와 아들의 관계로 성장해 갈 수 있습니다. 우리가 거룩함을 잃어버리면 하나님과의 관계가 깨집니다. 거룩함의 비결은 화목의 원칙을 놓치지 않는 것입니다. 하나님이 싫어하신다면 그 모양이라도 버려야 합니다.

"만일 그 화목제물의 고기를 셋째 날에 조금이라도 먹으면 그 제사는 기쁘게 받아들여지지 않을 것이라 드린 자에게도 예물답게 되지 못하고 도리어 가증한 것이 될 것이며 그것을 먹는 자는 그 죄를 짊어지리라"(레 7 : 18).

"흠 있는 것은 무엇이나 너희가 드리지 말 것은 그것이 기쁘게 받으심이 되지 못할 것임이니라"(레 22 : 20).

"소나 양의 지체가 더하거나 덜하거나 한 것은 너희가 자원제물로는 쓰려니와 서원제물로 드리면 기쁘게 받으심이 되지 못하리라"(레 22 : 23).

"너희는 외국인에게서도 이런 것을 받아 너희의 하나님의 음식으로 드리지 말라 이는 결점이 있고 흠이 있는 것인즉 너희를 위하여 기쁘게 받으심이 되지 못할 것임이니라"(레 22 : 25).

열납되는 예물이 있고 열납되지 않는 예물이 있습니다. 우리가 드린 예배 중에는 하나님께서 받으시는 것이 있고, 받지 않으시는 것이 있습니다. 가인의 예배나 사울 왕의 예배처럼 하나님께서 거절하시는 예배를 드리지 않도록 조심해야 합니다.

"셋째 날까지 남았거든 불사르라"(레 19 : 6).

하나님과의 교통은 2일 이상 끊어지면 안 됩니다. 매일매일 새로운 교제를 가져야 합니다. 교제가 끊긴 채로 3일을 살지 마십시오. 이것이 비결입니다. 매일 새롭게 그분 앞에 나아가서 새로운 감각과 새로운 느낌을 가지고 주님을 경험하고, 찬양하고, 노래하고, 즐기고, 기도하고, 예배드리십시오. 회개, 자백, 교통을 위한 행위는 이틀을 넘기지 마십시오. 감사의 마음도 이틀 이내에 표현하십시오. 서운한 마음도 이틀을 넘기지 마십시오. 다른 것이 우리 마음에 우상으로 채워져 있으면, 우리의 관심이 하나님으로부터 멀어지게 됩니다. 하나님과 교제가 끊긴 채로 3일을 살지 마십시오.

오늘날 수많은 그리스도인들이 관계적인 신앙이 아닌 종교적인 신앙생활을 하고 있습니다. 인격적인 하나님과의 만남이 아니라 형식을 만들어 놓고, 그 종교적인 의식만 따라갑니다. 내 삶에 아무런 영향력을 주지 못하고 나를 복 주시는 하나님, 나에게 유익을 주는 하나님 정도로만 믿고 따라갑니다. 혹시 하나님과 교통도 안 되고, 그냥 일방적으로 내 소원만 비는 비인격적인 관계로 나아가는 것은 아닌지 점검해 봐야 합니다.

내 생각, 내 가치관 속에서 하나님께서 통제하고 있는 영역이 얼마나 됩니까?

(3) 제사장은 '더' 특별한 구별됨으로 나아가라

제사장이라면 일반 백성과는 다른, 더 특별한 구별됨을 가져야 한다는 말씀입니다. 제사장은 하나님을 위하여 구별된 사람이고 이 땅을 거룩하게 해야 할 지도자이기에 여러 가지 금지 규정을 통해 일반 백성에게 요구하는 거룩의 수준보다 더욱 높은 구별됨이 요구되었습니다.

먼저, 하나님은 생명의 주시기에 제사장에게는 심판과 저주와 타락의 상징인 사체를 만지지 못하게 하셨습니다.

"여호와께서 모세에게 이르시되 아론의 자손 제사장들에게 말하여 이르라 그의 백성 중에서 죽은 자를 만짐으로 말미암아 스스로를 더럽히지 말려니와 그의 살붙이인 그의 어머니나 그의 아버지나 그의 아들이나 그의 딸이나 그의 형제나 출가하지 아니한 처녀인 그의 자매로 말미암아서는 몸을 더럽힐 수 있느니라 제사장은 그의 백성의 어른인즉 자신을 더럽혀 속되게 하지 말지니라"(레 21 : 1 - 4).

제사장은 삶의 으뜸, 삶의 절대 가치가 하나님께 있습니다. 그래서 친족, 가족조차도 섬기는 제사장 사역에 지장을 주지 않도록 조심하라고 말씀합니다. 내가 하나님을 섬기는 제사장이라면 최고의 가치, 삶의 가장 우선순위에 하나님이 계셔야 합니다. 가정도, 자신의 욕망과 생각까지도 하나님 앞에서는 제한되어야 합니다.

“자기의 형제 중 관유로 부음을 받고 위임되어 그 예복을 입은 대제사장은 그의 머리를 풀지 말며 그의 옷을 찢지 말며 어떤 시체에든지 가까이 하지 말지니 그의 부모로 말미암아서도 더러워지게 하지 말며 그 성소에서 나오지 말며 그의 하나님의 성소를 속되게 하지 말라 이는 하나님께서 성별하신 관유가 그 위에 있음이니라 나는 여호와이니라”(레 21 : 10－12).

가족 중에 상이 났을 때라도 제사장으로서의 섬김을 먼저 생각하라는 말씀입니다. 머리를 풀고 옷을 찢는 행위는 극도의 슬픔, 절망을 표현할 때 하는 행동들입니다. 대제사장의 경우에는 일반 제사장보다 더욱 엄격했습니다. 감정표현조차도 제한해야 했습니다. 스스로 더러워져도 안 되고, 또 성소를 더럽혀서도 안 됩니다. 관유, 기름 부음은 전적으로 예배를 위함이요, 하나님을 섬기기 위한 구별됨으로 사용해야 합니다.

“그는 처녀를 데려다가 아내를 삼을지니 과부나 이혼당한 여자나 창녀 짓을 하는 더러운 여인을 취하지 말고 자기 백성 중에서 처녀를 취하여 아내를 삼아”(레 21 : 13－14).

대제사장은 처녀와만 결혼할 수 있습니다. 과부나 이혼당한 여자나 창녀 짓을 하는 더러운 여인과 결혼하면 안 됩니다. 오직 자기 백성 중에서 처녀를 취해 아내를 삼아야 했습니다. 이처럼 그리스도는 정결한 처녀와의 영원한 결혼 생활을 위하여 어린 양의 혼인잔치를 준비하고 있습니다. 이 타락한 세상 속에서도 교회를 거룩하게 하셔서 흠도 티도 없는 정결한 처녀로 만들기를 원하십니다(엡 5 : 25－27, 골 1 : 22, 계 19 : 7－8). 우리는 신부로서의 자격을 잃어서는 안 됩니다.

순결한 신부로서의 자격을 잃게 하는 영적 요소들

- 과부 : 남편이신 그리스도를 잃은 자
- 이혼당한 여인 : 타락하여 하나님으로부터 쫓겨나 심판을 기다리는 이스라엘 같은 상황(신 24 : 1－4).
- 창녀 짓을 하는 더러운 여인 : 세상의 물질에 대한 욕심과 정욕에 빠져서 세상 것을 사모하며 세속에 빠져 사는 사람, 자신의 삶뿐만 아니라 타인의 삶에도 악한 영향력을 미치는 사람(갈 5 : 19).

이와 같이 제사장과, 대제사장의 삶은 일반인과 다른 큰 구별됨이 요구되었습니다.

내게 제사장권을 잃어버리게 하는 결격 요소는 없습니까?

(4) 하나님 앞에서 결격 요소들을 해결하라

세상에서 다른 사람에게 큰 영향력을 끼치는 사람, 또 지도적인 위치에 있는 사람에게는 법적, 윤리적으로 요구되는 수준이 높고 까다롭습니다. 그 훈련의 강도도 일반인들과는 달랐습니다. 군대의 장교를 육성하는 육군, 해군, 공군 사관학교의 생도를 뽑을 때 아주 세밀하게 심신의 건강을 심사합니다. 많은 사람을 이끌어야 하는 지휘관, 리더이기 때문입니다. 구약시대에 제사장에 대한 하나님의 기대는 매우 높았습니다. 하나님의 형상과 통치대리자로서의 모델이기 때문입니다. 그 내용을 자세히 살펴보면 하나님의 기대가 어디에 있는지를 이해할 수 있습니다.

"아론에게 말하여 이르라 누구든지 너의 자손 중 대대로 육체에 흠이 있는 자는 그 하나님의 음식을 드리려고 가까이 오지 못할 것이니라 누구든지 흠이 있는 자는 가까이하지 못할지니 곧 맹인이나 다리 저는 자나 코가 불완전한 자나 지체가 더한 자나 발 부러진 자나 손 부러진 자나 등 굽은 자나 키 못 자란 자나 눈에 백막이 있는 자나 습진이나 버짐이 있는 자나 고환 상한 자나 제사장 아론의 자손 중에 흠이 있는 자는 나와 여호와께 화제를 드리지 못할지니 그는 흠이 있은즉 나와서 그의 하나님께 음식을 드리지 못하느니라 그는 그의 하나님의 음식이 지성물이든지 성물이든지 먹을 것이나 휘장 안에 들어가지 못할 것이요 제단에 가까이하지 못할지니 이는 그가 흠이 있음이니라 이와 같이 그가 내 성소를 더럽히지 못할 것은 나는 그들을 거룩하게 하는 여호와임이니라"(레 21 : 17 – 23).

제사장들을 세울 때 신체적 결함을 가진 자는 세울 수 없다고 하셨습니다. 구약적으로 이해한다면 제사장의 섬김은 중노동의 사역입니다. 소를 잡고, 양을 잡는 일은 쉽게 할 수 있는 일이 아닙니다. 또 성막 안에는 피곤할 때 앉아서 쉴 수 있는 의자도 없습니다. 그러나 신체적 결함이 있어도 하나님의 음식, 지성물이나 성물에 참여하는 일에는 차별을 두지 않았습니다.

신약적 이해로는 우리가 영적인 온전함을 갖추기를 하나님께서 원하신다는 말씀입니다. 중보자로서 예수님의 완전한 인격처럼, 제사장 된 우리에게도 사역에서의 온전함을 요구하십니다. 하나님의 자녀, 하나님의 생명을 가진 자이기에 높은 수준의 삶을 요구하십니다. 이것은 책임일 뿐 아니라 특권입니다.

신체적 약함이나 결함은 제사장으로서 제사를 섬길 자격을 잃게 했습니다. 왜냐하면 제사장은 자기 행복이나 체면을 위함이 아닌 섬김을 위해 기름 부음을 받은 사람이기 때문입니다(레 21 : 10). 그리스도를 먹고 마심에는 동일했지만 섬김에 있어서는 제한을 두었습니다. 섬김은 특권입니다. 우리는 영적으로 섬기는 제사장으로서의 자격을 잃지 않도록 하나님과의 관계 유지에 최선을 다해야 합니다. 부지런히 성장하여 그리스도의 장성한 분량에까지 도달해야 합니다. 정결하게 됨을 위한 회개(속건제와 속죄제)와 하나님과의 약속 관계가 깨어지지 않도록, 세상이나 자신을 위해 살지 않고 하나님과 맡기신 영혼들을 위해 늘 섬김의 제물로 바쳐져야 합니다(화목제, 소제, 번제).

제사장의 섬김을 제한하는 영적 결격 요소들

· 맹인 : 영적으로 보지 못하는 자
· 다리 저는 자 : 어느 한쪽으로 자꾸 치우치는 자(신비주의, 율법주의, 인본주의 등)

· 코가 불완전한 자 : 호흡(기도의 삶), 후각(분별력)에 문제가 있는 자

· 지체가 더한 자, 발 부러진 자, 손 부러진 자 : 인격적으로, 정서적으로 조화롭지 못하고 너무 지나치거나 너무 부족한 상태

· 등 굽은 자나 키 못 자란 자 : 등 굽은 자(늘 부정적인 사람), 키 못 자란 자(영적으로 변화, 성장이 없는 사람)

· 눈에 백막이 있는 자 : 제대로 보지 못하여 편견, 오해가 심한 자

· 습진이나 버짐이 있는 자 : 악한 영향력, 전염성이 강한 사람

· 고환 상한 자 : 생산을 못한 자(전도, 양육, 영적 가족을 못 이루는 사람)

본문에 나타난 11가지 결격 사유들은 정상적으로 성장하지 못하여 오는 결과들입니다. 은혜의 결핍, 공급의 결핍이 시간이 지나면 이런 모습으로 열매 맺게 됩니다. 이러한 결격 사유들은 전적인 우리 자신의 책임입니다.

"그리하면 그가 세상을 창조한 때부터 자주 고난을 받았어야 할 것이로되 이제 자기를 단번에 제물로 드려 죄를 없이 하시려고 세상 끝에 나타나셨느니라"(히 9 : 26).

"그가 거룩하게 된 자들을 한 번의 제사로 영원히 온전하게 하셨느니라"(히 10 : 14).

예수님의 구원은 '단번에, 영원히, 온전하게'입니다. 우리로부터 제사장 자격을 잃게 하는 요소들을 늘 조심해야 합니다. 우리를 부르심은 화

목제와 번제를 위해서입니다(출 20 : 24, 삼하 24 : 25, 대상 16 : 1-2). 하나님은 우리와 교통하기를 원하십니다. 우리의 온전한 헌신을 기다리십니다. 우리를 통해서 예수님의 구원의 역사, 곧 구속사가 이 땅에 펼쳐지기를 원하십니다. 구원도 중요하고, 죄 사함받는 일도 중요하고, 복 받는 일도 중요하지만 더욱 중요한 것은 우리가 하나님 나라를 위해 살고, 구속사를 위해 일하는 일꾼, 왕 같은 제사장으로 사는 일입니다. 이 일, 이 특권에 제한받지 않도록 자기 관리, 거룩한 경영을 잘해야 합니다.

내가 주께 드리는 구별됨의 수준은 일반인 수준입니까, 제사장 수준입니까?

우리는 어떻게 살아야 합니까?
하나님의 생명을 가진, 하나님의 자녀답게 살려면 어떻게 해야 합니까?
어떤 원칙, 어떤 기준, 어떤 목표로 살아야 합니까?
나는 백성입니까, 제사장입니까?
멜기세덱 같은, 왕 같은 제사장입니까?

내가 제사장이기 때문에 스스로 제한하는 것은 무엇입니까?
가족보다도, 피붙이보다도 하나님을, 신앙을 더 우선이라고 말할 수 있습니까?
그렇다면 당신은 제사장의 영적 권세와 자격을 가지고 있습니다.
그러나 만약 그러한 구별됨이 없다면 아직 당신은 미숙한 상태입니다.
하나님 앞에 제사장권을 얻지 못한 상태입니다.

성숙하지 못했거나, 정결함을 잃은 제사장은 스스로 곤비합니다.
하나님과의 교통을 가질 수 없습니다.
하나님 앞에서의 중재자로서 사람을 도울 수가 없습니다.
그가 사람을 만나면 서로 키재기를 하고 자신의 약함으로 인해 더욱 상처를 줍니다.

하나님과 친밀한 교제를 가지려면 어떻게 해야 합니까?
하나님께서는 뭐를 싫어하시고, 뭐를 좋아하십니까?
하나님이 정말 원하시는 예배는 어떤 예배입니까?
하나님을 대행하는 삶이란 어떤 것입니까?

하나님의 기호와 성정, 기쁨이 어디에 있는지 알아야 합니다.
세상이나 나 자신의 갈망을 따르면 안 됩니다.
하나님의 선하시고, 기뻐하시고, 온전하신 뜻이 무엇인지 분별하여 나아가라고 말씀합니다(롬 12 : 2).

일찍이 죽임을 당하사 각 족속과 방언과 백성과 나라 가운데에서 사람들을 피로 사서 하나님께 드리시고 그들로 우리 하나님 앞에서 나라와 제사장들을 삼으셨으니 그들이 땅에서 왕 노릇하리로다 하더라(계 5 : 9 - 10).

우리가 그의 나라요, 그의 나라를 세울 왕들입니다.
우리가 무너진 사람들을 세워서 하나님 나라의 역군을 만들어야 할 갱생의 제사장들입니다.

그 나라의 운명은 이 땅에 있는 하나님의 자녀들, 땅의 상속자들, 왕 같은 제사장들의 수준이 결정합니다.

주님, 나로 그의 나라와 그의 의를 먼저 구하는 제사장으로 살게 하옵소서(마 6 : 33).
주님, 나로 심령이 가난하게 되어 천국을 소유하는 상속자가 되게 하옵소서(마 5 : 3).
주님, 나로 세상을 향하여 애통함으로 주님의 가슴으로 세상을 보는 자가 되게 하옵소서(마 5 : 4).

주님, 제가 속죄제를 드립니다. 은혜 없이는 설 수 없는 연약한 존재임을 고백합니다.
주님, 제가 번제를 드립니다. 나의 온 존재가 주님의 것임을 선언합니다.
주님, 제가 소제를 드립니다.
긴 고난의 세월 동안 주 앞에서 고운 가루가 된 나에게 기름 부음을 주옵소서.
성령의 사람으로 살아가도록 안팎으로 기름 부음이, 생수의 강이 흐르게 하소서.
주님, 제가 화목제를 드립니다.
하나님과 전적으로 코드를 맞추며
맡기신 사람을 잃지 않기 위해
이틀을 넘기지 않고 화목제물을 나누겠습니다.

주님, 제가 제사장입니다.

"엘리 때처럼 제사장이 잠들면 나라가 어두워집니다.
주의 대리자로서의 제사장들이 깨어 있게 하소서."

Memo

주님, 아버지께서는 우리를 왕 같은 제사장으로 부르셨지만 우리는 우리 죄로 인해 눈 먼 자로, 다리 저는 자로, 손과 발이 부러지고 등 굽은 자로 하나님을 온전히 섬기지 못했습니다. 이제 아버지께서 심으신 생명의 씨를 가슴에 품고 나를 정결하게 함으로 하나님과 화목의 자리로 나아가겠습니다. 나를 버리고 전적으로 하나님께 헌신함으로 이 땅을 살리고, 마음이 상한 자와 죄인들을 살리는 제사장, 왕 같은 제사장으로 살겠습니다. 아멘.

1여호와께서 모세에게 말씀하여 이르시되 2이스라엘 자손에게 말하여 이르라 이것이 나
의 절기들이니 너희가 성회로 공포할 여호와의 절기들이니라 3엿새 동안은 일할 것이요
일곱째 날은 쉴 안식일이니 성회의 날이라 너희는 아무 일도 하지 말라 이는 너희가 거
주하는 각처에서 지킬 여호와의 안식일이니라 4이것이 너희가 그 정한 때에 성회로 공포
할 여호와의 절기들이니라 5첫째 달 열나흗날 저녁은 여호와의 유월절이요 6이 달 열닷
샛날은 여호와의 무교절이니 이레 동안 너희는 무교병을 먹을 것이요 7그 첫 날에는 너
희가 성회로 모이고 아무 노동도 하지 말지며 8너희는 이레 동안 여호와께 화제를 드릴
것이요 일곱째 날에도 성회로 모이고 아무 노동도 하지 말지니라

Chapter 9

안식일, 유월절, 무교절의 잔치를 누리라

레 23 : 1-8

믿음으로 출발했다면 그 약속의 실현에 대한 확신 속에 살아가야 합니다. 죄가 세상에 난무하고, 우리가 해결할 수 없는 저주, 사망의 권세, 구조 악, 끔찍한 상황들이 벌어지고 있지만 두려워하지 마십시오. 죄가 사망을 가져왔다면 예수님은 생명과 평안을 가져왔습니다. 여러분, 성경은 죄와 사망권세를 푸는 매뉴얼입니다. 성경은 삶의 문제를 풀어 갈 수 있는 해답서입니다. 우리의 일상 속에 매일 벌어지는 문제와 역경들을 성경말씀에 대입해 보십시오. 날마다 기적 같은 감사가 넘치게 될 것입니다. 현재 내가 겪고 있는 사건을 성경말씀으로 해석할 수 있어야 말씀의 사람이라고 말할 수 있습니다.

하나님은 우리가 하나님의 자녀로, 이 땅의 주인으로, 상속자로 살아가게 할 계획을 세우셨습니다. 우리 안에 씨, 하나님의 생명을 주시고, 우리에게 다스릴 수 있는 권세를 주셨습니다. 그래서 우리를 통해 이 세상 나라가 하나님이 다스리시는 하나님 나라가 되기를 원하셨습니다. 그런데 아담과 하와의 범죄로 인하여 인류는 바로 이 형상과 통치권이 망가져 버립니다. 그러나 감사하게도 이 문제를 해결하기 위해 우리 주님이 이 땅에 오셨습니다. 그것이 바로 구원의 역사입니다. 주님이 대속제물이 되심으로 우리는 죄와 사망의 법에서 해방되었습니다. 자녀가 부모를 신뢰하고 의존할 때 행복을 누릴 수 있듯, 이제 우리는 하나님께만 집중하는 일이 필요합니다. 믿고 따르는 일이 중요합니다. 구약에서는 안식일에 거룩함이 있었습니다. 도덕적으로, 윤리적으로 바뀌어서 거룩한 것이 아니라 '안식일을 지킴'으로 거룩해진다고 말씀하셨습니다. 신약에서는 이것을 "은혜 안에 거룩함이 있다."고 말합니다. 거룩해지는 비결은 은혜받는 자리에 나아오는 일입니다.

복음은 예수 그리스도

하나님께서는 '보시기에 좋은 세상'으로 창조하셨지만 우리가 사는 세상은 '보시기에 악한 세상'으로 전락해 버렸습니다. 끔찍한 범죄와 사건, 사고가 끊이지 않고, 부정과 부패, 부조리가 곳곳에 퍼져 있습니다. 도대체 언제부터 인간이 이런 비극 속에 살아가게 되었습니까? 하나님께서는 우리에게 죄의 결과는 사망이라고 말씀하셨습니다. 죄에는 반드시 심판이 따릅니다. 죄가 들어오면서 우리는 범법자가 됐기에 사탄의 지배 아래 자유롭지 못한 인생을 살게 되었습니다. 마치 우리가 세상에서 죄를 지으면 감옥에 갇혀서 어떤 외부적인 제한을 받게 되는 것과 같습니다. 그렇게 희망이 없이 심판과 저주 속에 살아야 되고, 사탄의 올무에서 벗어나지 못한 채 제한적인 삶을 살 수밖에 없는 인간에게 우리 주님은 친히 찾아오셔서 구원을 선포해 주셨습니다. 그렇기에 우리가 구원받았다고 하는 것은 죽은 다음에 보상을 받는 것만을 말하지 않습니다. 지금 이 시간, 예수님을 만난 순간부터 삶의 주인이 바뀌고, 나라가 바뀌고, 법이 바뀌는 새로운 역사가 시작됩니다. 죄와 사망의 법으로부터 해방되고, 나를 살리는 생명의 성령의 법이 계속해서 나를 이끌어 가는 것을 말합니다.

예수, 그 이름 안에 복음의 비밀이 들어 있습니다.

예수, 그리스도, 살아 계신 하나님의 아들, 임마누엘.

이 이름을 통하여 우리를 향하신 하나님의 사랑과 계획을 알 수 있습니다.

예수 : 우리가 죄 가운데 빠져서 노예로 살기를 원하지 않으십니다. 죄 사함 받고 하나님 나라의 백성으로, 자유인으로 살기를 원하십니다.

그리스도 : 기름 부어 이 땅을 통치하는 상속자로, 하나님 나라를 세워 가는 킹덤 빌더로 살기를 원하십니다.

살아 계신 하나님의 아들 : 하나님의 아들, 하나님의 DNA, 우리는 이 생명을 생육, 번식, 충만하게 해야 합니다.

임마누엘 : 하나님께서 나의 아빠 아버지가 되어 주시고 나와 동행하시겠다, 같이 살아 주시겠다고 약속하셨습니다. 나는 이 땅을 하나님 나라로 건설하는 우리 주님의 동역자입니다(고전 3 : 9).

구원, 복음의 의미에 대해 확실하게 인지하고 있습니까?

예수님의 이름으로 복음을 확실하게 설명할 수 있겠습니까?

구원은 변화, 복권(復權) – 썬십과 킹십

우리를 창조하신 목적은 하나님의 형상으로 빚어진 우리가 하나님의 얼굴로 살아가도록 하는 데 있습니다. 그래서 우리에게 하나님의 생명의 번성(Sonship), 하나님의 통치권(Kingship)을 주셔서 이 세상 나라를 하나님의 나라로 다스리게 하셨습니다. 도대체 하나님의 얼굴로 산다는 것은 무엇을 의미합니까? 자식을 자랑스러워하는 부모의 마음을 떠올리면 이해가 될 겁니다. '여왕의 귀환, 김*아', '우리 고장이 낳은 위대한 아들, 박*환'과 같은 문구가 쓰인 플랜카드를 보면 그런 자식을 둔 부모님들이 얼마나 자랑스럽고 뿌듯할까 하는 생각이 듭니다. 자녀가 잘되면 덩달아 부모도 자랑스러워지기 때문입니다. 우리 하나님께서도 우리를 보실 때, 우리의 모습이 자랑스러워서 천사들을 보고 외치십니다. "야! 너희 천사들아, 좀 봐라! 내 아들 좀 봐라! 내 딸 좀 봐라! 얼마나 멋있느냐! 나를 닮았잖느냐!" 그렇게 자랑스러워하는 자녀들이 하나님의 얼굴이자, 교회의 얼굴입니다.

하나님께서는 계속해서 우리가 이 땅을 하나님의 나라로 일구어 가도록 우리에게 통치권을 주셨습니다. "너는 나의 형상이다. 너는 내 것이다. 내가 너에게 나의 통치권을 줘서 정복하고 다스리게 하겠다. 내가 너에게 그 가정을 맡겼다. 내가 그 아이를 너에게 맡겼다." 하나님의 얼굴로 사는 사람, 하나님의 대행자로 사는 사람은 그렇지 않은 사람과 확연하게 다릅니다. 사고치는 자식을 바라보면서, "어쩌다가 저런 애가 내게서 태어났을까." 한탄하지 않고, "70억 인구 가운데 저 아이를 도와줄 사람이 나밖에 없다고 생각하셔서 하나님께서 내게 보내셨구나!" 그렇게 감사하며 팔을 걷어붙이고 적극적으로 그를 도와야 합니다. 피해 의식이나 원망의 마음으로 사건과 상황을 보는 게 아니라 하나님의 약속의 눈을 가지고 사건을 보고, 상황을 봅니다. "하나님! 제가 해 보겠습니다." 하는 이런 마음이 복음의 정신입니다.

"시몬 베드로가 대답하여 이르되 주는 그리스도시요 살아 계신 하나님의 아들이시니이다"(마 16 : 16).

우리 주님이 살아 계신 하나님의 아들로 오시고, 그리스도로 오신 이유는 에덴에서 잃어버린 씨와 통치권을 다시 되찾아 복원시키기 위함입니다(창 1 : 26-28). 우리는 '하나님의 아들'이신 그분을 믿음으로써 하나님의 아들이 되었고, '그리스도'이신 그분에게 기름 부음을 받음으로써 하나님 나라를 세워 갈 수 있는 킹덤 빌더의 권세를 받았습니다.

"내가 천국 열쇠를 네게 주리니 네가 땅에서 무엇이든지 매면 하늘에서도 매일 것이요 네가 땅에서 무엇이든지 풀면 하늘에서도 풀리리라 하시고"(마 16 : 19).

이 천국의 열쇠를 가지고 이 땅에, 우리 교회 안에, 우리 가정 안에 천국을 여는 사람들이 되어야 합니다. 내가 열쇠를 사용해야 할 영역이 어디인가 잘 살펴서 왕 같은 제사장으로 살아가야 합니다.

이스라엘 백성들이 애굽에서 출발할 때 뒤에서 바로와 애굽 백성들이 쫓아왔습니다. 선발된 병거 육백 대가 그들을 다시 애굽의 노예로 삼고자 뒤쫓아 옵니다. 두려움에 몸서리치며 "그냥 애굽에 있을 걸!" 하고 원망하던 자들의 눈앞에서 하나님께서는 모세의 손을 통해 홍해가 갈라지게 하셨습니다. 그리고 이스라엘 백성들은 모세의 인도를 따라 안전하게 홍해를 건넜지만, 바로의 군대와 그의 병거 육백 대는 곧바로 뒤좇아 오다가 홍해에서 수장되어 버립니다.

이와 같이 어려운 시험이란 통과하고 나면 새 세계로 열리는 관문입니다. 그래서 우리는 두려워할 것이 없습니다. 다만 나의 연약함에 집중하거나 세상의 타락을 탓하지 말고 우리 주님의 약속만 믿고 바라보아야 합니다. 타락한 인간으로, 허물과 죄로, 죽었던 자로 출발했지만 하나님의 약속 안에서 꾸준히 은혜와 인도하심을 믿음으로 따라가면 마침내 우리는 가나안에 도달할 수 있습니다. 여러분, 인생의 목표를 광야에서 떡 얼마를 더 얻어먹고, 물 몇 모금 더 얻어 마시는 데 두어서는 안 됩니다. 그렇게 되면 그 욕구가 충족되지 않을 때 원망과 불평을 내어 놓을 수밖에 없습니다. 모든 목표를 씨와 통치권, 후손과 땅, 썬십과 킹십에 두시기 바랍니다. 구속사와 하나님 나라가 우리 삶의 목적입니다. 하나님께는 세상의 문제를 푸는 열쇠가 있습니다.

『 이스라엘에 갔을 때 선교사님과 이런 이야기를 나눴습니다. "목사님, 제가 인터넷으로 목사님의 설교를 들었는데 연말에 요로결석 때문에 고생을 참 많이 하셨더라고요." "예, 제가 한 2주 동안 지옥을 몇 번 왔다 갔다 했습니다.” “이스라엘에는 흙이나 돌에 석회질이 많기 때문에 이스라엘 사람들이 요로결석증이나 담석증 환자가 많아야 할 것 같은데, 여기는 전혀 그런 문제로 어려움을 당하지 않습니다.” 그분이 알려 주신 요로결석이나 담석증을 방지하는 비법은 이스라엘 사람들이 많이 먹는 세 가지 음식과 음료에 있었습니다. 첫째는 올리브, 두 번째는 레몬, 세 번째는 적포도주였습니다. 식탁에 늘 이 세 가지가 같이 올라가기 때문에 걱정하지 않는다고 말합니다. 』

『 이은성씨가 쓴 소설 「동의보감」에 보면, 허준은 치료법에 대한 분명한 철학을 갖고 있었습니다. 그는 '신이 사람에게 병을 허락했다면 반드시 그것을 고칠 약도 주셨을 것'이라는 신념이 있었습니다. 그래서 시간만 나면 산으로, 들로 약초를 캐러 다녔습니다. 허준은 어떤 질병이라도 치료할 수 있는 약이 있다는 확신 속에 사는 신념의 사람이었습니다. 』

믿음으로 출발했다면 그 약속의 실현에 대한 확신 속에 살아가야 합니다. 죄가 세상에 난무하고, 우리가 해결할 수 없는 저주, 사망의 권세, 구조 악, 끔찍한 상황들이 벌어지고 있지만 두려워하지 마십시오. 죄가 사망을 가져왔다면 예수님은 생명과 평안을 가져왔습니다. 여러분, 성경은 죄와 사망권세를 푸는 매뉴얼입니다. 성경은 삶의 문제를 풀어 갈 수 있는 해답서입니다. 우리의 일상 속에 매일 벌어지는 문제와 역경들을 성경말씀에 대입해 보십시오. 날마다 기적 같은 감사가 넘치게 될 것입니다. 현재 내가 겪고 있는 사건을 성경말씀으로 해석할 수 있어야 말씀의 사람이라고 말할 수 있습니다.

나는 하나님의 아들 됨과 통치권을 가지고 당당하게 살아가고 있습니까?

사망의 문제, 사탄의 문제 해결

당신은 죄 문제, 사망과 저주의 문제, 사탄의 문제를 어떻게 해결하고 있습니까? 거룩한 백성들이 가야 할 길과 구별된 사람인 제사장들이 가야 할 길을 명확하게 가르쳐 준 다음에, 이렇게 살면 우리가 하나님을 만나게 되고, 그 영광을 회복하고, 하나님의 얼굴로, 하나님의 대행자로 살아갈 수 있다고 하는 진리를 가르쳐 주는 책이 레위기입니다. 특히 레위기는 '하나님과 우리 관계에서 막혀 있는 것을 뚫을 수 있는 예배의 방법'을 우리에게 가르쳐 줍니다. 레위기의 전반부에 해당하는 1장부터 17장까지의 내용에서는 5대 제사인 번제, 소제, 화목제, 속죄제, 속건제를 중심으로 어떻게 죄인이 하나님께 가까이 갈 수 있는지, 어떻게 하면 하나님과 친해질 수 있는지 방법을 가르쳐 줍니다. 그리고 18장부터 27장 후반부에서는 7대 절기에 대해 다루면서, 하나님을 만난 사람들이 어떤 혜택을 누리고 사는지를 가르쳐 줍니다. 웨스트민스터 소요리 문답 제1문을 살펴봅시다.

『"사람의 제일 되는 목적이 무엇이뇨?"
"사람의 제일 되는 목적은 하나님을 영화롭게 하고, 영원토록 그를 즐거워하는 것입니다."』

우리는 '하나님을 영화롭게 하고'에 대해서는 잘 아는데 '영원토록 그를 즐거워하는 것'에 대해서는 간과합니다. 예수 믿는 것은 의무만 있는 것이 아니라 특권도 있습니다. 누림이 있어야 합니다. 하나님을 만나는 시간이 축복의 시간이고, 힘을 공급받는 시간이고, 용기를 북돋는 시간입니다. 또한 성도들끼리 만나면 서로에게 지지와 격려를 하고, 함께 희망을 붙잡아야 합니다. 이것이 복음입니다. 우리는 거룩한 삶을 누릴 수(enjoying) 있습니다.

나는 어디에서 에너지를 공급받습니까?
무엇이 나를 행복하게 만듭니까?

모든 절기의 출발은 안식일(레 23 : 1-4)

7대 절기의 첫 번째 출발은 안식일입니다. 맨 처음 안식일에 대한 규례는 창세기 2 : 3에 나옵니다.

"하나님이 그 일곱째 날을 복되게 하사 거룩하게 하셨으니 이는 하나님이 그 창조하시며 만드시던 모든 일을 마치시고 그날에 안식하셨음이니라"(창 2 : 3).

구약에서는 안식일에 거룩함이 있었습니다. 우리가 어떤 선한 일을 하고,

무언가를 바꿈으로가 아니라 안식일을 지킴으로 거룩해진다고 말합니다.

"그리하여 너희가 내 모든 계명을 기억하고 행하면 너희의 하나님 앞에 거룩하리라 나는 여호와 너희 하나님이라 나는 너희의 하나님이 되려고 너희를 애굽 땅에서 인도해 내었느니라 나는 여호와 너희의 하나님이니라"(민 15 : 40 - 41).

하나님이 우리의 하나님이 되시고, 우리가 하나님의 백성이 되는 비결은 우리가 행위를 통해서 순결해지는 것이 아니라 그날, 안식일을 온전히 지키는 데에 있습니다. 하나님의 일곱째 날이 사람에게는 지음을 받은 이후 첫날이었습니다.

"여호와께서 모세에게 말씀하여 이르시되 이스라엘 자손에게 말하여 이르라 이것이 나의 절기들이니 너희가 성회로 공포할 여호와의 절기들이니라 엿새 동안은 일할 것이요 일곱째 날은 쉴 안식일이니 성회의 날이라 너희는 아무 일도 하지 말라 이는 너희가 거주하는 각처에서 지킬 여호와의 안식일이니라 이것이 너희가 그 정한 때에 성회로 공포할 여호와의 절기들이니라"(레 23 : 1 - 4).

하나님께는 안식일이 창조 완성의 날이었지만 사람에게는 시작의 날이 되었습니다. 수고는 하나님께서 하셨지만, 사람은 안식으로부터 일생을 시작합니다. 이 원리는 사람이 세상에 태어나서 생명을 유지하고 풍성한 인생을 사는 원리와 같습니다. 엄마는 아이의 출생을 위해서 미리미리 다 준비해 놓습니다. 기저귀도 준비하고, 옷도 준비하고, 보험까지 가입합니다. 아기 스스로 생존을 위해서 준비할 것은 아무것도 없습니다. 모든 준비는 부모가 갖춥니다. 이것이 안식일의 의미이고 복음입니다. 사람이 필요로 하는 모든 것들, 인간의 생존, 건강, 번성, 풍요로움, 충만 등 하나님은 엿새 동안 사람들에게 필요한 모든 것을 준비하셨습니다. 아이가 성숙하기 전까지는 부모가 준비한 것들을 누리기만 하면 되는 것처럼, 구원받은 이후의 우리도 할 일이 아무것도 없습니다. 하나님께서 준비한 모든 것들을 그냥 받아들이기만 하면 됩니다. 우리가 무슨 일을 하고, 윤리적으로 뭔가 결단해야 거룩해진다고 생각하면 안 됩니다. 부모를 신뢰하기만 하면 됩니다. 이것을 믿음이라고 말합니다. 행위가 먼저가 아니라 성장이 먼저입니다. 그래서 우리는 안식일의 복을 받아야 합니다. 안식일, 그날을 복되게 하시고, 그날을 구별시켜서, 그날 안에 들어가서, 그날을 지키기만 하면 거룩해질 수 있도록 하나님께서 장치를 해 두셨습니다. 그로 인해 우리가 거룩해집니다. 신약적인 표현으로는 이것을 '은혜' 안에 거룩함이 있다고 말합니다.

예수님께서 모든 것을 다 준비하시고 십자가, 부활, 승천, 우리의 구원, 영생, 부요함, 건강함 등 우리의 승리를 위해서 모든 것을 다 준비하시고 우리를 그 은혜 안에 초청하셨습니다. 우리가 종교적인 행위를 하고, 어떤 액션을 취해서, 스스로의 힘으로 순결해지고 거룩해질 수 있다면 예수님이 필요가 없습니다. 오직 '은혜'라고 말합니다. 구약에서는 이 안식일을 굉장히 엄하게 지켰습니다. 만약 안식일을 거절하면 하나님과의 교통이 끊어져 버립니다. 민수기 15장에 안식일을 지키지 않고 나무를 한 사람을 심판하라는 말씀이 나옵니다.

"여호와께서 모세에게 이르시되 그 사람을 반드시 죽일지니 온 회중이 진영 밖에서 돌로 그를 칠지니라"(민 15 : 35).

너무 혹독한 심판이 아닌가 생각이 될 정도로 엄하게 다루십니다. 그 이유가 무엇일까요? 구약에서 안식일을 거부하는 일은 신약에서 예수님의 십자가, 은혜를 거절하는 행위와 같습니다. 창조된 사람은 엿새 동안 수고하신 하나님의 창조 행위의 은총을 누림으로 삶이 시작됩니다. 창조된 다음 날이 안식일입니다. 하나님의 수고를 사람이 누리면서 안식으로 출발하는 것이 인생입니다. 예수님을 만났는데도 여전히 자기 힘을 의지하고 또한 종교 행위를 거룩해지는 길로 오해하는 사람에게는 그리스도가 아무런 유익이 되지 않습니다. 구원은 주님의 수고로부터 오는 것이지, 우리의 행위나 노력을 통해 오지 않습니다. 구약에서 안식일을 지키지 않는 행위나 신약에서 십자가의 은혜 없이 의로워질 수 있다고 생각하는 일이나 같은 범죄입니다.

구약에서는 안식일 안에 거룩이 있었습니다. 신약에서는 그 은혜의 장소, 은혜의 시간 안에 내가 들어가야 합니다. 그리스도를 경험할 수 있는 은혜의 장소와 시간을 내가 성실하게 지켜야 합니다. 은혜가 떨어지면 삶의 문제가 커 보이고, 사방에 적들 밖에 없는 것 같고, 세상은 온통 타락했고, 교회는 다 변질된 것처럼 보입니다. 세상이 온통 문제로만 보입니다. 신앙은 단지 종교 행위로 전락해 버리고 하나님은 안 보입니다. 그러나 은혜받으면 세상이 두렵지 않습니다. 은혜받으면 전봇대도 십자가로 보입니다. 은혜받으니까 산 위에 있는 크레인도 십자가로 보입니다. 할렐루야! 이런 복음의 원리를 바울은 이렇게 설명합니다.

"보라 나 바울은 너희에게 말하노니 너희가 만일 할례를 받으면 그리스도께서 너희에게 아무 유익이 없으리라 내가 할례를 받는 각 사람에게 다시 증언하노니 그는 율법 전체를 행할 의무를 가진 자라 율법 안에서 의롭다 함을 얻으려 하는 너희는 그리스도에게서 끊어지고 은혜에서 떨어진 자로다"(갈 5 : 2 - 4).

구약의 7대 절기들, 안식일, 이런 모든 규례들은 그리스도를 보게 해 주는 역할을 합니다. 그리스도를 붙잡게 하고, 그분을 바라볼 수 있도록 도와주는 그림자들입니다. 그리고 신약시대에는 그림자가 아니라 실제로 그분이 오셨습니다. 그래서 신약시대에는 이런 절기를 지키는 일이 중요한 게 아니라 제사와 절기를 통해서 그리스도를 바라보고 그리스도를 경험할 수 있어야 합니다. 머리 되신 그리스도를 붙잡으면 교회 안에 있는 지체들, 리더들이, 셀장들, 안수집사, 권사, 장로님들이 각각 마디와 힘줄 역할을 감당하면서 온몸이 하나님의 부요하심 가운데 자랄 수 있도록 전달해 주는 통로 역할을 해 주기 때문입니다. 수많은 사람들이 마디와 힘줄 역할을 감당하지 못하고, 또 사람들이 자신들을 하나님의 전달자로서의 정체성을 온전히 인식하지 못하기 때문에 문제가 생기는 것입니다. 머리 되시는 그리스도를 놓치게 하는 어떤 것도 우리는 거절해야 합니다.

하나님께서는 안식일을 복되게 하셨습니다. 그날을 구별시키셨습니다. 마찬가지로 예수 그리스도 안에 은혜의 길을 마련하시고, 그분을 통해 세상을 정복하시고, 내게 있는 문제를 해결할 수 있도록 은혜를 준비하셨습니다. 내 안에 안식이 없다는 것은 공급이 끊어졌다는 신호입니다. 기쁨이 있고, 누림이 있고, 쉼이 있고, 여유가 있고, 삶의 생기가 넘치려면, 또한 열정이 있고, 삶의 재미가 있고, 하루를 살더라도 기쁨과 감격 속에서 살려면, 주님을 만남으로 재충전의 시간을 가져야 합니다. 신앙생활의 출발은 쉼입니다. 의무나 어떤 책임이 아니라 쉼을 경험하는 것입니다. 은혜의 증거는 안식입니다.

『 무거운 짐을 나 홀로 지고 견디다 못해 쓰러질 때 불쌍히 여겨 구원해 줄 이 은혜의 주님 오직 예수 - "내 모든 시험 무거운 짐을"(337장) 』

신앙생활은 내 힘으로 해결하지 못한 건강의 문제, 내가 마음대로 할 수 없는 부부 간의 갈등, 자녀문제를 혼자 끙끙 싸매고 있지 않고, 그 짐을 주님께 가지고 나오는 것입니다.

"수고하고 무거운 짐 진 자들아 다 내게로 오라 내가 너희를 쉬게 하리라"(마 11 : 28).

하나님께서 마련하신 안식일, 그 은혜의 약속을 누리고 있습니까?

유월절과 무교절(레 23 : 5-6)

"첫째 달 열나흗날 저녁은 여호와의 유월절이요 이 달 열닷샛날은 여호와의 무교절이니 이레 동안 너희는 무교병을 먹을 것이요"(레 23 : 5-6).

내가 죗값을 치러야 하는데 나에게는 그 대가를 지불할 능력이 없습니다. 그래서 죄에 대해서는 나는 영원토록 미성년자입니다. 사탄과도 나는 독립하여 싸울 수가 없습니다. 그런데 그 모든 속박과 압제로부터 나를 자유하게 하기 위해 우리 주님이 모든 대가를 다 지불하셨습니다. 그렇기 때문에 우리는 반드시 그리스도 안에 있어야 되고, 그리스도와 연합한 자, 그분을 의존하는 믿음의 사람이 되어야 합니다.

"그러므로 이제 그리스도 예수 안에 있는 자에게는 결코 정죄함이 없나니 이는 그리스도 예수 안에 있는 생명의 성령의 법이 죄와 사망의 법에서 너를 해방하였음이라"(롬 8 : 1-2).

그분은 죄와 사망의 법에서 나를 해방하여 생명의 성령의 법 아래로 이끌고 가십니다. 할렐루야! 예수 안에 있는 자에게 주시는 희망입니다. 미성년자가 세상을 잘사는 비결은 부모를 의존하면 됩니다. 신뢰의 크기가 행복의 크기입니다. 그러나 부모로부터 이탈하여 독립하면 그때부터 모든 것을 본인이 책임져야 합니다.

이스라엘과 블레셋의 전쟁에서 양국의 대표들이 나와 싸웠습니다. 그

때 '다윗이 이겼지만 이스라엘이 이긴 것'이 됩니다. 마찬가지로 우리 주님이 죄와 사망의 권세를 이기셨으므로 주님 안에 있는 우리가 같이 이긴 것입니다. 이것을 신학적으로 대표성의 원리(Representative theory)라고 합니다. 부전승(不戰勝)의 승리입니다. 우리가 다 싸워야 되는 것이 아니라 주님 안에 있으면, 주님의 승리를 내 것으로 누릴 수 있습니다. 부모가 수고하여 돈을 벌면 자녀들은 그 수입 안에서 같이 누리는 것과 같은 원리입니다. 우리 주님은 부요하신 분입니다. 세상을 이기신 분입니다. 죄와 사망의 권세를 이기시고 하늘 보좌에 앉으셨습니다. 그러므로 그리스도 안에 있을 때 은혜받고, 주님의 질서 안에 우리가 살아가면 주님께서 누리신 만큼, 주님의 수준만큼 나도 같이 누리게 됩니다.

(1) 유월절 잔치

피 안에 있으면, 그리스도 안에 있으면 결코 정죄함이 없습니다.

어린 양의 피는 우리의 죄, 심판, 저주를 모두 탕감해 주고 자유롭게 해 줍니다.

"내가 피를 볼 때에 너희를 넘어가리니 재앙이 너희에게 내려 멸하지 아니하리라"(출 12 : 13).

우리는 늘 자신을 정결하게 하기 위하여 십자가 앞에 우리의 죄를 자복하고 용서를 받아야 합니다.

유월절을 매년 지켜야 합니다. 유월절이 없는 자는 하나님과 관계없이 사는 자입니다.

"해마다 절기가 되면 이 규례를 지킬지니라"(출 13 : 10).

"그러나 사람이 정결하기도 하고 여행 중에도 있지 아니하면서 유월절을 지키지 아니하는 자는 그 백성 중에서 끊어지리니 이런 사람은 그 정한 기일에 여호와께 헌물을 드리지 아니하였은즉 그의 죄를 담당할지며"(민 9 : 13).

매년마다 유월절을 지켜야 하는 이유는 은혜의 공급으로 살아가는 존재임을 잊지 말라는 말씀입니다. 우리 육신이 음식과 자연의 공급을 통하여 생명력을 유지하듯이, 우리 영혼은 말씀, 성령의 기름 부음, 기도의 힘, 교제의 힘, 예배의 영성에 의하여 삽니다. 이러한 은혜의 공급이 차단되지 않도록 늘 주님과의 교통에 우선순위를 두어야 합니다.

하나님께서 택하신 곳에서 유월절 제사를 드려야 한다는 말씀은 기준점을 하나님께 두어야 한다는 말씀입니다.

"유월절 제사를 네 하나님 여호와께서 네게 주신 각 성에서 드리지 말고 오직 네 하나님 여호와께서 자기의 이름을 두시려고 택하신 곳에서 네가 애굽에서 나오던 시각 곧 초저녁 해 질 때에 유월절 제물을 드리고 네 하나님 여호와께서 택하신 곳에서 그 고기를 구워 먹고 아침에 네 장막으로 돌아갈 것이니라"(신 16 : 5 – 7).

나의 편리함이나, 내가 원하는 방식이 아닌 하나님의 말씀이, 하나님이 정하신 원칙이 기준이 되어야 합니다. 구원받은 이후의 삶의 중심은 유월절입니다. 피의 복음, 은혜의 복음, 하나님 중심의 복음입니다. 유월절 이후의 삶은 그리스도 안에 있는 삶입니다. 몸 안에 있는 삶입니다. 만약 우리의 심장이나 간을 몸에서 떼어 내어 독립시켜 따로 둔다면 곧 괴사되어 버립니다. 몸 안에 있을 때 건강한 생명력을 갖습니다. 구원받은 이후 우리의 영적 생명은 그리스도 안에, 몸인 교회 안에 있어야 합니다. 우리가 유월절의 질서 안에만 있으면 우리 주님이 우리의 보호자가 되시고, 인도자가 되셔서 가나안, 풍요의 땅으로 인도하십니다.

(2) 무교절 잔치

유월절이 우리의 죄를 위해 주님이 대신 심판을 받으심으로 우리가 죄 사함을 받는 은혜를 경험하는 절기라면, 무교절은 그 그리스도를 양식으로, 음료로 공급받는 절기입니다. 구원받기 전에는 누룩이 있는 떡, 곧 죄와 더불어 살았다면 이제는 누룩 없는 떡이신 그리스도를 나의 공급원으로 삼아 살아가는 절기입니다. 이제는 그리스도가 나의 매일의 양식이 되십니다.

누룩 없이 지내는 절기입니다. 잘못을 시인하고 고백하기만 하면 그 피의 공로가 우리를 해방시켜 줍니다. 죄가 처리되지 않으면 병든 사람처럼 점점 우리 영혼이 힘을 잃어 갑니다. 우리 영혼이 맑아야 주님과의 교통이 깊어집니다.

어린 양과 더불어 무교병과 쓴 나물을 함께 먹었습니다. 죄악 된 요소들은 다 버리고 세상, 죄, 옛사람의 삶을 쓴 맛으로 느끼면서 먹어야 합니다.

"그 밤에 그 고기를 불에 구워 무교병과 쓴 나물과 아울러 먹되"(출 12 : 8).

우리가 회개할 때 과거의 죄악 된 삶을 은근히 마음으로 즐기면서 잘못했다고 회개하는 경우가 있습니다. 또 어떤 경우에 그 시절을 그리워하는 마음을 가질 때도 있습니다. "그 시절은 내 영혼이 참으로 곤고한 시간이었다." 고백하며 쓴맛으로 느껴야 합니다.

7일 동안 지켜야 합니다(출 12 : 15). 유월절은 피에 의하여 우리가 구원받았음을 의미합니다. 많은 그리스도인들이 유월절의 기쁨을 오래 간직하지 못하는 이유는 무교절의 잔치로 이어지지 않기 때문입니다.

예수님을 만나 은혜받고 구원받을 때 우리는 기쁨과 감격으로 충만해집니다. 그러나 그들이 누룩, 곧 죄 된 삶을 제거하지 않을 때는 그 잔치의 분위기가, 그 감격이 오래가지 않습니다. 사람의 힘만으로는 죄와 사탄, 세상을 이길 수 없습니다. 바로 그 자리를 양식이신 그리스도로, 무교병이신 그리스도, 곧 말씀으로 채울 때 비로소 우리의 잔치는 식지 않고 더욱 뜨겁게 지속될 수 있습니다. 구원받은 이후에 말씀공부, 신앙의 훈련으로 이어지지 않으면 절기가 이어지지 않는다는 사실을 명심해야 합니다. 은혜받는 일, 그리스도를 양식으로, 음료로 공급받는 일이 중요합니다.

나의 즐거움, 나의 행복은 누룩 있는 떡입니까?
무교병이신 그리스도입니까?

여호와께 화제를 드리라!

"그 첫날에는 너희가 성회로 모이고 아무 노동도 하지 말지며 너희는 이레 동안 여호와께 화제를 드릴 것이요 일곱째 날에도 성회로 모이고 아무 노동도 하지 말지니라"(레 23 : 7 - 8).

안식일부터 안식일까지가 유월절, 무교절 잔치입니다. 유월절이 시작입니다. 성회로 모입니다. 유월절 다음 날부터가 무교절인데 그 마지막 날도 성회로 모입니다. 이레 동안 매일 여호와께 화제를 드린다는 말씀은 하나님을 계속 집중하여 바라보는 것을 말합니다. 태워서 화제를 드리고, 연기가 하늘로 올라가는 것을 보면서 우리의 제사를 받으시는 하나님을 묵상합니다. 그분께 집중합니다. 예배는 언제나 하나님께 집중해야 합니다. 이것이 유월절, 무교절을 지키는 방법입니다.

화제는 모든 것을 태워서 하나님께 올리는 제사입니다. 땅에 남아 있는 것이 없습니다. 모든 것을 다 아버지께 올려 드리는 제사입니다. 온전하게 그분에게만 집중하는 예배의 모습입니다.

『20대에 남편을 잃고 딸 하나를 키우는 어느 어머니가 있었습니다. 딸아이는 유복자로 아버지의 얼굴도 모릅니다. 그러나 이 엄마는 억척스럽게 딸을 가르쳤습니다. 결국 딸은 의대를 졸업해서 유학까지 다녀온 뒤, 한국에 돌아와 이름 있는 교수가 되었습니다. 딸에게는 그 어머니에 대한 감사함이 너무 컸습니다. 20대에 청상과부가 되어 재가하지 않고 자신을 위해 평생을 바친 그 어머니의 정성이, 그 은혜가 너무 감사했습니다. 그래서 양수리 조용한 곳에 집을 마련해서 그곳에 모셨습니다. 그리고 주말이면 어머니를 찾아뵙고 위로했습니다. "엄마, 원하는 게 있으면 다 얘기해 보세요. 내가 뭐든지 다 해 드릴게요. 다 사다 드릴게요." 어머니는 웃으며 말합니다. "나는 네가 잘되는 것이 큰 기쁨이야! 다른 건 아무것도 필요하지 않아!" "엄마, 그런 거 말고 내가 사 줄게! 다 말해 봐." 딸의 간청에 어머니는 조심스럽게 말을 꺼냅니다. "그래. 그러면 내 소원이 하나 있다. 내가 평생을 다니던 교회가 있는데 교외로 내가 이사를 하다 보니까 교회 가는 일이 여간 어렵지 않구나. 이 나이에 내가 운전을 배울 수도 없고, 네가 주말마다 오는데 나랑 같이 교회 가서 끝나면 나를 좀 데려다 주면 안 되겠니?" 딸이 그 말을 듣고 가만히 생각해 보니 자신이 한국에 있을 때는 그런대로 신앙생활을 근근이 했었는데 그동안 해외에서 유학하면서 너무 시간에 쫓겨 그만 신앙을 놓쳐 버린 것이 생각났습니다. 그래서 흔쾌히 매주 주말마다 어머니를 모시고 교회에 가기로 약속을 했습니다. 그렇게 해서 교회를 가게 되었는데 첫날 교회를 갔더니 교인들이 환호성을 지르며 환영해 주었습니다. 또 목사님이 광고 시간에 모 권사님의 딸이 훌륭한 의대 교수님이 되어 돌아왔다고 요란하게 소개했습니다. 좀 무안하기도 하고 어색하기도 했지만 엄마를 생각해서 자랑스럽게 생각하고 기분 좋게 인사를 했습니다. 그리고는 엄마가 일을 다 보실 때까지 휴게실에 가서 기다렸습니다. 그런데 자기 또래쯤 되는 젊은 여자들이 수다를 떠는데, 그 수다의 내용이 듣기에 불편한 험담들이었습니다. 예수 믿어도 별 수 없다는 생각에 조용히 자리를 옮겼습니다.

그랬더니 이번에는 장로님 한 분이 찾아오시더니 자신의 아들을 그녀가 교수로 재직하고 있는 학교에 기부입학을 할 수 있도록 도와달라고 요청을 하는 것입니다. 불쾌한 생각에 단호하게 거절을 하고 또 자리를 옮겼습니다. 빈 방을 찾아가서 쉬려는데, 그 옆방에서 회의를 하면서 옥신각신하며 거친 소리들이 오고 가는데 여간 듣기에 민망했습니다.

그때 마침 엄마가 오셨습니다. 딸은 엄마를 붙들고 지금까지 자신이 느끼고 당했던 이야기들을 나누면서 단호하게 말합니다. "엄마, 다시 이 교회 오지 마세요. 이런 끔찍한 곳에 다니면 엄마마저 오염되겠어요. 내가 주말마다 산과 바다를 즐길 수 있도록 도와드릴 테니까 이제 여기 오지 마세요." 그러자 엄마의 얼굴이 갑자기 경직되었습니다. 그러면서 한 말씀합니다. "나는 평생 교회를 다니면서 예수님만 봤는데 너는 딱 하루 교회 나와서 참 많은 것도 보았구나!"

딸은 어머니의 이 말씀에 큰 충격을 받습니다. 어머니가 무식해서, 잘 몰라서 교회에 열심을 낸 줄 알았더니 이 한마디 말 속에서 어머니의 뚜렷한 신앙철학을 봤습니다. 어머니는 자신처럼 저속하게 문제만 바라보는 사람이 아니라 예수님을 바라보고 진정한 가치가 무엇인가를 볼 줄 아는 속 깊은 신앙인이라는 생각에 더 이상 말문이 닫히고 고개가 숙여졌습니다.』

여러분은 교회 오실 때에 뭘 보기 위해 오십니까? 무슨 기대를 가지고 교회에 참여하고 계십니까? 무엇 때문에 마음이 상합니까? 무엇이 나를 만족시킵니까? 우리 신앙의 목표는 그리스도여야 합니다. 사람이 아니고, 목사가 아니고, 셀장이 아니고, 나를 힘들게 하는 김 집사, 박 장로가 아니라 그리스도여야 합니다. 생명을 보고, 신앙을 보고, 그분을 바라보면 꿈이 보입니다. 희망이 보입니다. 그분은 내게 빛으로, 희망으로 다가오시고, 내 속에 약속을 주십니다. 어떤 문제가 있어도, 어떤 타락함과 어떤 오염이 있어도 그분만 계시면 땅은 구원을 받고, 사람은 변화가 됩니다. 그러므로 그분에게만 초점을 맞추십시오. 일생을 살면서 세상의 온갖 쓰레기를 다 뒤지고 다니는 사람으로, 냄새나는 소문은 다 모아서 담아 두는 더러운 쓰레기통으로 자신의 인생을 낭비하지 마십시오. 오직 하나님만 바라보고, 오직 그리스도를 집중하고, 온전히 그 약속만을 붙잡고 사십시오.

나의 교회생활은 어떠합니까?
무엇을 기대하며, 무엇을 바라봅니까?

유월절, 무교절에 주신 세 가지 보장

유월절, 무교절에 우리 주님께서 세 가지를 약속하셨습니다.

(1) 피 안에 있을 때 보호를 받습니다

구원받은 사람은 죄 때문에 망하지 않습니다. 회개하지 않았기 때문에 망할 수 있습니다. 그것은 본인이 그 죄를 담당해야 하기 때문입니다(민 9 : 13 참조). 피 안에 있으면 저주, 사망으로부터 벗어날 것을 약속하셨습니다. 유월절, 그 밤에 모든 가족들은 피가 발린 집 안에 있어야 했습니다.

여호수아서 2장에서 두 정탐꾼을 살려 준 기생 라합에게 정탐꾼이 복음을 이야기합니다.

"우리가 이 땅에 들어올 때에 우리를 달아 내린 창문에 이 붉은 줄을 매고 네 부모와 형제와 네 아버지의 가족을 다 네 집에 모으라 누구든지 네 집 문을 나가서 거리로 가면 그의 피가 그의 머리로 돌아갈 것이요 우리는 허물이 없으리라 그러나 누구든지 너와 함께 집에 있는 자에게 손을 대면 그의 피는 우리의 머리로 돌아오려니와"(수 2 : 18 - 19).

붉은 줄을 매단 집 안에 있을 때에는 그 안에 있는 모든 사람이 구원을 얻을 수 있었습니다. 구약시대에는 어린 양의 피가, 신약시대에는 예수 그리스도의 피가 우리를 구원합니다. 이는 우리가 스스로 죄 문제를 해결하지 못하지만 예수 그리스도 안에 있으면 구원받음을 말합니다. 그래서 우리는 죄를 지을 때마다 미성년자임을 고백하고 죄에 대해서 회개하고 주님 앞에 토설하며 자백해야 합니다. 이것이 피 안에 있는 삶입니다. 피의 언약 안에 있는 것이 중요합니다.

(2) 누룩 없는 떡이신 그리스도가 무교병이 되어 우리의 양식이 될 때 잔치 인생이 됩니다

"이레 동안 무교병을 먹고 일곱째 날에는 여호와께 절기를 지키라 이레 동안에는 무교병을 먹고 유교병을 네게 보이지 아니하게 하며 네 땅에서 누룩을 네게 보이지 아니하게 하라"(출 13 : 6 – 7).

방부제를 넣고, 조미료를 많이 넣어 조리한 음식들은 우리의 건강을 망가뜨립니다. 기형아를 낳거나, 어린아이들이 쉽게 성인병에 걸리는 것은 부모의 나쁜 음식습관으로 인해 뱃속에 있을 때부터 그 영향을 받고 태어나기 때문입니다. 먹는 음식이 나와 나의 가족들의 건강을 좌우합니다. 마찬가지로 구원받은 자라해도 누룩 있는 떡, 곧 죄악을 음식으로 섭취하지 않도록 주의해야 합니다. 죄를 즐기고, 세상을 그리워하면 우리의 영적 건강이 무너지기 시작합니다. 죄는 사망을 가져옵니다. 죄와 사망은 사탄의 전진기지입니다. 죄를 지으면 사탄이 그때부터 합법적으로 기득권 행세를 합니다. 우리가 자유인으로 있을 때는 경찰이 와서 체포하지 못하지만, 죄를 지었을 경우에는 바로 체포될 수 있습니다. 죄의 빌미를 줬기 때문입니다. 죄가 나를 옭아매고 사탄이 종으로 끌고 다니게 됩니다.

누룩을 먹지 말라는 것은 사탄에게 틈을 내주지 말라는 뜻입니다. 그래서 우리는 생각을 조심해야 하고, 감정 관리를 잘해야 하고, 언어로 죄를 짓지 않아야 합니다. 죄를 지으면 달콤하게 느껴집니다. 하지만 그것이 덜커덕하고 덫이 되어 나를 망하게 할 수 있습니다. 그러나 무교병이신 그리스도를 말씀과 예배를 통해서, 찬양을 통해서, 기도생활을 통해서 계속 공급받으면 나중에는 그것들이 나의 만족, 기쁨, 보람이 됩니다. 목마름, 배고픔이 그리스도로 채워지게 됩니다.

무교병은 그리스도를 말합니다. 우리에게는 공급되는 양식이 중요합니다. 말씀을 먹고, 말씀대로 살려고 애를 쓰고, 말씀을 즐기고, 주야로 묵상하고, 암송하고, 자꾸 말씀을 가까이하는 삶을 살아야 합니다. 주일 말씀을 통해 영의 양식을 공급받고 경건 서적을 읽고, 은혜받고 경험한 것을 서로 간증하며 나눔을 통해 하나님의 은혜가 매일매일 내 삶에 공급되어야 합니다.

(3) 가족들을 위한 장자의 복을, 하나님 나라를 위한 여호와의 군대의 복을 받습니다

이스라엘의 출애굽을 막던 바로로 인하여 애굽인의 모든 장자들은 죽임을 당했습니다. 반면 어린 양의 피가 발린 문 안에 있던 이스라엘 백성들의 장자는 모두 살았습니다. 이렇게 하나님은 출애굽을 시작할 때부터 이스라엘을 장자 나라로 세우셨습니다. 이것이 유월절의 시작입니다.

"너는 바로에게 이르기를 여호와의 말씀에 이스라엘은 내 아들 내 장자라 내가 네게 이르기를 내 아들을 보내 주어 나를 섬기게 하라 하여도 네가 보내 주기를 거절하니 내가 네 아들 네 장자를 죽이리라 하셨다 하라 하시니라"(출 4 : 22 - 23).

장자는 아버지의 기력의 시작이요, 아버지를 대행하는 자입니다. 아버지의 유업을 장자에게는 갑절로 줍니다(신 21 : 15－17). 그 이유는 아버지를 대신해야 할 때 가족들을 책임져야 하기 때문입니다. 오늘 우리도 장자의 복을 요청할 수 있습니다. 우리가 섬기고 돌봐야 할 하나님의 식솔들이 많기 때문입니다. 또한 우리는 하나님 나라를 위한 용사들입니다. 우리는 하나님을 위한 여호와의 군대로 부름을 받았습니다.

"바로가 너희의 말을 듣지 아니할 터인즉 내가 내 손을 애굽에 뻗쳐 여러 큰 심판을 내리고 내 군대, 내 백성 이스라엘 자손을 그 땅에서 인도하여 낼지라"(출 7 : 4).

"너희는 무교절을 지키라 이날에 내가 너희 군대를 애굽 땅에서 인도하여 내었음이니라 그러므로 너희가 영원한 규례로 삼아 대대로 이날을 지킬지니라"(출 12 : 17).

"사백삼십 년이 끝나는 그날에 여호와의 군대가 다 애굽 땅에서 나왔은즉"(출 12 : 41).

여호와는 전쟁에 능한 자입니다. 전쟁에 2등이란 없습니다. 매일, 매순간 우리를 도우시는 하나님을 의지하십시오. 그가 지시하신 대로 그 말씀에 복종하십시오. 기드온의 3백 용사는 비록 숫자는 적었지만 하나님을 의지하고 나갔을 때 미디안의 13만 5천 명의 군대와 싸워 이겼습니다(삿 8 : 10－12).

여러분, 주께서 우리를 부르셨습니다. 그리고 부전승을 약속하셨습니다. 아무쪼록 은혜받는 자리, 공급받는 자리를 지키십시오. 그래야 주님이 준비한 약속들을 나도 누릴 수 있습니다. 우리 주님은 내가 세상을 이긴 것처럼, 너희도 함께 승리의 개가를 부르라고 말씀하십니다.

"세상에서는 너희가 환난을 당하나 담대하라 내가 세상을 이기었노라"(요 16 : 33).

이러한 절기의 복음이 우리의 삶이 되고, 우리의 간증이 되고, 우리의 노래가 되기를 바랍니다.

우리의 쉼은 안식일, 유월절, 무교절 안에 있습니다.
그리스도는 나의 안식일입니다.
주님 안에 나의 모든 필요가 준비되어 있습니다.
주님 안에 들어가 쉬면
창조 여섯 날의 아버지의 모든 수고가 나를 위한 것임을 알게 됩니다.
빛도, 궁창도, 땅도, 해와 달과 별들도, 물고기와 새들도, 육축과 짐승들이
다 형상과 통치권을 행할 수 있도록 배려되었습니다.
모두 사람, 우리를 위한 아버지의 섭리였고 수고였습니다.

나는 주님을 유월절로, 무교절로 누리기를 원합니다.
주님은 날 위해 희생양이 되셨고, 누룩 없는 떡이 되셨습니다.
나는 양이신 주님을 통하여 죄 사함과 화목과 아버지의 영광을 바라보고 즐거워하게

되었습니다(롬 5 : 1 - 2).
나는 떡이신 주님을 통하여 의에 주리고 목마른 영혼의 갈망들을 채움받을 수 있습니다(마 5 : 6).

"예수께서 이르시되 나는 생명의 떡이니 내게 오는 자는 결코 주리지 아니할 터이요 나를 믿는 자는 영원히 목마르지 아니하리라"(요 6 : 35).

"내 안에 들어와 쉬어라!"
"피를 적용하라!"
"누룩 있는 떡을 버리고 무교병이신 그리스도를 먹어라!"
"너의 삶이 잔치의 삶이 되게 하라!"

우리는 아버지 집의 장자들입니다.
우리는 하나님 나라를 지키는 여호와의 군대입니다.

아, 그리스도!
나의 주, 나의 왕이시여!
주 앞에 엎드려 의리와 충성을 다짐합니다.
영원히 영광과 찬양을 받으소서.

"예수님 안에 있는 십자가, 부활, 승천의 모든 혜택들을 나의 가나안, 나의 기업, 나의 분깃으로 누립니다."

주님, 내게 안식이 있게 하옵소서. 위로부터 주시는 은혜로 우리 삶에 신령한 공급이 끊이지 않게 하옵소서. 우리 주님이 이루신 십자가와 부활과 승천을 기억하며 그리스도를 나의 매일의 양식으로, 매일의 음료로 취하게 하옵소서. 가나안에 아버지께서 준비해 놓으신 모든 풍요가 있듯이, 그리스도 안에 나의 공급이, 나의 양식이 있어 매일 우리 주님을 먹고, 마심으로 나의 매일이 풍성하게 하옵소서. 나의 전쟁들이 승리의 노래들로 이어지게 하옵소서. 아멘.

Memo

9여호와께서 모세에게 말씀하여 이르시되 10이스라엘 자손에게 말하여 이르라 너희는
내가 너희에게 주는 땅에 들어가서 너희의 곡물을 거둘 때에 너희의 곡물의 첫 이삭
한 단을 제사장에게로 가져갈 것이요 11제사장은 너희를 위하여 그 단을 여호와 앞에
기쁘게 받으심이 되도록 흔들되 안식일 이튿날에 흔들 것이며 12너희가 그 단을 흔드
는 날에 일 년 되고 흠 없는 숫양을 여호와께 번제로 드리고 13그 소제로는 기름 섞은
고운 가루 십분의 이 에바를 여호와께 드려 화제로 삼아 향기로운 냄새가 되게 하고
전제로는 포도주 사분의 일 힌을 쓸 것이며 14너희는 너희 하나님께 예물을 가져오는
그날까지 떡이든지 볶은 곡식이든지 생 이삭이든지 먹지 말지니 이는 너희가 거주하
는 각처에서 대대로 지킬 영원한 규례니라 15안식일 이튿날 곧 너희가 요제로 곡식단
을 가져온 날부터 세어서 일곱 안식일의 수효를 채우고 16일곱 안식일 이튿날까지 합
하여 오십 일을 계수하여 새 소제를 여호와께 드리되 17너희의 처소에서 십분의 이 에

Chapter 10

초실절, 오순절의 능력을 누리라

레 23 : 9 - 22

바로 만든 떡 두 개를 가져다가 흔들지니 이는 고운 가루에 누룩을 넣어서 구운 것이
요 이는 첫 요제로 여호와께 드리는 것이며 18너희는 또 이 떡과 함께 일 년 된 흠 없
는 어린 양 일곱 마리와 어린 수소 한 마리와 숫양 두 마리를 드리되 이것들을 그 소제
와 그 전제제물과 함께 여호와께 드려서 번제로 삼을지니 이는 화제라 여호와께 향기
로운 냄새며 19또 숫염소 하나로 속죄제를 드리며 일 년 된 어린 숫양 두 마리를 화목
제물로 드릴 것이요 20제사장은 그 첫 이삭의 떡과 함께 그 두 마리 어린 양을 여호와
앞에 흔들어서 요제를 삼을 것이요 이것들은 여호와께 드리는 성물이니 제사장에게
돌릴 것이며 21이날에 너희는 너희 중에 성회를 공포하고 어떤 노동도 하지 말지니 이
는 너희가 그 거주하는 각처에서 대대로 지킬 영원한 규례니라 22너희 땅의 곡물을 벨
때에 밭 모퉁이까지 다 베지 말며 떨어진 것을 줍지 말고 그것을 가난한 자와 거류민
을 위하여 남겨 두라 나는 너희의 하나님 여호와이니라

몸이나 지체는 교회를 말하는데, 한 성령을 마셨고, 한 성령으로 세례를 받았다고 말씀합니다. 바로 이 때 교회가 됩니다. 우리가 성령을 마시고, 성령으로 세례받았을 때 한 몸으로 소통이 됩니다. 오순절에 이러한 역사가 시작되었습니다. 내가 성령 받았는지 확인하고 싶으십니까? 성령 받은 사람의 증거는 다른 사람을 수용할 수 있는 능력입니다. 심지어 먼 데 있는 사람, 이방인, 게다가 전에는 원수 되었던 관계까지도 품기 시작합니다. 거기에 누룩이 있을지라도 내가 수용할 수 있습니다. 그것이 교회입니다. 유월절, 무교절, 초실절을 지나고 난 다음에 경험하는 절기가 오순절입니다. 절기의 영적인 의미대로 성장해 가면 문제가 있는 사람이라도 수용하며, 그리스도의 몸으로 지어져 갑니다. 성령의 도우심으로 서로 교통하게 됩니다.

씨앗은 뿌려졌으나 스스로 썩지 않으면 생명이 발아할 수 없습니다. 유월절은 예수님이 돌아가신 날이고, 무교절은 누룩 없는 떡을 먹는 것처럼 죄를 멀리함으로 내가 죽는 날입니다. 예수님처럼 우리가 죽어 썩어져야 생명을 발아할 수 있습니다. 그리고 유월절과 무교절이 지나면 우리는 초실절, 오순절을 경험하는 성장이 있어야 합니다. 초실절은 처음 익은 열매를 드리는 절기입니다. 처음 수확물 중 첫 이삭 한 단, 가장 첫 것을 드립니다. 첫 것을 드림으로 하나님과의 관계를 회복합니다. 그리고 그리스도가 부활의 첫 열매로 드려진 초실절처럼 우리 자신도 부활의 열매로 드려져야 합니다.

The 2nd conversion(회심), The 2nd blessing(축복)

『 우리는 조지 뮬러라는 기도의 사람을 잘 압니다. 그분은 빈민촌의 수많은 고아들의 아버지였습니다. 가진 재산도 없고, 돈 한 푼 없는 그였지만 버려진 아이들을 따뜻하고, 깨끗한 곳에서 배부르게 키웠습니다. 한 기자가 그에게 물었습니다. "당신은 어떻게 돈도 없이 수많은 고아를 그렇게 오랫동안 돌볼 수 있었습니까? 어디에서 그런 능력이 나왔습니까?" 그때 조지 뮬러 목사님은 조용히 대답했습니다. "능력이라니요? 제게는 저 자신의 죽음만이 있었을 뿐입니다. 내가 죽었을 때에 그때 주님이 역사하셨습니다." 그분은 수없이 기도로 하나님께 구하고 부르짖었습니다. 자신의 필요를 구하고 자신의 한계를 인정하고 하나님 앞에 자신을 내려놓았습니다. 그때 하나님께서 역사하셨습니다. 』

내가 죽었을 때 주님이 역사하시는 것, 이것을 'The second conversion'(두 번째 회심)이라고 합니다. 'The first conversion'(첫 번째 회심)은 처음 예수님을 만나 회개했을 때를 말하지만, 두 번째 회심은 나를 내려놓았을 때, 나를 십자가에 못 박았을 때를 말합니다. 앤드류 머레이(Andrew Murray)라고 하는 아프리카의 유명한 영적 지도자는 이 개념을 'The second blessing'(두 번째 축복)이라고 표현했습니다. 첫 번째 축복은 예수님 만났을 때 이미 받았고, 두 번째 축복은 나를 십자가에 못 박고, 자신을 부인했을 때 받는 세례라고 했습니다. 주님은 우리를 위한 모든 준비를 다 해 놓으셨습니다. 또 세상에서 죄, 사망, 아담이 가져다준 저주와 심판의 흐름을 깨뜨리고 새로운 예수님의 사람으로, 예수족(族)으로 살아갈 수 있도록 모든 준비를 갖추셨습니다.

유월절은 예수님께서 돌아가신 날입니다. 그러나 두 번째 절기인 무교절은 이제 내가 죽는 날입니다. 내가 누룩을 제거하고, 나를 거절하고, 나를 십자가에 못 박는 절기가 바로 무교절입니다. 그리고 무교병이신 그리스도를 먹는 날입니다. 그렇게 유월절과 무교절이 지나면 우리는 부활을 상징하는 초실절과 성령 강림을 상징하는 오순절을 경험하게 됩니다. 사람이 옷을 입을 때 속옷을 입고 겉옷을 입어야 되는데, 순서를 무시하고 바꾸어 옷을 입고 다닌다면 스파이더맨으로 보든지 아니면 정신이 조금 오락가락한 사람으로 취급받을 수 있습니다. 옷을 순서를 따라 입듯, 신앙의 성장 과정도 순서가 중요합니다. 순차적으로 예수께서 십자가에 달려 돌아가신 유월절, 내가 죽는 무교절, 속사람이 거듭나게 되는 초실절, 그리고 성령의 도우심을 받는 오순절 순으로 신앙의 단계를 밟아 나가야 합니다. 혹 다른 순서로 영적 경험을 했다 해도 바로 성경이 말하는 순서로 질서를 찾는 게 중요합니다. 그리고 나는 그리스도를 어느 수준으로 누리는지, 어떤 절기를 거쳐 가고 있는지 꼼꼼하게 점검해 봐야 합니다.

오늘날 신앙생활을 시작했으면서도 성장과 변화가 없는 사람이 많은데 이런 절기의 누림과 성숙이 없기 때문입니다. 성숙됨이 없이 열심만 내면 나중에 문제가 터집니다. 자아를 해결하지 않고, 분노, 시기, 질투, 또 자기 안에 있는 열등감이나 비교의식, 좌절감과 같은 해결되지 않는 감정의 상처들을 그대로 품은 채 '일'만 하게 되기 때문입니다.

이미 예수님은 십자가, 부활, 승천을 이루심으로 우리에게 죄와 사망, 음부의 권세와 싸워 이길 수 있는 모든 능력을 주셨습니다. 그 능력을 갖지 못하고 성장하지 못한 채, 유치한 신앙인의 모습으로 살아가는 사람들이 많습니다. 예를 들어 어렵게 대학생이 되었는데도 초등학생 수준의 인격, 교양을 갖고 있다면 분명 그가 밟아 온 교육과정은 잘못된 것입니다. 왜냐하면 각 교육 단계별로 성취해야 할 교육목표가 있고, 과정 속에서 결과를 성취하려는 부모님들의 기대가 있기 때문입니다. 마찬가지로 그리스도인들도 영적으로 단계에 맞는 성장이 있어야 합니다. 그러나 오늘날 많은 그리스도인들이 경건의 모양은 갖고 있지만 경건의 능력을 잃어버리고, 하나님의 기대를 충족시켜 드리지 못한 채 살아가고 있습니다.

예수께서 십자가 위에서 돌아가신 사건은 모든 사탄의 권세를 부수어 우리를 자유하게 한 것으로, 우리가 이것을 믿음으로 그 피의 능력을 경험할 수 있습니다. 보혈 안에 있는 이 무한한 능력을 경험하면 벌써 인생이 달라지기 시작합니다. 바로 이 능력을 힘입고 우리가 성숙하면 이제 우리 자신의 자아가 문제가 됩니다. 계속 성장하려면 옛 사람, 이전의 자신을 부인해야 합니다. 자기 부인(否認)이 없으면 우리는 더 이상 성장하지 못합니다.

『 어떤 교인이 목사님께 상담을 요청했습니다. 목양실에서 만나기로 하고, 기다리는데 큼지막한 어떤 상자를 메고 옵니다. "목사님, 저 이거 좀 처리해 주세요." "아니, 이게 무엇입니까?" 상자를 열어 보았더니 목걸이, 귀걸이, 팔찌, 금은 패물이 들어 있었습니다. 어안이 벙벙해진 목사님이 교인을 쳐다보자 그는 말을 이어 나갔습니다. "이것은 제가 그 동안에 모아 놓은 겁니다." "아니 그런데 이걸 왜 가져오셨습니까?" "목사님, 이걸 제가 오늘 처리하려고 가지고 왔습니다. 제가 이것의 노예가 되어 버렸습니다." 이야기를 나눠 보니 이분이 패물에 대한 욕심이 많았습니다. 계속해서 사 모으고, 또 모아도 허전함을 느끼고, 더 채워 넣어야 만족하는 자신을 이제야 발견한 것입니다. "솔직히 저는 아침에 기도도 안 하고 시작합니다. 예수님에게 문안 기도는 안 드리면서도 날마다 이것을 저 혼자만 아는 비밀장소에 잘 모셔 놓고 안녕하신지, 아침마다 문안하고, 여행을 가도 이것 때문에 마음이 영 불안하기만 합니다. 어쩌다가 집에 전기 고치는 사람, 수도 고치는 사람만 와도 다 도둑놈같이 보이고, 제 정신은 온통 이 상자 안에만 쏠립니다. 그러다가 제가 참 잘못 살고 있음을 깨닫게 되었습니다. 억울하기도 하고, 창피하기도 하고, 헛되게 인생을 사는 것 같기도 하고, 하나님 앞에 죄송하기도 해서, 회개하는 마음으로 오늘 목사님께 갖고 왔습니다. 알아서 처리해 주십시오." 』

우리는 인생에서 항상 뭔가를 붙잡고 삽니다. 무엇을 붙잡고 사느냐가 그 사람의 인격과 신앙의 성숙을 좌우합니다. 어떤 사람은 인기나 명예를 붙잡고 삽니다. 어떤 사람은 지식이나 재물을 붙잡고 살고, 어떤 사람은 취미나 습관에 의미를 두고, 어떤 사람은 술이나 담배 같은 것에 마음을 빼앗기고, 어떤 사람은 가족에게 매어 삽니다. 강아지를 거리에 데리고 나갈 때 줄을 매어 가지고 나가는 이유가 무엇입니까? 개가 자유롭게 가지 못하도록 붙잡아 두는 겁니다. 사탄은 우리를 돈이나 명예, 또 별로 중요하지 않는 것들을 볼모로 잡고 거기에 인생의 끈을 걸고 질질 끌고 다닙니다. 지금 나는 무엇을 붙잡고, 무엇에 의미를 두고 살고 있는지 한 번 점검해 보십시오. 지금 내가 잡은 것이 내 인생의 가치를 결정합니다.

당신에게는 두 번째 회심, 두 번째 축복이 있습니까?
당신 인생은 어디에 매어 있으며, 누구에게 매어 있습니까?

믿음의 문제가 아닌 방향성의 문제입니다

하나님께서 왜 우리에게 광야를 주십니까? 하나님께서 왜 우리 삶이 안 풀리고 자꾸 꼬이게 하십니까? 기도하라는 요청입니다. 기도해도 풀리지 않으십니까? 회개하십시오. 그러다 보면 하나님께 초점(focus)을 맞추게 되고 그로 인해 변화가 일어납니다. 그런데 요즘은 모두들 너무 강심장이어서 그런지 고난이 와도 기도를 안 합니다. 광야가 와서 숨이 넘어갈 듯해도 기도하지 않습니다. 24시간 교회 문을 열어 놓아도 절대로 기도하러 오지 않는 사람이 있습니다.

『 어느 날 아인슈타인 박사가 뉴욕에서 기차를 타고 어디론가 가고 있었습니다. 승무원이 검표를 하기 위해 아인슈타인 박사 앞에 왔는데, 아인슈타인 박사가 계속 호주머니를 뒤지는 것입니다. 그러나 다행히도 승무원이 얼굴을 알아보았습니다. "박사님, 이제 그만 찾으세요. 저는 박사님을 믿습니다.” 그렇게 말하고 뒤 칸까지 다 검표를 마치고 돌아오는데 박사는 아직까지도 계속해서 표를 찾고 있습니다. “박사님, 괜찮아요. 박사님 신뢰하니까 괜찮아요. 그냥 편안하게 계세요.” 그랬더니 아인슈타인이 대답을 합니다. “그렇게 믿어 줘서 참 고맙기는 한데, 지금은 믿음의 문제 때문에 이렇게 표를 찾고 있는 게 아니라 방향의 문제 때문입니다.” “아니 그게 무슨 말씀입니까?” “내가 오늘 강연을 가는데 어디까지 가는지 잊어 버렸습니다. 그런데 표까지 잃어 버렸으니 어디서 내려야 할지 모르겠습니다.” 』

십자가의 보혈로 인해 구원의 문제는 해결이 됐지만 방향의 문제가 해결이 안 된 사람이 많습니다. 어디를, 무엇을 향해 가는지, 목적지가 어딘지 모르면, 질서 없이 삶을 낭비할 수밖에 없습니다. 오늘날 많은 그리스도인들이 예수 믿고 나서도 무엇을 위해 살아야 할지를 모릅니다. 지금 내가 가고 있는 곳이 어디인지, 무엇을 해야 할 것인지, 주님은 지금 나에게 어떤 사명을 주셨는지를 정확하게 찾아야 되는데, 그것을 깨닫지 못하기 때문에 하나님께서 사명과 방향을 찾도록 광야를 주셨습니다. 그것은 하나님께서 우리를 향해 호소하시는 신호입니다. “엎드려라. 기도해라. 성경 안에서 진리를 찾아라. 네가 가야 할 길이 어디인지를 발견해야 한다. 성장해라. 다음 단계로 올라가라!”

당신은 주님을 향해, 바른 방향으로 가고 있습니까?

주님은 초실절의 첫 열매입니다(레 23 : 10－11)

무교절 이후로 주님은 우리에게 초실절을 원하십니다.

"이스라엘 자손에게 말하여 이르라 너희는 내가 너희에게 주는 땅에 들어가서 너희의 곡물을 거둘 때에 너희의 곡물의 첫 이삭 한 단을 제사장에게로 가져갈 것이요 제사장은 너희를 위하여 그 단을 여호와 앞에 기쁘게 받으심이 되도록 흔들되 안식일 이튿날에 흔들 것이며"(레 23 : 10 - 11).

첫 이삭 한 단을 제사장에게 가져오면 제사장은 그것을 여호와 앞에 흔들어 요제로 드렸습니다. 하나님께서 기쁘게 받으심이 되도록, 열납되도록, 하나님께서 받으시는 방법대로 드렸습니다. 초실절은 처음 익은 열매를 드리는 절기입니다. 수확한 것 중에 하나를 뽑아서 드리는 게 아니라 처음으로 벤 단을 하나님께 드렸습니다. 초실절의 의미는 무엇입니까?

(1) 그리스도가 부활의 첫 열매로 드려졌으며, 마지막 때에 부활할 성도들의 첫 열매 되심을 의미합니다

주께서 부활의 첫 열매가 되셨다는 말씀은 마지막 때 모든 성도가 똑같이 주님처럼 변화된 육체로 부활할 것을 약속하는 말씀입니다.

"그러나 이제 그리스도께서 죽은 자 가운데서 다시 살아나사 잠자는 자들의 첫 열매가 되셨도다 사망이 한 사람으로 말미암았으니 죽은 자의 부활도 한 사람으로 말미암는도다 아담 안에서 모든 사람이 죽은 것같이 그리스도 안에서 모든 사람이 삶을 얻으리라 그러나 각각 자기 차례대로 되리니 먼저는 첫 열매인 그리스도요 다음에는 그가 강림하실 때에 그리스도에게 속한 자요 그 후에는 마지막이니 그가 모든 통치와 모든 권세와 능력을 멸하시고 나라를 아버지 하나님께 바칠 때라"(고전 15 : 20 - 24).

모두가 다 잠들었는데 예수님이 첫 부활체가 되셨습니다. '첫 것'이라는 말은 '그 다음에 따라오는 것'이 있다는 것을 전제합니다. 아담이 죄로 온 세상을 망가뜨렸지만 예수님은 십자가와 부활을 통해서 모든 사람에게 소망이 되셨습니다. 순서적으로 예수님께서 첫 부활체가 되셨고, 그 다음에 주님이 강림하실 때 그리스도에게 속한 자들이 부활에 참여하게 됩니다.

(2) 우리 자신이 부활의 열매로 드려져야 함을 의미합니다

우리는 재림 때에 부활하신 주님처럼 다 부활하게 됩니다. 그러나 그 전에, 죽은 다음이 아니라, 현실의 삶 속에서 우리가 부활의 열매로 하나님께 드려져야 합니다. 씨앗은 땅에 뿌려져 썩어야만 살 수 있습니다. 뿌려진 씨앗은 스스로 썩음으로, 새로운 생명으로 출발할 수 있습니다. 어떤 사람이 씨를 뿌리지도 않고 가을에 곡식을 거두려고 한다면 그 사람은 바보든지, 아니면 정신이 비정상적인 사람일 겁니다. 이것이 하나님의 정하신 법칙입니다. 땅에 뿌리지도 않고 열매를 거두려는 마음이

나, 뿌려 놓고 스스로 죽지 않고 발아하려는 마음은 하나님의 법칙을 모르는 무지한 태도입니다. 구원받았다 할지라도 나를 내려놓고, 나를 부인하지 않으면 우리는 거듭난 인생, 새로운 인생을 살 수가 없습니다.

"너희가 그 단을 흔드는 날에 일 년 되고 흠 없는 숫양을 여호와께 번제로 드리고 그 소제로는 기름 섞은 고운 가루 십분의 이 에바를 여호와께 드려 화제로 삼아 향기로운 냄새가 되게 하고 전제로는 포도주 사분의 일 힌을 쓸 것이며"(레 23 : 12 - 13).

5대 제사 가운데 가장 우선적인 제사는 번제와 소제입니다. 전부를 드린다는 개념으로 번제를 드리고, 나의 삶 가운데 가장 좋은 것을 드린다는 개념으로 드리는 제사가 소제입니다. 전제를 드린다는 말은 'drink offering', 즉 내 생명의 '피 한 방울까지도' 주께 드린다는 의미입니다. 최고의 제사인 번제와 소제를 함께 드리면서 내 자신을 온전히 하나님께 드려야 합니다. 주님의 부활이 우리에게 무엇을 가져왔습니까?

"우리 주 예수 그리스도의 아버지 하나님을 찬송하리로다 그의 많으신 긍휼대로 예수 그리스도를 죽은 자 가운데서 부활하게 하심으로 말미암아 우리를 거듭나게 하사 산 소망이 있게 하시며 썩지 않고 더럽지 않고 쇠하지 아니하는 유업을 잇게 하시나니 곧 너희를 위하여 하늘에 간직하신 것이라"(벧전 1 : 3 - 4).

주님의 부활은 우리에게 거듭남을 가져왔습니다. 십자가가 우리의 죄 사함의 문제를 해결해 준 근거인 것처럼, 주님의 부활이 우리의 거듭남의 근거입니다. 성품, 기질, 살아왔던 방식, 살아오면서 받았던 상처들, 또 습득된 악한 습관들이 다 그리스도를 만난 이후에 바뀝니다. 우리가 그분을 인격적으로 만나면 내 삶에 변화가 나타나기 시작합니다. 그분이 내게 영향력을 주시기 때문입니다. 주님이 내 인격 속에 개입하시기 시작합니다. 그로 인해 변화가 나타납니다. 이것이 거듭남입니다.

"내가 그리스도와 함께 십자가에 못 박혔나니 그런즉 이제는 내가 사는 것이 아니요 오직 내 안에 그리스도께서 사시는 것이라 이제 내가 육체 가운데 사는 것은 나를 사랑하사 나를 위하여 자기 자신을 버리신 하나님의 아들을 믿는 믿음 안에서 사는 것이라"(갈 2 : 20).

거듭났다면 탐욕적이고 혈기로 꽉 찬 내 모습이 아니라, 그리스도가 보여야 합니다. 주님의 부활은 우리에게 산 소망을 주십니다. 세상에 있는 희망은 자꾸 무너지지만 주님이 부활하시면서 주신 산 소망은 썩지 않고, 쇠하지 않고, 또 더럽혀지지도 않는 유업입니다. 그리고 그것은 없어지지 않고 점점 더 풍성해지고, 부요해지고 영광스러워집니다. 그래서 '자아의 죽음'은 끝이 아닙니다. 새로운 출발입니다. 기다렸던 유업으로 내가 들어가는 영광이요, 존귀함입니다. 그러나 우리가 구원받은 이후에 우리 성품이 변화되지 않으면 이 모든 기업을 다 상실하게 됩니다. 옛 사람이 죽어야만 유업을 얻을 수 있습니다. 예수님이 부활하신 사건은 우리가 장차 재림할 때에 죽었다가 부활하는 그리스도의 영광된 모습과 같이 다시 살 것을 약속하신 하나님의 언약입니다. 그러나 그 부활의 능력은 죽은 이후에, 역사의 끝에서만 이루어지는 것이 아니라 지금 이루어질 수 있습니다. 예수님의 십자가의 능력을 경험하고, 나를 십자가에 못 박는 이 세례를 경험하면 우리 삶 가운데 초실절의 역사가 나타납니다. 부활의 능력을 경험하게 됩니다.

부활은 죄와 사망의 권세로부터 나를 자유롭게 합니다. 죄가 나를 얽어맸지만 부활의 능력은 나를 그 죄와 사망으로부터 자유롭게 합니다. 또 나의 옛 자아, 살아왔던 옛 사람의 얽어매임으로부터 우리를 자유롭게 합니다. 더 나아가서 사탄의 음부의 세력으로부터 우리를 자유롭게 합니다.

(3) 하나님께 드려지는 날까지 초실의 곡물은 먹을 수 없었습니다

이는 하나님의 것을 구별하여 드림으로 하나님과의 관계가 회복되는 것을 의미합니다.

"너희는 너희 하나님께 예물을 가져오는 그날까지 떡이든지 볶은 곡식이든지 생 이삭이든지 먹지 말지니 이는 너희가 거주하는 각처에서 대대로 지킬 영원한 규례니라"(레 23 : 14).

하나님께 첫 번째 것을 드리기까지는 초실의 곡물을 먹을 수 없었습니다. 초실절에 첫 곡식 단을 하나님께 드리기 전에는 절대로 먹어서는 안 됩니다. 이것이 하나님께 대한 예의입니다. 현재 우리가 드릴 수 있는 첫 것은 십일조입니다. 내가 쓰고 남은 것, 쓰다가 헐은 것, 낡은 것이 아니라 가장 좋은, 처음 것을 드려야 합니다. 그리고 이것 자르고, 저것 자르고, 이거 빼고, 저거 떼고 나서 드리는 것이 아닌 가장 먼저 구별하여 준비한 온전한 십일조를 드려야 합니다. 우리가 하나님 앞에 나올 때 첫 것을 드린다는 말은 하나님과 계속 관계를 갖겠다는 말이고, 나는 하나님을 존중한다는 의미이고, 내 인생의 으뜸은 하나님이라는 상징적 표현입니다. 우리가 하나님과 관계하는 법을 자꾸 놓치니까 축복을 자꾸 잃게 됩니다. 놓치지 않도록 온전한 십일조를 드리십시오.

『 김홍신 씨가 쓴 「인생 사용설명서」에 보면 담배 끊는 얘기가 나옵니다. 그분은 자그마치 37년 6개월 동안 담배를 피웠다고 합니다. 폐암의 위험이 있다거나 간접적인 살인 행위라는 소리를 들을 때마다 한 번쯤 끊어 볼까 생각도 했었지만 원체 좋아해서 쉽지가 않았다고 합니다. 보통 원고를 쓸 때는 하루에 서너 갑은 기본이었습니다. 얼마나 담배를 좋아했던지 "죽는 날에도 담배를 입에 물고 죽겠다."는 수필까지 썼다고 합니다. 그런데 어느 날 그 좋아하던 담배를 갑자기 끊게 되었습니다. 스승의 한 마디 때문이었습니다. "쥐는 쥐약인 줄 알면 먹지 않는데, 사람은 쥐약인 줄 알면서도 먹는단다. 세상을 끌고 가도 시원찮은데 담배한테 끌려 다니다니……."

그는 결단을 합니다. 아주 뜨거운 물 잔은 얼른 내려놓으면 되는데 붙잡고 어쩔 줄 몰라 하면 델 수밖에 없습니다. 그래서 37년 6개월간 쥐고 있던 뜨거운 물 잔을 얼른 내려놓기로 했습니다. 백해무익하고 남에게 피해를 주는 담배에게 끌려 다니기를 거부한 것입니다. 처음 6개월 동안은 금단현상 때문에 상당히 어려웠습니다. '보람 있는 일, 사랑하는 일에는 끌려 다닐 수 있지만 이익이 없고 다른 사람에게 해를 끼치는 담배에는 절대 끌려 다니지 말자!'고 결심을 합니다. 마지막까지 피웠던 담뱃갑과 일회용 라이터를 눈에 보이는 곳에 몇 년 동안 놔뒀습니다. 담배가 눈에 보여도 피우지 않아야 끊을 수 있다는 생각 때문이었습니다. 그가 담배를 끊었다는 말을 듣고 지인들이 참 독한 사람이라고 놀려 댔지만 그는 말했습니다. "독극물을 삼키는 사람이 독한 사람이지 어찌 버린 사람이 독한가!"』

그렇게 담배를 끊었더니 전혀 새로운 세계가 열리더랍니다. 그렇습니다. 우리는 자신의 욕망, 야심, 옛 사람을 놓으면 큰일 날 줄 알고 벌벌 떨지만 사실 그것을 놓아 버리면 전혀 새로운 세계가 열립니다. 거듭나려면, 변화되려면 붙잡고 있는 것, 살아왔던 방식, 그 습관을 내려놓아야 합니다. 초실절을 통해 새롭게 거듭나야 합니다.

'옛 사람 나'로부터 무엇이 달라졌습니까?
부활의 능력이 무엇을 바꿔 주기를 원하십니까?

오순절은 공동체를 위한 절기입니다(레 23 : 17－20)

초실절을 경험한 사람들은 자연스럽게 오순절로 이끌립니다. 오순절은 하나님 말씀과 성령의 능력으로 사는 절기를 말합니다. 오순절 절기는 어떻게 드렸습니까?

(1) 오순절에 번제, 소제, 화목제, 속죄제를 드렸습니다

"너희의 처소에서 십분의 이 에바로 만든 떡 두 개를 가져다가 흔들지니 이는 고운 가루에 누룩을 넣어서 구운 것이요 이는 첫 요제로 여호와께 드리는 것이며 너희는 또 이 떡과 함께 일 년 된 흠 없는 어린 양 일곱 마리와 어린 수소 한 마리와 숫양 두 마리를 드리되 이것들을 그 소제와 그 전제제물과 함께 여호와께 드려서 번제로 삼을지니 이는 화제라 여호와께 향기로운 냄새며 또 숫염소 하나로 속죄제를 드리며 일 년 된 어린 숫양 두 마리를 화목제물로 드릴 것이요 제사장은 그 첫 이삭의 떡과 함께 그 두 마리 어린 양을 여호와 앞에 흔들어서 요제를 삼을 것이요 이것들은 여호와께 드리는 성물이니 제사장에게 돌릴 것이며"(레 23 : 17 - 20).

원래 곡식으로 드리는 제사는 누룩이 들어가서는 안 됩니다. 그러나 오순절 날 드리는 소제에는 누룩을 넣게 했습니다. 이 부분이 아주 중요합니다. 누룩을 넣을 수 있도록 했던 이유가 무엇입니까? 신약시대에 오순절 날 교회가 시작되었는데, 그 교회 안에 누룩이 있음을 미리 보여 주는 의미입니다. 거룩한 사람만 모이는 곳이 교회가 아니라 이방인들, 아직 자아가 처리되지 않은 사람들이 모이는 곳이 교회라는 말씀입니다. 그렇기 때문에 우리는 그들이 문제를 가지고 교회 안으로 들어오더라도 정죄하거나 거절해서는 안 되고 성장할 때까지 기다리고 수용할 수 있어야 합니다. 교회 안에 나와 수준과 취향이 다른 사람들이 있습니다. 그러나 그런 사람까지라도 우리가 외면하지 않고, 한 몸으로 인정하고 성령의 능력으로 그들을 품고 교제할 수 있어야 합니다.

오순절에는 번제, 소제, 화목제, 속죄제를 드립니다. 속건제는 빠져 있습니다. 속건제는 개인적인 허물 때문에 드린 제사이기 때문에 오순절에는 드리지 않았습니다. 오순절은 몸을 위한 제사, 공동체를 위한 절기이기 때문입니다.

(2) 나의 안식, 누림의 영향력이 가난한 자들에게까지 가야 합니다

"이날에 너희는 너희 중에 성회를 공포하고 어떤 노동도 하지 말지니 이는 너희가 그 거주하는 각처에서 대대로 지킬 영원한 규례니라 너희 땅의 곡물을 벨 때에 밭 모퉁이까지 다 베지 말며 떨어진 것을 줍지 말고 그것을 가난한 자와 거류민을 위하여 남겨 두라 나는 너희의 하나님 여호와이니라"(레 23 : 21 - 22).

수확을 할 때 이랑마다 곡식을 다 베지 말고 남겨 놓도록 했습니다. 거기 떨어진 이삭도 줍지 말라고 했습니다. 과일나무의 열매도 다 따서는 안 됩니다. 초실절이 여름 농사의 첫 소출이라면 오순절은 여름 농사의 마지막 수확입니다. 그때 부스러기를 남겨 두지 않으면 나그네들, 노숙자들이나 가난한 사람들, 이주민들, 외국인 노동자들이 먹을 것이 남지 않기 때문입니다. 가난한 그들이 양식을 취할 수 있도록 남겨 두도록 했습니다.

"또 십자가로 이 둘을 한 몸으로 하나님과 화목하게 하려 하심이라 원수된 것을 십자가로 소멸하시고 또 오셔서 먼 데 있는 너희에게 평안을 전하시고 가까운 데 있는 자들에게 평안을 전하셨으니 이는 그로 말미암아 우리 둘이 한 성령 안에서 아버지께 나아감을 얻게 하려 하심이라"(엡 2 : 16 – 18).

성령이 오시면 원수 되었던 관계, 이방인과 유대인, 남자와 여자, 종과 주인과 같은 사람들이 둘이 한 몸, 즉 교회가 된다고 말씀했습니다. 이것이 오순절의 영향력입니다. 우리가 영향력이라는 말의 의미를 생각할 때, 안식일의 영향력을 먼저 생각해야 합니다. 출애굽기 20 : 10~11에서 안식일을 지키는 원칙을 말씀합니다.

"일곱째 날은 네 하나님 여호와의 안식일인즉 너나 네 아들이나 네 딸이나 네 남종이나 네 여종이나 네 가축이나 네 문안에 머무는 객이라도 아무 일도 하지 말라 이는 엿새 동안에 나 여호와가 하늘과 땅과 바다와 그 가운데 모든 것을 만들고 일곱째 날에 쉬었음이라 그러므로 나 여호와가 안식일을 복되게 하여 그날을 거룩하게 하였느니라"(출 20 : 10 – 11).

나의 안식일은 가족들 전부에게 혜택이 가야 했습니다. 내 아들, 딸, 또 종들, 집에서 키우는 짐승들까지도, 심지어는 집에 찾아온 손님에게까지도 미치도록 했습니다. 내가 은혜를 받으면 우리 가족들, 집안의 식솔들이 다 혜택을 누리는 것이 안식일의 영향력입니다.

오순절의 영향력이 그렇습니다. 이방인까지도, 심지어 하나님 앞에 설 수 없었던 사람들에게도 내가 누리는 은혜의 혜택이 흘러가야 합니다. 그래서 오순절 성령을 받으면 땅끝까지 가서 증인이 될 것을 요청합니다(행 1 : 8).

(3) 그리스도의 몸을 세워 가야 합니다

성령의 역사가 내게 역사하기 시작하면 몸인 교회가 세워집니다. 구약의 오순절 제사가 누룩 있는 두 개의 떡을 흔들어서 드렸던 것처럼 신약의 오순절은 유대인과 이방인이 섞여서 하나님께 올려지는 절기입니다.

"몸은 하나인데 많은 지체가 있고 몸의 지체가 많으나 한 몸임과 같이 그리스도도 그러하니라 우리가 유대인이나 헬라인이나 종이나 자유인이나 다 한 성령으로 세례를 받아 한 몸이 되었고 또 다 한 성령을 마시게 하셨느니라"(고전 12 : 12 - 13).

몸이나 지체는 교회를 말하는데, 한 성령을 마셨고, 한 성령으로 세례를 받았다고 말씀합니다. 바로 이때 교회가 됩니다. 우리가 성령을 마시고, 성령으로 세례받았을 때 한 몸으로 소통이 됩니다. 오순절에 이러한 역사가 시작되었습니다. 내가 성령 받았는지 확인하고 싶으십니까? 성령 받은 사람의 증거는 다른 사람을 수용할 수 있는 능력입니다. 심지어 먼 데 있는 사람, 이방인, 게다가 전에는 원수 되었던 관계까지도 품기 시작합니다. 거기에 누룩이 있을지라도 내가 수용할 수 있습니다. 그것이 교회입니다. 유월절, 무교절, 초실절을 지나고 난 다음에 경험하는 절기가 오순절입니다. 절기의 영적인 의미대로 성장해 가면 문제가 있는 사람이라도 수용하며, 그리스도의 몸으로 지어져 갑니다. 성령의 도우심으로 서로 교통하게 됩니다.

당신은 누룩의 성분을 가지고 있는 사람들을 수용하고 품어 줄 수 있는 성령의 역사 안에 있습니까?

사탄의 전략을 꿰뚫어 보아야 합니다

사탄은 어떻게 하든지 전략적으로 우리가 신앙의 성숙을 갖지 못하도록 방해합니다. 그로 인해 구원받았어도 여전히 노예로 살고, 사망권세에 잡혀 사는 인생들이 참 많습니다. 사탄의 전략을 살펴봅시다.

(1) 유월절의 비밀, 피의 의미를 모르게 합니다

그래서 여전히 예수 믿고 구원받은 다음에도 죄와 사망의 권세는 그들의 생각을 지배하려 합니다. 여전히 죄 가운데, 옛 습관 가운데 살도록 합니다. 은혜 없이 살게 하고, 피의 혜택을 못 받고 살도록 유월절을 지키지 못하게 합니다.

(2) 거듭남, 변화를 경험하지 못하게 합니다

자기를 부인하는 것, 자기 십자가를 지는 비밀을 모르게 합니다. 오히려 자기를 주장하게 하고, 자기를 과시하게 만듭니다. 그래서 그리스도와 연합하는 삶, 내가 죽고 그리스도가 내게 나타나셔서 그리스도와 하나 되는 삶을 방해합니다.

"허물로 죽은 우리를 그리스도와 함께 살리셨고 (너희는 은혜로 구원을 받은 것이라) 또 함께 일으키사 그리스도 예수 안에서 함께 하늘에 앉히시니"(엡 2 : 5 - 6).

함께 죽고, 함께 부활하여, 함께 하늘에 앉힌바되어 동일시되는 원리가 복음 안에 있는 연합의 비밀인데 사탄이 이것을 방해합니다. 구원을 받았지만 주님과 전혀 동행하지 못하게 합니다.

(3) 성령으로 살지 못하게 방해합니다

오순절은 구약시대에 모세가 율법을 받은 날이고, 신약에서는 120명의 무리가 성령 세례를 받은 날입니다. 오순절의 누림은 말씀과 성령의 능력을 경험하게 합니다. 그래서 성령을 받으면 우리에게 말씀의 영이 열리기 시작합니다. 성경이 보이고, 설교가 들려오기 시작하고, 말씀이 정리되기 시작합니다. 성령은 능력의 영입니다. 전도의 영입니다. 성령이 오시면 다른 사람에게 복음을 전하고 싶은 마음을 주시고, 그리스도의 몸으로 연합하기 위하여 영혼들을 품기 시작합니다. 교회로 연합됩니다. 교회는 나와 그리스도의 연합이요, 나와 지체의 연합입니다.

오늘날 많은 사람들이 이런 성령의 능력을 모르고 삽니다. 영적 현상은 경험하지만 진리의 영으로, 그리스도의 몸으로 연결되지 못하고, 성장하지 못합니다. 성경도 모르고, 성령의 도우심 없이 교회 일을 하는 사람도 있습니다. 이것은 사탄의 방해 전략에 속아서 넘어간 탓입니다. 그러나 우리는 여호와의 군대입니다. 우리는 주님의 군사입니다. 군대에서는 왜 모든 것이 공짜로 주어집니까? 나라를 지키도록 하기 위함입니다. 왜 은혜를 거저 받았습니까? 영적전쟁을 위해서입니다. 우리는 여호와의 군대로 부름을 받았기 때문입니다. 왜 하나님께서 구원받은 우리에게 은혜를 주십니까? 그것도 끊임없이 은혜를 주십니까? 우리는 이제 우리 자신을 위해 살지 않고 그의 나라와 그의 의를 구하는 삶을 살아야 할 여호와의 군대로서 부르심을 받았기 때문입니다. 그러므로 사탄의 훼방에 휘둘리지 말고 이기십시오. 사탄과의 전쟁은 반드시 이겨야 합니다.

사탄의 전략을 꿰뚫어 보고 능히 이겨 낼 수 있습니까?
지금 나를 방해하는 사탄의 전략은 무엇이라고 생각하십니까?

임진왜란 당시 만약에 이순신 장군이 그를 방해하는 세력과 그를 모함하는 적들만 보고 살았다면 조선은 한순간에 무너졌을 것입니다. 그러나 그는 나라를 생각하고, 백성들을 생각했습니다. 선조가 조선 수군을 없애고 육군에 편입해 싸우라는 명을 받자 이순신 장군이 선조에게 올린 글입니다.

『 비록 싸울 수 있는 배가 적지만(戰船雖寡, 전선수과),

신 이순신은 아직 죽지 않았고 이것을 왜놈들이 안다면 감히 업수이 여기지 못 할 것이옵니다(微臣不死則不敢侮我矣, 미신불사즉불감모아의). 』

믿음의 사람들은 하나님을 신뢰하고 사는 사람들입니다. 하나님은 우리를 왕 같은 제사장들로 세웠습니다. 개인이 아닌 나라를 생각하고, 하나님의 백성들을 생각하여 우리는 승리를 향하여 나아가야 합니다. 자녀가 초등학교, 중학교, 고등학교, 대학교 가는 것, 모두 부모가 책임집니다. 복음도 마찬가지입니다. 십자가, 부활, 승천, 이 비밀 안에 모든 그리스도인의 부요함과 승리가 약속되어 있습니다. 이것을 붙잡고 우리는 이겨 내야 합니다. 반드시 승리의 노래를 불러야 합니다.

주저하지 마십시오. 자신의 목구멍이나 생각하고, 자신의 가정의 행복이나 안정만 생각하는 그런 수준의 사람이 아니라 이방인에게까지, 원수들에게까지, 열방과 땅끝의 모든 민족에게까지 복음의 혜택을 전달해야 합니다. 이미 주님께서 이겨 놓으신 싸움입니다. 전쟁에 능한 자 하나님을 믿으십시오. 그리고 우리에게 주신 그 아들의 이름으로, 뱀과 전갈을 밟는 권세로 이 싸움을 승리로 이끕시다.

"내가 너희에게 뱀과 전갈을 밟으며 원수의 모든 능력을 제어할 권능을 주었으니 너희를 해칠 자가 결코 없으리라"(눅 10 : 19).

주님 안에 우리의 죄사함과 영생이 있습니다(유월절).

주님 안에 갈함이 없는 음료가, 영생을 위한 떡이 있습니다(무교절).

주님 안에 우리의 거듭남이 있습니다(초실절).

주님 안에 우리의 존귀와 영광이 있습니다(오순절).

나의 구원, 이 땅의 구속, 하나님 나라의 회복을 위하여
주님이 십자가, 부활, 승천하셨음을 감사합니다.
이 거룩한 연합에 참여하기 위하여 우리는 자기를 부인하고 세례를 받습니다(골 2 : 12).
이제는 내가 사는 것이 아닌 내 안에 그리스도가 사심을 경험합니다(갈 2 : 20).

주님은 우리에게 안식일과 유월절과 무교절을 주셔서 새로운 생명, 새로운 나라를 살게 하셨습니다.
이제 초실절과 오순절을 우리의 절기로 우리의 잔치로 주셔서
거듭남과 성령의 역사로, 그리스도의 몸으로 세워지게 하심을 감사합니다.

주님, 우리가 하나님께로 구별된 장자들입니다(출 13 : 2).
주님, 우리가 이 땅을 책임질 상속자들입니다(엡 3 : 6).
주님, 우리가 이 땅에 하나님 나라를 세워 가야 할 나라와 제사장들입니다(계 5 : 9 - 10).

내게 부활의 능력을
삶의 거듭남을
오순절 날 주셨던 말씀과 성령의 기름 부음을 주십시오.

여인과 여인의 후손을 통하여
뱀의 머리를 상하게 하며
잃어버린 땅을 되찾을 구속사의 명을 주심을 감사합니다(창 3 : 15).

차근차근 성실하게 자라 갈 것입니다.
그리스도의 장성한 분량이 충만한 데까지 성장하여(엡 4 : 13)
우리 주님의 손과 발이 되고
그 몸을 세우기 위한 마디와 힘줄로 쓰임받을 것입니다(골 2 : 19).

마침내 만물까지도 충만하게 하는(엡 1 : 23)
모든 피조물들이 하나님의 자녀들의 영광의 자유에 이르기까지(롬 8 : 21)
우린 그의 나라와 그의 의를 구할 것입니다(마 6 : 33).

하나님 나라와 구속사를 위하여
기생 라합처럼, 이방 여인 룻처럼(마 1 : 5)
신분도, 출신도 초월하여
저희를 사용하여 주옵소서.

"더 높이, 더 충만하게, 더욱 가까이
그리스도께로 자라 가게 하소서."

Memo

아버지, 주께서 이미 우리 안에 생명의 비밀과 승리의 능력을 주셨습니다. 십자가, 부활, 승천을 통해 허물로 죽은 우리를 우리 주님과 함께 살리셨고, 함께 일으키셨고, 함께 하늘에 앉히셨으니 이제 우리가 주의 생명과 능력으로 하늘의 복을 유통하는 삶을 살게 하소서. 우리의 작은 헌신, 섬김이 구속사, 하나님 나라에 일조하게 하소서. 아멘.

33 여호와께서 모세에게 말씀하여 이르시되 34 이스라엘 자손에게 말하여 이르라 일곱
째 달 열닷샛 날은 초막절이니 여호와를 위하여 이레 동안 지킬 것이라 35 첫 날에는 성
회로 모일지니 너희는 아무 노동도 하지 말지며 36 이레 동안에 너희는 여호와께 화제
를 드릴 것이요 여덟째 날에도 너희는 성회로 모여서 여호와께 화제를 드릴지니 이는
거룩한 대회라 너희는 어떤 노동도 하지 말지니라 37 이것들은 여호와의 절기라 너희는
공포하여 성회를 열고 여호와께 화제를 드릴지니 번제와 소제와 희생제물과 전제를 각
각 그날에 드릴지니 38 이는 여호와의 안식일 외에, 너희의 헌물 외에, 너희의 모든 서
원제물 외에 또 너희의 모든 자원제물 외에 너희가 여호와께 드리는 것이니라 39 너희가

Chapter 11

나팔절, 속죄일, 장막절로 당신의 신앙을 꽃 피우게 하라

레 23 : 33－44

토지 소산 거두기를 마치거든 일곱째 달 열닷새 날부터 이레 동안 여호와의 절기를 지
키되 첫 날에도 안식하고 여덟째 날에도 안식할 것이요 40첫 날에는 너희가 아름다운
나무 실과와 종려나무 가지와 무성한 나무 가지와 시내 버들을 취하여 너희의 하나님
여호와 앞에서 이레 동안 즐거워할 것이라 41너희는 매년 이레 동안 여호와께 이 절기
를 지킬지니 너희 대대의 영원한 규례라 너희는 일곱째 달에 이를 지킬지니라 42너희
는 이레 동안 초막에 거주하되 이스라엘에서 난 자는 다 초막에 거주할지니 43이는 내
가 이스라엘 자손을 애굽 땅에서 인도하여 내던 때에 초막에 거주하게 한 줄을 너희
대대로 알게 함이니라 나는 너희의 하나님 여호와이니라 44모세는 이와 같이 여호와의
절기를 이스라엘 자손에게 공포하였더라

장막절은 오늘 우리의 교회생활에 대한 예표입니다. 가정의 구조도 그렇고, 교회도 부모가 자녀를, 선배가 후배를, 스승이 제자를, 먼저 믿은 자가 후에 들어온 자에게 일대일로, 소그룹으로 복음의 내용, 신앙의 스피릿을 전달합니다. 교회는 구원의 확신을 가르치는 것으로 끝나면 안 됩니다. 교육과 훈련, 스피릿을 전달하는 생명공동체가 되어야 합니다.

풍성한 삶, 멋진 인생을 살기를 원하십니까? 그러려면 하나님께로 돌아가야 합니다. 현재 꼬여 버린 문제가 있습니까? 그렇다면 기본으로 돌아가십시오. 좋은 기계를 샀어도 사용법대로 쓰지 않으면 곧 망가지듯이 우리의 삶도 살아야 할 원칙이 있습니다. 그 원칙은 바로 예수 그리스도입니다. 우리에게 예수 그리스도는 삶의 모든 문제를 푸는 열쇠입니다. 죄와 사망, 옛 사람과 사탄의 역사를 해결할 유일한 방법이십니다.

예수님 안에 보장된 약속들을 잘 보십시오. 7대 절기는 우리 주님이 우리에게 주시는 약속입니다. 7대 절기를 역사적으로 이해한다면 유월절, 무교절, 초막절, 오순절은 이미 예수님의 초림 때에 성취되었고, 나팔절, 속죄일, 장막절은 재림 때에 이루어질 미래적인 절기입니다. 그러나 영적으로 해석한다면 우리의 신앙 여정 안에서 우리가 성장하며 경험하는 그리스도의 누림의 수준입니다. 우리가 장막절까지 성숙하여 나아가기를 원하시는 것이 하나님의 갈망입니다. 따라서 우리가 그 원칙을 따르면 이 땅에서 서로 존중하고 돌보고 살피며 함께 살아가는 공동체인 하나님의 나라, 교회와 가정을 만들어 갈 수 있습니다.

하나님께로 돌아가라

부모는 자녀가 잘되기를 원하고, 그들이 더 넉넉하고 풍성한 삶을 살아가기를 기대합니다. 그렇다면 하나밖에 없는 아들을 희생시키시고 대신 죄인 된 우리를 사 주신 하나님께서는 우리에게 어떤 기대를 가지고 계실까요? 이 땅에서는 그저 비리비리하게 살면서 수치를 당하고, 상실하고 절망하고 그런 삶을 살다가 죽은 다음에 내세에 가서야 위로받는 그런 삶을 살기를 원하시겠습니까? 절대로 그렇지 않습니다. 하나님께서는 우리가 이 땅에서도 생동력 있는 멋진 삶(excellent life)을 살기를 원하십니다.

우리 역시도 우리에게 향하신 하나님의 기대대로 풍성한 삶, 멋진 인생을 살기를 원한다면, 반드시 하나님께로 돌아가야 합니다. 문제가 있을 때는 기본으로 돌아가는 것이 중요합니다. 꼬이고 어려워질 때는 원칙을 찾는 것이 문제를 풀어 가는 순서입니다.

『"비상 상태일수록 원칙으로 돌아가라. 위기일수록 변칙은 통하지 않는다. 위기의 시대일수록 조조 스타일은 실패한다. 실패할 때마다 본질에서 벗어난 것이 무엇인지 살피고, 다시 기본으로 돌아가야 승리한다."』

한국 전쟁의 영웅이었던 백선엽 장군의 말입니다. 그렇습니다. 우리가 돌아가야 할 원칙과 본질은 바로 예수 그리스도입니다. 그분은 죄와 사망에 빼앗긴 우리의 모든 행복, 부요함을 다시 되찾을 수 있는 유일한 길, 죄와 사망의 세계, 우리 옛 사람, 사탄의 역사들을 해결할 수 있는 유일한 대안입니다.

나는 나를 향해 갖고 계신 하나님의 기대를 읽고 있습니까?
내게 주신 하나님의 사명은 무엇입니까?

7대 절기를 통해 본 복음의 약속들

그래서 우리는 주님이 왔다 가신 사건이 우리에게 무엇을 의미하는지, 또 특별히 레위기에서 예표로 보여 주는 예배의 모형들을 보면서 어떻게 하나님을 만날 수 있는지, 하나님께서 우리에게 무엇을 보장하셨는지, 세심하게 살필 필요가 있습니다. 5대 제사가 내가 하나님을 찾아가는 방법이라면, 7대 절기는 나를 찾아오신 하나님의 약속입니다. 지금까지 공부했던 절기들을 전체적으로 정리해 보십시다.

(1) 유월절 – 피, 회개의 능력

첫출발은 유월절입니다. 유월절은 하나님께서 우리가 회개했을 때 피의 능력으로 응답해 주신 절기입니다. 어떤 죄를 지었을지라도 우리가 십자가 앞에 나아와서 우리의 죄를 자백하면 주님께서 용서하시기로 법직인 보장을 해 주신 것입니다. 그렇기 때문에 죄와 사망이 나를 얽어매고, 계속해서 내 삶에 풀리지 않는 문제가 있을 때는 만사를 제쳐 놓고 하나님 앞에 와서 무릎 꿇고 회개하고 자백해야 합니다. 피에는 모든 죄와 사망의 권세를 잠재울 수 있는 능력이 있습니다. 그 피 앞에 나아가야 합니다.

(2) 무교절 – 씻고 공급받음의 능력

유월절을 경험한 사람은 이어서 무교절을 경험하게 됩니다. 무교절은 이제는 죄를 버리고, 살아왔던 삶의 방식을 버리고, 무교병이신 그리스도를 나의 양식으로 누리는 절기입니다. 어떻게 무교병이신 그리스도를 양식으로 공급받을 수 있습니까? 가지가 포도나무에 붙어 있음으로 열매를 맺는 것처럼 '붙어 생존의 원리'로 셀, 교회, 말씀에 붙어 있으면 그리스도를 공급받고 거룩의 능력을 공급받을 수 있습니다. 자녀들이 부모 안에 있기만 하면 부모의 능력만큼, 부모의 자식을 향한 사랑만큼 혜택을 누릴 수 있습니다. 교회 안에, 말씀 안에, 그리스도 안에 있으면 그리스도의 능력을 온전히 누릴 수 있습니다. '붙어 있으면' 나도 모르는 사이에 무교병이신 그리스도가 나의 양식과 나의 존재의 요소들로 채워지기 시작합니다.

(3) 초실절 – 변화, 성과의 기쁨

무교절을 경험한 사람들이 바로 다음에 경험하는 것이 초실절입니다. 초실절은 부활의 능력을 우리 삶 가운데 경험하는 절기입니다. 죽은 다음에만 부활하는 것이 아니라 지금, 현재의 삶의 현장에서 우리는 부활의 능력을 경험합니다. 부부 간의 갈등, 자녀의 문제, 대인 관계에서 얽히고 꼬여 있는 문제들이 부활하신 그리스도의 능력을 통해서 새롭게 해소되는 것을 말합니다. "내가 주님을 만나기 전에는 이렇게 살았지만 주님을 만난 이후에 내 삶에 이런 변화가 있습니다!"라고 간증할 수 있는 것이 초실절입니다. 초실절은 거듭남을 상징합니다.

(4) 오순절 – 말씀의 능력, 성령의 능력(기도)

오순절은 내 안에 말씀이 깊이 들어가면서 성령의 역사가 나를 제어하고 내 삶을 끌어가는 것을 의미합니다. 구약의 오순절은 말씀 받은 날, 신약의 오순절은 새 언약의 성령님이 오신 날입니다. 지금 오순절을 경험하는 우리에게는 그리스도를 경험하는 깊이가 훨씬 깊어지고, 하나님과의 영적 교통이 부요해집니다.

또한 오순절은 열매입니다. 우리가 우리 주님을 경험하고 나면 말씀이 풍요로워지고, 살아야 할 원칙과 삶의 철학이 분명해지고, 말씀의 부요함이 생깁니다. 이제껏 살아온 죄의 길에서 "안 돼! 난 그런 삶을 살 수 없어!"라고 거절할 수 있게 만듭니다. 그리고 내게 임한 성령의 능력으로 성경에 기록된 말씀(written words)이 지금, 여기에서 들려주시는 살아있는 말씀(speaking words)으로 이해됩니다. 그래서 내가 내 삶을 내 뜻대로 혼자 사는 것이 아니라 주님과 동행하는 인생을 살게 됩니다. 유월절부터 오순절, 여기까지가 우리 내면에서 이루어질 변화에 대한 하나님의 약속입니다.

내게는 유월절, 무교절, 초실절, 오순절의 영적 성숙이 있습니까?

하나님의 메시지를 전달하는 나팔절 –언어, 선포, 간증, 찬양의 능력

"여호와께서 모세에게 말씀하여 이르시되 이스라엘 자손에게 말하여 이르라 일곱째 달 곧 그달 첫날은 너희에게 쉬는 날이 될지니 이는 나팔을 불어 기념할 날이요 성회라"(레 23 : 23 - 24).

다섯 번째 절기인 나팔절은 7월 1일입니다. 하나님께서는 그날을 안식일로 삼으셨습니다. 민수기 10장에서 나팔의 용도를 설명했는데, 회중을 소집할 때는 두 나팔을 불었습니다. 그 다음에 비상을 알릴 때나 전쟁을 알릴 때는 나팔을 크게 불었습니다. 축제나 행사로 모일 때는 번제물 위에와 화목제물 위에 나팔을 불었습니다. 백성들은 나팔 소리를 듣고 짐을 싸기도 하고, 이동하기도 하고, 멈추기도 하는 신호로 삼았습니다. 이 나팔 소리를 통해서 하나님께서는 지금 우리에게도 말씀하고 계십니다.

(1) 세상 끝 날에 하나님의 나팔이 그들을 부를 때, 이스라엘이 다시 모이게 될 것을 말씀합니다

"너희 이스라엘 자손들아 그날에 여호와께서 창일하는 하수에서부터 애굽 시내에까지 과실을 떠는 것같이 너희를 하나하나 모으시리라 그날에 큰 나팔을 불리니 앗수르 땅에서 멸망하는 자들과 애굽 땅으로 쫓겨난 자들이 돌아와서 예루살렘 성산에서 여호와께 예배하리라"(사 27 : 12 - 13).

역사적으로 보면 세상 끝 날에 하나님께서 나팔을 불어서 이스라엘 백성들을 다시 모이게 한다고 말씀합니다. 큰 나팔을 불면, 흩어진 이스라엘이 고토에 돌아와서 대속죄일 절기를 지키게 될 것입니다. 이스라엘을 위한 종말론적인 나팔 소리는 흩어진 이스라엘을 다시 고향 땅으로 불러 모으는 의미가 있습니다.

(2) 우리도 나팔소리와 주님의 공중 재림을 기다립니다

우리도, 일반 교회들도 주님이 공중 재림하실 때 나팔 소리를 듣게 될 것입니다.

"그가 큰 나팔 소리와 함께 천사들을 보내리니 그들이 그의 택하신 자들을 하늘 이 끝에서 저 끝까지 사방에서 모으리라"(마 24 : 31).

큰 나팔 소리와 함께 천사들을 보낸다고 하셨습니다. 성도들은 환난이 오기 전에 구름 속으로 올려집니까? 아닙니다. 우리가 다 환난을 통과하게 됩니다. 성경적 근거가 여기 있습니다.

"보라 내가 너희에게 비밀을 말하노니 우리가 다 잠 잘 것이 아니요 마지막 나팔에 순식간에 홀연히 다 변화되리니 나팔 소리가 나매 죽은 자들이 썩지 아니할 것으로 다시 살아나고 우리도 변화되리라"(고전 15 : 51 - 52).

나팔 소리가 나면 죽은 자들이 썩지 아니할 것으로 다시 살고, 죽은 자들이 먼저 살아나고 그 다음에 우리가 변화된다고 했습니다. 조금 더 구체적으로 살펴봅시다.

"주께서 호령과 천사장의 소리와 하나님의 나팔 소리로 친히 하늘로부터 강림하시리니 그리스도 안에서 죽은 자들이 먼저 일어나고 그 후에 우리 살아남은 자들도 그들과 함께 구름 속으로 끌어 올려 공중에서 주를 영접하게 하시리니 그리하여 우리가 항상 주와 함께 있으리라"(살전 4 : 16 - 17).

누가 먼저 일어납니까? 죽은 자들이 먼저 일어납니다. 그리고 구름 속으로 끌어올려집니다.

"일곱째 천사가 소리 내는 날 그의 나팔을 불려고 할 때에……"(계 10 : 7).
"일곱째 천사가 나팔을 불매 하늘에 큰 음성들이 나서 이르되 세상 나라가 우리 주와 그의 그리스도의 나라가 되어 그가 세세토록 왕 노릇 하시리로다 하니"(계 11 : 15).

먼저 일곱 개의 나팔이 불린다고 했습니다. 즉, 성도는 환난을 피해 올려지는 것이 아니라 환난을 통과해야 한다는 뜻입니다.

"그 후에 우리 살아남은 자들도 그들과 함께 구름 속으로 끌어 올려 공중에서 주를 영접하게 하시리니"(살전 4 : 17).

나팔 소리에 의해서 죽은 자들이 먼저 살아나고, 살아 있는 자들이 하늘로 들림받아서 공중에서 주님과 혼인 잔치하는 경험을 갖게 된다고 말씀합니다.

(3) 우리는 지금 매일 복음의 나팔, 나의 나팔을 불어야 합니다. 우리의 나팔절을 통하여 하나님 나라가 세워지기 때문입니다

지금, 이 시간에 그리스도인이 불어야 할 나팔은 바로 복음의 나팔입니다. 그것은 하나님의 말씀을 선포하고 전도하는 것을 말합니다. 우리는 매일매일을 나팔절로 살아야 합니다.

"그러나 너희는 택하신 족속이요 왕 같은 제사장들이요 거룩한 나라요 그의 소유가 된 백성이니"(벧전 2 : 9a).

우리를 왕 같은 제사장으로 세운 이유가 무엇입니까?

"이는 너희를 어두운 데서 불러내어 그의 기이한 빛에 들어가게 하신 이의 아름다운 덕을 선포하게 하려 하심이라"(벧전 2 : 9b).

우리를 어두운 데에서 나와 그의 기이한 빛에 들어가게 하신 자의 은덕을 먼저 경험하고 나서 이분의 아름다운 덕을 선포하기 위함입니다. 여기서 '선포한다'는 말의 영어 번역본을 살펴보면 'declare', 'announce'를 사용하고 있는데 이는 '선언하다', '공포하다', '공고하다'라는 의미를 지닙니다. 우리를 왕 같은 제사장으로 세운 이유는 자랑하고, 노래하고, 홍보하기 위함입니다.

우리는 과거에 어두운 데서 살았습니다. 부부 간의 갈등, 자녀문제 등 가정 안에는 해결되지 않은 각종 문제들이 있습니다. 그런데 하나님께서는 그 어두운 데서 우리를 불러내어 그의 기이한 빛에 들어가게 하셨습니다. 환경이 바뀌거나 외부적인 조건이 크게 달라진 것은 없는데, 내 안에 신기한 빛이 들어와서 내 삶이 빛으로 채워지기 시작합니다. 그 아름다운 덕을 사람들에게 자랑하고, 증거하라고 우리를 부르셨습니다. 앞에 다가올 걱정까지 미리 하는 것은 믿음의 사람이 아닙니다. 하나님을 신뢰하기 때문에 지금 보이는 게 없고 답답해도, 신뢰하고 따라가는 것이 믿음의 사람이고 잘 되는 사람입니다.

『"사람은 울면서 태어나 불평하며 살다가 실망하면서 죽는다. 사람에 따라 각자 잘하는 것이 있고 못하는 것이 있지만 모두가 잘하는 것을 뽑으라면 불평일 것이다. 이 불평의 근원은 만족하지 못하는 마음이다. 만족하지 못하는 것이 습관이 된다. 불평도 습관이 된다. 기름값이 비싸다고 불평하는 것은 자동차를 가진 것 때문이고, 교통 체증에 짜증나는 것은 직장이 있기 때문이다." – 김홍신 』

부정적인 사람하고는 사귀지도 말고 옆에 가지도 말아야 합니다. 구제역이 오면 아직 감염이 되지 않은 소까지 다 죽여 버립니다. 너무나 쉽게 전염되기 때문입니다. 부정적인 생각은 모두를 죽게 만듭니다. 불평이 줄어들면 줄어들수록 더욱더 행복한 삶, 즐거운 삶을 누릴 수 있습니다. 이스라엘 백성들은 10가지 재앙과 홍해의 기적, 만나와 메추라기, 불기둥과 구름기둥과 같은 수많은 하나님의 기적을 눈으로 보고 몸으로 체험하고도 끝까지 불평했습니다. 그래서 하나님께서는 광야생활 40년을 통해 이스라엘 백성들을 다루셨고 불평하던 세대는 모두 광야에서 끝을 맺었습니다. 그리고 가나안 땅은 오직 하나님을 신뢰하며 긍정하고 끝까지 좇았던 여호수아와 갈렙에게만 허락하셨습니다.

당신은 주변 사람들에게 복음의 나팔을 불며 삶으로, 언어로 증거하고 있습니까?

하나님을 경험하고 회심하는 대속죄일 – 민족적, 개인적인 혜택

내가 나팔을 불면 그 다음에 사람들이 몰려오기 시작합니다. 속죄일에 몰려와서 하나님을 경험하고 회개하고 회심하게 됩니다. 미래의 속죄일에 대해 스가랴 12 : 10과 13 : 1에서는 "그날은 죄를 탄식하는 날일 것이며, 어린 양의 피로서 죄가 정결케 되는 날"이라고 설명하고 있습니다. 그리고 하나님의 성도들이 육신에 거하는 동안 행했던 일들을 회개할 때에 그리스도의 심판대에서 속죄일을 맞을 사람들도 있다고 말합니다.

"내가 다윗의 집과 예루살렘 주민에게 은총과 간구하는 심령을 부어 주리니 그들이 그 찌른 바 그를 바라보고 그를 위하여 애통하기를 독자를 위하여 애통하듯 하며 그를 위하여 통곡하기를 장자를 위하여 통곡하듯 하리로다"(슥 12 : 10).

"그날에 죄와 더러움을 씻는 샘이 다윗의 족속과 예루살렘 주민을 위하여 열리리라"(슥 13 : 1).

워렌 위어스비는 "죄의 유혹을 느낄 때면 당신을 구원하기 위해 예수님이 생명을 지불하셔야 했음을 기억하라!"고 말합니다.

속죄일, 그날에는 염소 두 마리를 잡았습니다. 그래서 하나는 여호와를 위한 속죄의 제물로, 하나는 아사셀을 위한 아사셀 염소로 드렸습니다. 그중 속죄염소의 피는 번제단에 뿌리고, 휘장 안에까지 가지고 들어가서 속죄소 앞에 일곱 번을 뿌리고 여호와 앞 제단으로 나와서 피를 제단 귀퉁이 뿔들에 바르고 피를 그 위에 일곱 번 뿌렸습니다(레 16 : 15-19). 이것을 여호와의 양, 속죄양, 하나님의 양이라고 부릅니다. 그리고 또 한 마리의 염소, 아사셀 염소는 두 손으로 안수해서 광야로 데리고 나갔습니다. 그리고 절벽에 떨어뜨려 죽이거나 그곳에 버려두고 왔습니다.

속죄의 염소 한 마리는 하나님 앞에서 피 흘림으로 내 죄를 씻어 주는 의미이고, 광야로 내보낸 염소는 내 죄가 멀리 돌아올 수 없는 곳에 내다 버려졌다는 것을 의미합니다. 우리의 저주, 사망, 심판을 다 떠나보내 버리는 것이 속죄일에 이루어졌습니다. 내가 나의 죄의 문제를 해결받은 절기는 유월절이지만, 내가 전도한 사람들이 피의 능력을 경험하도록 돕는 절기는 속죄일입니다. 속죄일의 의미를 살펴보도록 합니다.

(1) 속죄일은 그리스도의 피로 정결하게 됨을 경험합니다

인류는 역사의 끝에 대환난, 큰 위기를 만나게 될 것입니다. 그때, 대환난 가운데서 나오는 사람들에 관하여 요한계시록은 이렇게 말합니다.

"장로 중 하나가 응답하여 나에게 이르되 이 흰 옷 입은 자들이 누구며 또 어디서 왔느냐 내가 말하기를 내 주여 당신이 아시나이다 하니 그가 나에게 이르되 이는 큰 환난에서 나오는 자들인데 어린 양의 피에 그 옷을 씻어 희게 하였느니라"(계 7 : 13 - 14).

이 큰 환난 가운데서 승리하고 나온 사람들은 흰 옷을 입었습니다. 어린 양의 피로 희게 씻긴 옷이었습니다. 그 사람들은 환난 기간 동안에 배도하지 않고 승리의 노래를 부르게 됩니다.

(2) 속죄일은 우리가 말씀으로 정결하게 될 것을 말합니다

"이는 곧 물로 씻어 말씀으로 깨끗하게 하사 거룩하게 하시고 자기 앞에 영광스러운 교회로 세우사 티나 주름잡힌 것이나 이런 것들이 없이 거룩하고 흠이 없게 하려 하심이라"(엡 5 : 26 – 27).

여기서 '물'은 세례를 말합니다. 세례는 자기 부인의 표현으로서 물과 말씀으로 깨끗해지고, 거룩하게 양육되는 것을 말합니다. 아무리 변하지 않을 것 같은 사람도 말씀과 진리를 알고 참된 삶이 무엇인가를 알게 되면 티나 주름 잡힌 것이 없이 거룩하고 흠 없는 자로 변하게 될 것입니다.

(3) 우리는 옳은 행실로 의의 옷을 입어야 합니다

예수님께서 오실 때 우리는 흰옷을 입어야 합니다. 그 옷은 '옳은 행실의 옷'이라고 했습니다. 더 나아가 우리의 성숙된 모습을 의미합니다.

"우리가 즐거워하고 크게 기뻐하며 그에게 영광을 돌리세 어린 양의 혼인기약이 이르렀고 그의 아내가 자신을 준비하였으므로 그에게 빛나고 깨끗한 세마포 옷을 입도록 허락하셨으니 이 세마포 옷은 성도들의 옳은 행실이로다 하더라"(계 19 : 7 – 8).

(4) 그리스도의 심판대 앞에 선 그리스도인들은 어린양의 구속을 노래해야 합니다

주님의 심판대 앞에 서서 우리가 불러야 할 노래가 있습니다.

"하나님의 종 모세의 노래, 어린 양의 노래를 불러 이르되 주 하나님 곧 전능하신 이시여 하시는 일이 크고 놀라우시도다 만국의 왕이시여 주의 길이 의롭고 참되시도다 주여 누가 주의 이름을 두려워하지 아니하며 영화롭게 하지 아니하오리이까 오직 주만 거룩하시니이다 주의 의로우신 일이 나타났으매 만국이 와서 주께 경배하리이다 하더라"(계 15 : 3 - 4).

구약 백성은 모세의 노래, 신약 백성은 '어린양의 노래'를 불렀습니다. 현실의 삶 속에서 건강하고, 능력 있고, 승리하는 삶이 복음입니다.

우리는 죄와 사망에 대해서는 언제까지나 미성년자입니다. 그렇기 때문에 우리 힘으로는 죄의 문제를 해결할 수가 없습니다. 미성년자는 실수를 범했을 때, 스스로 자신의 행위를 책임지지 못하기 때문에 부모가 그 책임을 대신합니다. 그래서 이 땅에 사는 동안 우리는 그리스도와 연합해야 합니다. 그리스도 안에 있을 때 비로소 승리할 수 있습니다. 대제사장의 대속죄일의 선포가 이스라엘의 1년의 삶을 보장했습니다. 우리가 복음을 전할 때에 가장 먼저 가르쳐야 할 부분이 바로 이 십자가의 '법적 보장', '피의 복음'입니다. 대속죄일의 내용을 설명해 줘야 합니다.

당신이 속해 있는 공동체에서 사람들을 속죄일로 이끌고 계십니까?

장막절 – 모든 절기의 완성! 공동체적인 잔치

속죄일을 경험한 다음에 우리가 같이 장막절에 들어가게 됩니다. 다른 말로 장막절은 초막절, 수장절이라고도 합니다. 7월 15일부터 7일간 지키는데, 이렇게 속죄일의 신앙은 장막절로 이어집니다. 이것을 교회생활이라고 말할 수 있습니다. 장막절이 되면, 이스라엘의 모든 부모들은 자녀들을 데리고 광야에 나가서 텐트를 치고 한 주간을 지내면서 이스라엘 백성을 향한 하나님의 구속사를 전해 줍니다. 민족의 역사, 조상들의 이야기, 엄마, 아빠의 신앙 간증을 통하여 하나님의 살아 계심을 가르칩니다. 지금까지 삶에 어려운 고난이 있었지만 주님이 어떤 은혜로 이 민족을, 우리 가정을 인도하셨는지를 간증합니다.

장막절은 오늘 우리의 교회생활에 대한 예표입니다. 가정의 구조도 그렇고, 교회도 부모가 자녀를, 선배가 후배를, 스승이 제자를, 먼저 믿은 자가 후에 들어온 자에게 일대일로, 소그룹으로 복음의 내용, 신앙의 스피릿을 전달합니다. 교회는 구원의 확신을 가르치는 것으로 끝나면 안 됩니다. 교육과 훈련, 스피릿을 전달하는 생명공동체가 되어야 합니다.

또한 이 장막절은 장차 역사적으로 주님이 재림하셔서 다스릴 왕국을 상징하기도 하고 우리의 현실 속에서는 교회생활을 의미하기도 합니다. 말씀을 나누고, 삶을 도와주고, 간증하고, 모여 교제하면서 마치 부모가 자식을 30년 가까이 돌보듯이 셀 안에서 계속 섬기고 세워 주어야 합니다. 혼자 스스로 자라는 성도는 없습니다. 한 사람의 양육 기간은 그 사람이 리더가 되어 재생산에 참여할 수 있을 때까지입니다. 셀 안에서는 다음 세 가지가 이루어져야 합니다.

(1) 보여 주어야 합니다

『 딸만 넷 있는 한 가정이 있었습니다. 그런데 이 네 딸들이 각자 시집을 가서 가정을 꾸렸는데, 모두 이혼할 위기에 처해 있었습니다. 큰 딸의 남편이 이혼장을 냈는데, 이혼을 요구하는 이유가 결혼한 후 한 번도 자기 아내로부터 존중을 받아 보거나 인정해 주는 말을 들어 보지 못하고 항상 무시만 당하며 살았기 때문이라고 했습니다. 그러자 나머지 세 딸의 남편들도 이구동성으로 자기들도 한 번도 사람 취급을 못 받았다며 불만을 터뜨렸습니다. 그래서 그 친정의 형편을 조사해 봤더니 역시나 네 딸은 그 친정어머니가 무능한 친정아버지를 무시하고, 안팎으로 치맛바람을 일으키며 사는 모습만 보고 자란 자매들이었습니다. 어려서부터 아버지를 업신여기는 어머니의 태도를 보고 자란 네 딸들은 자신도 모르게 남자를 무시하고, 남편의 약점이 보일 때마다 엄마에게 무시당하던 아버지의 모습이 오버랩이 되면서 정상적인 부부 관계를 형성하지 못하였던 것입니다. 』

신앙생활은 말로만 하지 않고 삶으로 보여 주는 모델 학습이 돼야 합니다. 그 역할을 하는 것이 셀입니다. 예배와 교회생활은 어떻게 하는 것인지, 기도생활을 어떻게 하는 것인지, 문제가 왔을 때는 어떻게 대처하는 것인지 바르게 보여 줘야 합니다.

(2) 아비의 마음, 어미의 마음으로 돌봐야 합니다

우리는 부모가 자식을 사랑하듯이 온몸을 던져서 뜨겁게 사랑을 실천해야 합니다. 교회 속에 가르치려 드는 자는 많습니다. 그러나 정작 사랑으로 섬기려 하는 자는 많지 않습니다. 사도 바울도 그리스도 안에서 일만 스승은 있으되 아버지는 많지 않다고 개탄했습니다(고전 4 : 15). 신앙은 말로만이 아닌 섬김으로 낳고, 품어 줘야 합니다.

(3) 이정표를 제시해 주어야 합니다

성숙한 삶이 어떤 것인지 이정표를 제시하고, 그대로 살아가도록 교육과 훈련과정을 지속적으로 도와야 합니다. 이렇게 7대 절기를 통해 전체적인 그림을 그려 주면서 교육하면 신앙생활을 쉽게 이해하고, 단계별로 재미있게 성장해 갈 수 있습니다.

7월 1일 나팔절, 7월 10일 속죄일, 7월 15일 장막절 이 세 절기는 예수님의 재림과 연결되어 있습니다. 나팔 불 때 주님이 오시고, 속죄일에 이스라엘이 돌아와서 이제 메시야를 받아들이게 됩니다. 그리고 장막절은 새 예루살렘을 중심으로 새로운 하나님의 통치가 예수님 재림 이후에 이루어질 것입니다.

셀 안에서 리더로서 쓰임을 받고 있습니까?

리더로서 당신이 속한 그룹을 위해 위의 세 가지를 실현하고 있습니까?

기초가 부실하면 아무리 멋있게 단장을 해도 쉽게 무너져 버립니다.

모든 배는 바닥짐(ballast)을 선체 하부에 두어 무게중심이 아래에 있게 함으로 풍랑에도 뒤집히지 않도록 설계되어 있습니다. 평생을 아프리카인들의 삶과 노예제도 폐지를 위해 살아온 데이비드 리빙스턴의 설교문입니다.

『"거친 바다를 항해하는 배가 균형을 유지할 수 있는 것은 배 밑에 있는 바닥짐 때문입니다. 바닥짐이란 배가 전복되는 것을 막기 위해서 배 바닥에 채워 넣은 돌이나 물건을 가리킵니다. 우리 인생도 무겁게 느껴지는 바닥짐이 있어야 고난을 극복하고 무너지지 않습니다."』

리빙스턴에게는 남들에게 말할 수 없는 고통이 있었습니다. 집을 나가버린 방탕한 아들이 있었습니다. 그런 아들을 생각하며 남들 앞에서 더욱 겸손한 마음을 가졌고, 어려움을 당하거나 도움을 필요로 하는 사람을 만나면 외면하지 않았습니다.

우리 인생에서도 이런 근심거리들이 우리의 발을 무겁게 합니다. 그러나 장애물이라고 생각했던 근심거리가 어쩌면 내 인생을 지탱하는 바닥짐일 수도 있습니다. 인생의 바닥짐은 내 안에 배려와 겸손을 채워 인생의 시련이라는 거대한 파도에 쉽게 무너지지 않게 합니다. 우리 어깨에 지워진 바닥짐을 힘들다고 내려놓으려 하지 마십시오.

사람에게도 무게중심이 있습니다. 어떤 사람은 자꾸 보이는 부분만 단장하는 사람이 있습니다. 외형에만 신경을 쓰고, 사람에게 인정받기 위한 것에만 집중합니다. 이런 사람은 무게중심이 위쪽에 있는 배와 같습니다. 그래서 조금만 충격을 받아도 복원력이 없어서 뒤집어지고 그대로 가라앉아 버립니다. 쉽게 이혼하고 쉽게 자살하는 것은 인생의 바탕, 근본을 가꾸지 않고 껍데기만 단장해 왔기 때문입니다. 그래서 문제가 왔을 때, 지탱해 줄 중심이 없어서 그대로 무너져 버립니다. 더 큰 문제는 지금 우리 시대가 사람들을 점점 더 그렇게 만들어 가고 있다는 사실입니다. 정신적인 세계, 영적인 세계를 다듬어야 되는데, 삶의 가치를 보이는 곳에만 두게 만듭니다.

하나님은 우리에게 광야를 주시고, 삶의 곳곳에 우리를 연단시킬 훈련대장들을 세우셔서 우리를 더 높고, 고상한 쪽으로 성장시키려 하십니다. 7대 절기를 통해 보여 준 신앙의 단계들이 우리 신앙의 기초 뿌리가 되기를 갈망합니다.

장막절의 풍요가 있는 교회생활로 나의 신앙이 꽃 피우기를 원합니다.

나팔을 힘차게 불어야 합니다.

수많은 사람들에게 속죄일의 피의 복음을 경험하게 해야 합니다.

장막절, 건강한 교회생활을 통해서 삶이 변화되고 성숙해야 합니다.

아담족(族)이었던 사람들이 예수족으로 바뀌는 변화의 간증이 있어야 합니다.

그리하여 이 은총이 온 누리에 흐르고, 이 축복이 천 대를 흘러가야 합니다.

해산의 수고로 나를 낳아 주고 양육해 준 나의 어머니, 나의 아버지는 누구입니까?
나는 그들에게서 어떤 스피릿을 이어 받았습니까?
아브라함이 이삭을 낳고, 이삭은 야곱을 낳고, 야곱은 유다를 낳고…….

나는 누구를 낳았습니까?
나의 영적 계보는 어떻게 만들어지고 있습니까?
이 계보를 잇기 위하여 나는 어떤 노력을 드리고 있습니까?

이 왕의 족보가 끊어지지 않기 위하여
유다와 다말의 변칙도, 다윗과 밧세바의 일탈도
약으로 가져다가 긴요하게 썼습니다.
씨는 이어지고, 역사는 흘러가야 했기 때문입니다.
핵심이 구속사, 하나님 나라이기 때문입니다.
땅을 구속할 한 아들이 와야 역사는 바뀝니다.
땅과 하늘을 통치할 메시야가 오셔야 세상은 정결하게 됩니다.

그분을 이 땅에 오시도록 하기 위하여(Sonship),
그분의 몸인 교회가 이 땅에 세워지기 위하여 난 어떤 수고를 하였습니까?(Kingship)

내가 세워 가는 하나님 나라,
나를 통해 이어지는 구속사는
어디까지 흘러가고 있습니까?

"신앙의 꽃인 교회, 구속사, 하나님 나라가 있습니까?
그 거룩한 일기를 몇 쪽이나 쓰셨습니까?"

Memo

주님! 수많은 주의 종들을 통하여 복음의 나팔을 불게 하시고 피비린내 진동하는 참담한 대가를 지불하시고 우리의 죄를 씻어 주셨습니다. 그 처절한 사랑의 은혜를 기억하며 살겠습니다. 나로부터 가정으로, 그리고 이웃으로, 세대에서 세대로 흘려보내어 하나님의 집을 세우겠습니다. 그리스도의 남은 고난, 주의 몸 된 교회를 위하여 내 육체에 채우겠습니다. 아멘.

1여호와께서 시내산에서 모세에게 말씀하여 이르시되 2이스라엘 자손에게 말하여 이
르라 너희는 내가 너희에게 주는 땅에 들어간 후에 그 땅으로 여호와 앞에 안식하게
하라 3너는 육 년 동안 그 밭에 파종하며 육 년 동안 그 포도원을 가꾸어 그 소출을 거
둘 것이나 4일곱째 해에는 그 땅이 쉬어 안식하게 할지니 여호와께 대한 안식이라 너
는 그 밭에 파종하거나 포도원을 가꾸지 말며 5네가 거둔 후에 자라난 것을 거두지 말
고 가꾸지 아니한 포도나무가 맺은 열매를 거두지 말라 이는 땅의 안식년임이니라 6안
식년의 소출은 너희가 먹을 것이니 너와 네 남종과 네 여종과 네 품꾼과 너와 함께 거

Chapter 12

안식년, 희년이신 그리스도

레 25 : 1-12

류하는 자들과 7네 가축과 네 땅에 있는 들짐승들이 다 그 소출로 먹을 것을 삼을지니
라 8너는 일곱 안식년을 계수할지니 이는 칠 년이 일곱 번인즉 안식년 일곱 번 동안 곧
사십구 년이라 9일곱째 달 열흘날은 속죄일이니 너는 뿔나팔 소리를 내되 전국에서 뿔
나팔을 크게 불지며 10너희는 오십 년째 해를 거룩하게 하여 그 땅에 있는 모든 주민을
위하여 자유를 공포하라 이 해는 너희에게 희년이니 너희는 각각 자기의 소유지로 돌
아가며 각각 자기의 가족에게로 돌아갈지며 11그 오십 년째 해는 너희의 희년이니 너희
는 파종하지 말며 스스로 난 것을 거두지 말며 가꾸지 아니한 포도를 거두지 말라 12이
는 희년이니 너희에게 거룩함이니라 너희는 밭의 소출을 먹으리라

레 25 : 1－12

하나님은 엿새 동안 사람이 살아갈 모든 여건들을 다 준비하시고, 창조의 마지막에 사람을 만드셨습니다. 덕분에 사람은 태어나자마자 바로 안식에 들어갔고 엿새 동안 하나님께서 수고하신 모든 것을 자기 것으로 누릴 수 있었습니다. 어린아이는 태어나자마자 부모가 준비한 모든 것들을 자연스럽게 누립니다. 이처럼 하나님이 엿새 동안 준비하신 모든 것들을 누리는 날을 안식일이라고 합니다. 신약적 개념으로 이해한다면 이것을 은혜라고 말할 수 있습니다. 십자가, 부활, 승천의 모든 구원의 필요들을 우리 주님이 다 준비하셨습니다. 사람은 그냥 받기만 하면 됩니다. 주시는 부분을 강조할 때는 은혜, 받는 부분을 강조할 때는 믿음으로 구원받는다고 표현합니다.

하나님은 우리의 생명이 예수 그리스도를 통하여 안식일, 안식년, 희년으로 계속 확장되어 가기를 원하십니다. 사람은 하나님을 떠난 후 안식을 잃어버렸습니다. 이 땅은 더 이상 사람들을 위한 안식의 장소가 되지 못합니다. 그러나 하나님은 사람이 타락함으로 가시와 엉겅퀴로 뒤덮여 척박해진 이 땅에서 한 나라 이스라엘을 선택하시어 안식을 주실 계획을 가지셨습니다. 척박해진 이 땅은 사람들이 많이 수고하여도 만족할 만한 소산을 내지 못하지만, 하나님께서 허락하신 그 땅은 하나님의 풍요를 경험할 수 있도록 도우시는 안식의 땅입니다. 그러므로 하나님 안에, 그 약속 안에만 진정한 안식이 있음을 알아야 합니다. 가나안으로 일컬어지는 이 땅은 우리에게 소출이나 안식을 주시는 예수 그리스도를 상징합니다. 진정한 우리의 기업은 예수 그리스도입니다. 그리스도가 우리의 땅이 되시고, 우리의 기업이 되시고, 우리의 만유가 되십니다. 그분 안에 우리가 잃어버린 하늘의 기업이 숨겨져 있습니다.

구원받은 이후에 우리가 받은 특권

『 일본의 성자로 불리는 가가와 도요히코는 고베 시에서 첩의 아들로 태어났습니다. 그나마 4살 때 아버지를 여의고 5살에 어머니마저 돌아가시자 고아가 되어 본처 소생들과 한 집에서 자라며 첩의 자식이라는 이유 하나로 말할 수 없는 학대와 수모를 겪으며 자랐습니다. 거기다 성격이 비뚤어지고 반항적이라 누구의 관심도 받지 못했습니다. 그런 그는 어려서부터 불교의 가르침을 받았습니다. 그러다가 12살 되던 해 구세군이 나팔을 불며 노방전도를 하는 소리에 이끌려 가게 되었습니다. "하나님은 첩의 자식도 사랑하시나요?" 하고 도요히코가 묻자 "하나님은 감옥에 있는 죄수도 사랑하십니다." 라고 전도자는 말했습니다. 그날로 그는 예수님을 영접했다고 합니다. 그러나 불행은 끊이지 않고 그를 붙잡았습니다. 안질에 걸려 실명 상태로 몇 년을 살다가 수술을 하고 눈을 뜨게 되었지만 대학 2학년 때는 폐결핵 말기라는 진단을 받고 사선을 넘나들며 투병생활을 해야 했습니다. 치료를 받지 않으면 죽는다는 의사의 충고에도 오히려 죽음으로 주님을 증거하고 싶다는 각오를 가지고 고베의 빈민촌에 들어가 전도하다가 피를 토하고 쓰러졌는데, 병원에서 의식을 회복하고 보니 기적적으로 결핵이 없어졌다는 진단을 받았습니다. 그 이후 그는 「사선을 넘어」라는 책을 저술하여 살아 계신 하나님을 만난 사실을 증거하였습니다. "나는 첩의 아들이 아니고 하나님의 아들이다." 당당하게 선언했습니다.

그 이후 3년의 시한부 인생을 선고받았었지만 무려 50년을 더 살며 반전 평화사상을 주장하고 가난한 사람들과 노동자들의 권익을 옹호하며 목사로써 하나님께 영광을 돌리는 삶을 살았습니다. 』

이 가가와 도요히코처럼 죽음의 문턱에서도 예수 그리스도를 만나면 진정한 안식을 얻고 새 생명으로 새롭게 태어나는 역사를 경험하게 됩니다. 그리스도는 우리 삶에 찾아오신 문제의 해결자이시기 때문입니다. 예수님을 주로, 그리스도로 만남으로 안식을 얻고, 그 삶의 풍요로움을 강물처럼 흘려보내어 많은 사람에게 영향력을 끼치며 복의 근원으로 살아간 사람들이 많습니다.

우리는 하나님께서 손수 '우리의 형상을 따라, 우리의 모양대로' 만드신 삼위 하나님의 합작품일 뿐만 아니라 하나님의 본질, 하나님의 씨, 하나님의 DNA를 가지고 창조된 존재입니다. 하나님은 인간이 너무 걸출한 작품으로 창조되었기에 자칫 교만하여 피조물의 신분을 이탈할까봐 창조주와 피조물 간의 구분선을 두어 사람으로 넘지 못하게 했습니다. 그것이 선악과였습니다. 그러나 인간은 에덴의 언약을 깨뜨리고 넘어서는 안 될 구분선을 훌쩍 넘어 버렸습니다. 그로 인해 인간에게 주셨던 형상과 통치권을 다 상실하고, 이제는 하나님의 형상이 아니라 마귀의 형상이 되어 버렸습니다. 하나님은 창조하시고, 회복시키시고, 생명을 주시는 분입니다. 사람도 하나님의 대행자로서 살리고 치유하는 일을 하도록 부름을 받았는데 그만 마귀를 만나 변질되어 마귀의 일, 곧 죽이고 파괴하는 일을 하게 된 것입니다. 이렇게 무너져 버린 우리의 삶 속에 예수님이 살아 계신 하나님의 아들의 씨를 가지고 오셨습니다. 또 그리스도라는 이름으로 오셔서 우리에게 기름을 부으시고 우리가 잃어버렸던 통치권을 다시 회복시켜 주셨습니다. 구원받은 이후에 우리는 그 씨를 생육하고 번성하고 충만하게 하는 일과, 살리고 치유하고 회복시키는 일을 해야 합니다.

우리 주님의 생명을 가진 사람들은 이제 배우자를 만나든, 자식을 만나든, 상처받은 사람을 만나든, 죄인을 만나든 관계없이 그들을 섬기고 살리는 일을 하게 됩니다. 이것이 하나님의 생명을 가진 자의 특권입니다. 신분상으로만 하나님의 자녀가 된 것이 아니라 삶의 열매 또한 달라집니다. 그렇지만 씨를 심어 놓으면 그 씨가 자라는 시간이 필요하고 꽃피고 열매 맺는 기간이 필요하듯이 이러한 성장을 위해서는 적절한 돌봄과 결실을 얻기까지의 시간이 필요합니다. 교회는 이런 일을 돕는 곳입니다. 영생을 가신 사람들이 그 씨의 본질에 합당하게 살아갈 수 있도록 밭을 기경해 주고, 그 씨가 생육할 수 있도록, 번성하고 충만할 수 있도록 도움을 주는 곳입니다.

세상을 창조하신 분, 지금도 세상을 다스리시는 전능하신 하나님과 내가 친하다고 하는 것, 내가 그분 안에 연합되어 있다고 하는 것은 정말 어마어마한 특권입니다. 게다가 우리는 그분을 아버지라고 부릅니다. 그러니 우리가 얼마나 대단한 존재입니까? 하나님을 만난 사람들은 그의 생애에 엄청난 변화가 옵니다. 이러한 복음의 비밀을 알고 나면 내 자신이 얼마나 부요한지, 얼마나 행복한지, 얼마나 황홀한 인생을 살고 있는지를 깨닫게 됩니다.

구원받은 이후에 당신에게 나타난 생명의 비밀, 특성들은 무엇입니까?

그리스도의 분량만큼 주신 은총

하나님께서 우리에게 어떤 기대를 갖고 계시는지 알고 있습니까? 하나님께서는 그리스도의 분량만큼 우리를 키우기를 원하십니다.

"우리가 다 하나님의 아들을 믿는 것과 아는 일에 하나가 되어 온전한 사람을 이루어 그리스도의 장성한 분량이 충만한 데까지 이르리니 이는 우리가 이제부터 어린아이가 되지 아니하여 사람의 속임수와 간사한 유혹에 빠져 온갖 교훈의 풍조에 밀려 요동하지 않게 하려 함이라 오직 사랑 안에서 참된 것을 하여 범사에 그에게까지 자랄지라 그는 머리니 곧 그리스도라"(엡 4 : 13 – 15).

하나님은 우리가 범사에 예수 그리스도의 수준에까지 성장하기를 원하십니다. 겉모습뿐만 아니라 생각, 언어, 태도, 배려하고 소통하는 모든 것들이 다 예수 그리스도의 장성한 수준에 도달하기를 원하십니다. 이전에는 어린아이처럼 자신의 유익만을 위해서 살았습니다. 그러나 예수님을 만나고 나서부터는 범사에 그분처럼 변해야 합니다. 그래서 세상 사람들이 하늘에 계신 주님을 직접 보지 않아도 땅에 있는 작은 예수인 우리를 통해서 하늘에 계신 주님을 보게 됩니다. 교회에서만 아니라 가정에서도, 직장에서도, 심지어는 불신의 사회 속에서도, 나를 해치려고 하는 원수 앞에서까지도 우리는 그리스도의 모습을 보일 수 있어야 합니다. 하나님께서 나를 보실 때 그런 기대의 눈으로 보십니다. 그래서 우리는 조금 힘들다고 불평하거나 원망하면 안 됩니다. 실패가 와도, 누가 나를 배신해도 흔들리지 않고 오히려 당당하게 나가야 합니다. 하나님께서 나의 든든한 버팀목이 되시기 때문입니다. 처음에는 복받으려고 예수를 믿었던 사람이지만, 병을 고치려고 예수를 믿었던 사람들이지만 이제는 변화돼서 그리스도를 보여 주고, 그리스도를 나타내고, 그리스도를 대행할 수 있는 작은 예수로 살기를 원하십니다. 그래서 교회를 주시고, 목자를 세워 주시고, 적절한 때 환경과 위기들을 통해서 우리를 훈련시켜 주시고, 이 땅에 살아가는 영적인 고수가 되도록 우리를 세워 주십니다.

"거기에는 헬라인이나 유대인이나 할례파나 무할례파나 야만인이나 스구디아인이나 종이나 자유인이 차별이 있을 수 없나니 오직 그리스도는 만유시요 만유 안에 계시니라"(골 3 : 11).

그리스도가 만유 안에 계신다는 말은 고난의 삶, 배신하는 사람, 실패와 좌절의 현장, 상실의 장이라 할지라도 거기에 주님이, 그 섭리가 있으시다는 말입니다. 좋은 일 안에만 주님이 계신 것이 아닙니다. 모든 사람에게 그리스도는 만유이시고 만유 안에 계십니다(Christ is all, and is in all). 내가 경험하는 많은 사건, 수많은 사람들, 수많은 아픔의 일들 속에도 그리스도가 계십니다.

"하나님도 한 분이시니 곧 만유의 아버지시라 만유 위에 계시고 만유를 통일하시고 만유 가운데 계시도다 우리 각 사람에게 그리스도의 선물의 분량대로 은혜를 주셨나니"(엡 4 : 6 - 7).

온 세상에 하나님께서 편재해 계십니다. 그러니 어쩌다가 나에게 이렇게 고통스러운 삶이 왔는지 괴로워하거나 하나님은 왜 나만 미워하시는가? 원망하지 말고, 내가 겪는 그 악조건의 삶 속에, 내가 겪는 그 고약스러운 배신의 사건 속에 주님이 계셔서 나를 인도하신다는 사실을 믿어야 합니다. "틀림없이 무슨 뜻이 있겠지!" 하면서 신뢰하는 마음으로 기다리십시오. 그리스도가 나를 광야로 이끄셔서 내 인생에 동행하시며 내 삶에 간섭하시고 거룩하도록 변화시키는 모든 과정들이 신앙생활입니다. 적절한 배신과 아픔들, 훈련의 과정들이 우리를 그리스도의 형상으로, 대행자로 살아가도록 조각해 가시는 연단의 과정들입니다.

그렇기 때문에 신앙인들은 고난을 고난으로 보지 않고 주님의 특별한 섭리로 봅니다. 조각가들이 조각을 할 때 중요한 부분, 강조해야 할 부분은 더욱 섬세하게 다루듯이 하나님께서 특별히 반복하여 다루시는 그 부분을 주의하셔야 합니다.

우리가 유아기, 청소년기, 청년기, 장년기와 같은 인생의 발달단계가 있는 것처럼 신앙에도 단계가 있습니다. 우리의 신앙의 연수나 교회에서의 직분이 우리의 신앙의 척도를 온전하게 대변해 주지는 않습니다. 진짜로 중요한 것은 내가 그리스도를 얼마나 누리고 사는지, 내 안에 들어온 거룩한 생명이 얼마나 옛 사람 나를 극복하고 성장하고 있는지가 중요합니다. 안식일에서 안식년으로, 안식년에서 희년으로 우리의 신앙은 커져 가야 합니다. 이러한 성장을 기대한다면 유월절, 무교절, 초실절, 오순절 등 절기를 따라 그리스도를 더욱 충만히 누리기를 사모해야 합니다. 매년 반복하여 절기들을 경험하면 결국 안식년, 희년으로 우리의 삶은 더욱 극대화될 것입니다.

당신은 그리스도를 어느 분량만큼 누리고 있습니까?
당신은 잔치(7대 절기)가 있는 인생(성장이 있는 삶)을 살고 있습니까?

안식일 – 하나님을 누림으로 경험하는 은혜의 단계

첫 번째로 우리가 그리스도를 경험하는 은혜의 단계는 안식일입니다. 하나님께서 내게 찾아오신 사건을 '은혜'라 하고, 내가 그것을 받아들이는 것을 '믿음'이라고 표현합니다. 믿음으로, 은혜로 내가 그리스도를 경험하기 시작합니다.

"엿새 동안은 일할 것이요 일곱째 날은 쉴 안식일이니 성회의 날이라 너희는 아무 일도 하지 말라 이는 너희가 거주하는 각처에서 지킬 여호와의 안식일이니라"(레 23 : 3).

안식일 법이 7대 절기보다 앞서 옵니다. 안식일은 모든 절기의 출발입니다. 안식일에 대한 모법(母法)이 출애굽기 20장의 십계명에 나와 있습니다.

"안식일을 기억하여 거룩하게 지키라 엿새 동안은 힘써 네 모든 일을 행할 것이나 일곱째 날은 네 하나님 여호와의 안식일인즉 너나 네 아들이나 네 딸이나 네 남종이나 네 여종이나 네 가축이나 네 문안에 머무는 객이라도 아무 일도 하지 말라 이는 엿새 동안에 나 여호와가 하늘과 땅과 바다와 그 가운데 모든 것을 만들고 일곱째 날에 쉬었음이라 그러므로 나 여호와가 안식일을 복되게 하여 그날을 거룩하게 하였느니라"(출 20 : 8 - 11).

하나님은 엿새 동안 사람이 살아갈 모든 여건들을 다 준비하시고, 창조의 마지막에 사람을 만드셨습니다. 덕분에 사람은 태어나자마자 바로 안식에 들어갔고 엿새 동안 하나님서 수고하신 모든 것을 자기 것으로 누릴 수 있었습니다. 어린아이는 태어나자마자 부모가 준비한 모든 것들을 자연스럽게 누립니다. 이처럼 하나님이 엿새 동안 준비하신 모든 것들을 누리는 날을 안식일이라고 합니다. 신약적 개념으로 이해한다면 이것을 은혜라고 말할 수 있습니다. 십자가, 부활, 승천의 모든 구원의 필요들을 우리 주님이 다 준비하셨습니다. 사람은 그냥 받기만 하면 됩니다. 주시는 부분을 강조할 때는 은혜, 받는 부분을 강조할 때는 믿음으로 구원받는다고 표현합니다.

구약에서 안식일을 지키지 않는 사람을 죽이라고 했습니다(민 15 : 32-36). 신약에서는 은혜를 거절하고 자기 힘으로, 자기 공로로 살겠다고 종교 행위를 하는 사람들을 그리스도에게서 끊어지고 은혜에서 떨어진 자라고 말합니다(갈 5 : 2-4). 구약에서 안식일을 지키는 일이 너무나 중요했습니다. 마찬가지로 그리스도를 누리는 교통의 시간, 인격적인 만남의 시간이 먼저 있어야 합니다. 그리고 힘을 얻어서 섬기고, 헌신하고, 나눌 수 있어야 합니다.

안식일에 주의해야 할 것이 세 가지가 있습니다.

① 쉬고 일하지 말 것
② 하나님께서 수고하셔서 주시는 모든 것을 누릴 것
③ 내가 받은 은혜를 가족들, 종들, 가축, 심지어 집에 찾아온 우리 아이의 친구들까지도, 내 집에 찾아 온 손님들에게까지도 전달되어서 흘러갈 수 있도록 할 것

내가 은혜를 받으면 그 영향력이 흘러가야 합니다. 최소 반경이 가정

입니다. 내가 은혜받음으로 배우자가 편안해지기 시작합니다. 엄마가 은혜받으면 자녀들이 혜택을 누리게 됩니다. 집에서 키우는 고양이나 개도, 내 집에 찾아오는 손님들까지도 이런 혜택을 입는 것이 안식일의 복음입니다. 우리는 이런 안식, 누림을 가져야 합니다. 주님이 내 속에 들어오셔서 넉넉하게 채우시면 남은 사람들은 나를 통하여 흘러나가는 그리스도를 경험할 수 있습니다. 내 안에 기쁨이 있고, 행복이 있으면 이 행복 바이러스가 옆 사람에게 전달됩니다. 그 사람이 있는 곳의 분위기가 달라지기 시작합니다. 이것이 안식일의 축복입니다. 로버트 멍어의 책 "내 마음 그리스도의 집"에 나오는 이야기입니다.

『"그 다음 우리는 거실로 들어갔다. 이 방은 보다 친근감이 들고 안락한 곳이었다.

그분이 말씀하셨다. "이 방에 자주 오도록 하자. 은밀하고 조용하니 우리가 대화하며 교제를 나눌 수 있겠구나." 나는 감격에 잠겼다. 그분은 약속하셨다. "내가 매일 아침마다 일찌감치 여기에 오겠다. 여기서 나와 만나 함께 일과를 시작하자꾸나."

그러나 차츰차츰 여러 가지 책임 맡은 일에 시달려서 이 시간이 짧아지기 시작했다. 드디어는 시간이 줄어들다 못해 때때로 날을 거르기도 하였다. 그러나 어느 날 아침 거실을 지나치다 보니 방문이 열려 있었다. 안을 들여다보니 벽난로에 불이 지펴져 있고, 주님이 앉아 계신 것이 보였다. 나는 발길을 돌려 머뭇거리면서 안으로 들어갔다. 눈을 밑으로 떨어뜨리고 말했다. "주님 죄송합니다. 아침마다 주님은 여기에 오셔서 기다리고 계셨습니까?"

"그럼." 하고 주님은 말씀하셨다. "너를 만나기 위해 매일 아침 여기에 오겠다고 내가 말했잖느냐?" 』

일 때문에 분주하다가, 사람들 돌보다가, 자기 누림, 자기 공급을 놓치면 다시 옛날로 돌아가 버립니다. 그래서 옛날처럼 말하고, 함부로 대하고, 하나님마저 이용하고, 천박한 종교인으로 전락해 버립니다. 그러므로 절대 주님을 누리고 교통하는 시간, 인격적으로 그분과 교통하고 교제하는 시간을 놓쳐서는 안 됩니다. 주님으로부터 격려와 위로를 받고, 주님으로 인한 넉넉한 채워짐이 있어야 합니다. 이런 공급이 없으면 채워진 척 흉내만 내다가 나중에는 탈진합니다. 내게 안식일이 있는가를 한번 돌아보십시오. 더불어 그것들을 누군가에게 흘려보내는지를 자세히 살펴보십시오.

당신에게 위로부터 주시는 은혜를 누리는 진정한 쉼이 있습니까?
어떤 시간, 어떤 공간, 어떤 상황을 통하여 그 은혜를 받습니까?

안식년 – 은혜의 확대 단계

안식일이 성장하여 정한 분량이 차면 안식년이 됩니다. 안식년은 안식일의 큰 사이즈라고 생각할 수 있습니다. 은혜가 더 크게 성장, 확대되면 나의 누림 역시도 성장, 확대됩니다.

"여호와께서 시내산에서 모세에게 말씀하여 이르시되 이스라엘 자손에게 말하여 이르라 너희는 내가 너희에게 주는 땅에 들어간 후에 그 땅으로 여호와 앞에 안식하게 하라 너는 육 년 동안 그 밭에 파종하며 육 년 동안 그 포도원을 가꾸어 그 소출을 거둘 것이나 일곱째 해에는 그 땅이 쉬어 안식하게 할지니 여호와께 대한 안식이라 너는 그 밭에 파종하거나 포도원을 가꾸지 말며 네가 거둔 후에 자라난 것을 거두지 말고 가꾸지 아니한 포도나무가 맺은 열매를 거두지 말라 이는 땅의 안식년임이니라 안식년의 소출은 너희가 먹을 것이니 너와 네 남종과 네 여종과 네 품꾼과 너와 함께 거류하는 자들과 네 가축과 네 땅에 있는 들짐승들이 다 그 소출로 먹을 것을 삼을지니라"(레 25 : 1 - 7).

안식년은 세 가지로 정리할 수 있습니다.

(1) 땅이 휴경을 합니다

6년이 지난 7년째는 땅을 쉬게 해야 합니다. 땅을 휴경시키고, 밭에 곡식을 뿌리지 않습니다. 그러면 작년 가을에 떨어졌던 이삭이 남아서 자연성장을 합니다. 그러면 집 없는 사람들, 나그네들, 가난한 사람들이 따 먹도록, 심지어 새나 들짐승들도 먹을 수 있도록 수확하지 않고 방치해 둡니다. 그리고 농사를 짓지 않고 그 여유로운 시간을 하나님과 교제하는 데에 사용합니다.

안식년은 영적으로 자기를 돌보는 시간, 신앙의 밭을 기경하는 시간입니다. 만약 우리의 경작지에 3년 동안 비가 오지 않으면 땅이 갈라지고,

6년, 7년 지나면 그것이 더욱 건조해져서, 10년이 넘어가면 결국 모래가 되고 사막이 되고 맙니다. 공급과 누림, 곧 안식일과 안식년이 없다면 우리의 마음도 사막화되어 황폐해질 수 있습니다.

"일곱째 해에는 갈지 말고 묵혀 두어서 네 백성의 가난한 자들이 먹게 하라 그 남은 것은 들짐승이 먹으리라 네 포도원과 감람원도 그리할지니라 너는 엿새 동안에 네 일을 하고 일곱째 날에는 쉬라 네 소와 나귀가 쉴 것이며 네 여종의 자식과 나그네가 숨을 돌리리라"(출 23 : 11 - 12).

충분한 휴식이 있어야 합니다. 그 휴식이란 하나님과 독대하는 시간, 공급을 경험하고 마음이 윤택해지도록 은혜를 충분히 받는 상황을 말합니다. 재충전의 시간입니다. 모든 일을 멈추고 오직 주님께만 집중하는 진정한 예배의 개념입니다.

(2) 빚을 탕감받습니다

안식년에는 부채를 탕감해 줍니다. 하나님께서는 신명기 15 : 1~18에서 면제와 해방에 대한 법을 만들어 주셨습니다. 제칠 년(안식년)에 채권자는 채무자에게 그 채무를 면제해 줘야 합니다. 우리의 연약함과 어리석음으로 저질러 놓은 실수와 허물들을 탕감해 주는 일입니다. 결국 우리 인생은 하나님의 도우심을 받아야 살아갈 수 있다고 하는 은혜의 개념을 깨닫게 해 주는 안식의 원리입니다.

(3) 종 된 상태에서 해방을 경험합니다

하나님은 우리가 안식하고, 부채를 탕감받고, 공급을 받은 다음에는 노예 상태에서 해방되기를 원하십니다. 출애굽기 21 : 1~11에서 6년이 지나면 7년째(안식년)에는 종들을 풀어 주어 자유롭게 하도록 했습니다. 종들은 놓아 주되 후히 주어 빈손으로 가지 않도록 했습니다.

우리는 많은 것에 매여 종처럼 살고 있습니다. 내 죄와 무거운 인생의 짐으로 죄의 노예, 지식의 노예, 욕망의 노예, 게임의 노예, 컴퓨터와 스마트폰의 노예, 드라마의 노예, 심지어 자식에게까지 노예로 매여 자유를 잃고 끌려 다닙니다. 이런 노예 상태에서 벗어나서 자유인이 되는 것이 안식년에 우리가 누리는 축복입니다.

안식일 사이즈로 지금 주님을 만난 사람이 있고, 더 성장해서 안식년 사이즈로 만나는 사람이 있습니다. 그런 사람은 벌써 내 안에 공급이 그만큼 커졌고, 짐을 벗고 자유하게 되고, 노예 된 상태에서 해방되었음을 말합니다.

당신의 은혜, 누림의 정도는 안식일 사이즈입니까?
안식년 사이즈입니까?

희년 – 그리스도의 전부를 누리는 단계

우리의 신앙의 마지막 정점은 그리스도의 전부를 누리는 단계에 이르는 일입니다. 그것을 희년이라고 말합니다.

"너는 일곱 안식년을 계수할지니 이는 칠 년이 일곱 번인즉 안식년 일곱 번 동안 곧 사십구 년이라 일곱째 달 열흘날은 속죄일이니 너는 뿔나팔 소리를 내되 전국에서 뿔나팔을 크게 불지며"(레 25 : 8 - 9).

희년이 되기 전 해에는 나팔을 부는데 다른 때보다 훨씬 크게 불었습니다. 이렇게 나팔을 불면 사람들이 희년을 준비하기 시작합니다. 사람들은 하나님을 만나서 안식일을 경험하고, 안식년의 자유를 누리고, 이 나팔절에 부는 나팔 소리를 듣고, 속죄일에 이루어지는 대속의 은총을 경험하며 희년을 준비하게 됩니다.

우리가 간증하고, 전도하고, 찬양하는 것들이 다 희년의 나팔을 부는 것과 같습니다. 교회로 데리고 온 것만으로 전도가 다 된 것이 아니라 그들에게 내가 만난 그리스도를 간증하고, 나팔을 불고, 함께 찬양하면서 희년으로 나아가야 합니다.

"그 오십 년째 해는 너희의 희년이니 너희는 파종하지 말며 스스로 난 것을 거두지 말며 가꾸지 아니한 포도를 거두지 말라 이는 희년이니 너희에게 거룩함이니라 너희는 밭의 소출을 먹으리라 이 희년에는 너희가 각기 자기의 소유지로 돌아갈지라 네 이웃에게 팔든지 네 이웃의 손에서 사거든 너희 각 사람은 그의 형제를 속이지 말라 그 희년 후의 연수를 따라서 너는 이웃에게서 살 것이요 그도 소출을 얻을 연수를 따라서 네게 팔 것인즉 연수가 많으면 너는 그것의 값을 많이 매기고 연수가 적으면 너는 그것의 값을 적게 매길지니 곧 그가 소출의 다소를 따라서 네게 팔 것이라 너희 각 사람은 자기 이웃을 속이지 말고 네 하나님을 경외하라 나는 너희의 하나님 여호와이니라"(레 25 : 11 - 17).

안식일보다 큰 사이즈, 안식년보다 더 큰 사이즈가 희년인데, 이 희년에는 네 가지 혜택을 누리게 됩니다.

(1) 쉬는 일입니다

우리가 노동하지 않고 주신 은혜로만 사는 시간입니다. 그리스도로만 공급받습니다.

(2) 빚의 탕감입니다

죄의 짐, 내가 짊어져야 할 모든 부채의 무거운 짐들을 탕감해 주십니다.

(3) 노예 상태로부터의 해방입니다

죄의 노예, 사탄의 노예로 있던 사람이 자유를 경험합니다. 사람이 죄를 짓는 것은 악한 자에게 마음을 내어 주는 것과 같습니다. 결국 그 죄가 빌미가 되어 끌려 다니다가 결국 악한 자의 노예가 됩니다. 그리고 그 어둠의 세력의 힘에 끌려 다시 죄를 짓습니다. 희년은 이 죄의 멍에를 벗기고, 노예 된 상태로부터 완전한 해방을 줍니다. 여기까지는 안식년과 같습니다.

(4) 가장 중요한 희년의 축복은 기업으로 돌아가는 일입니다

원래 땅은 하나님께서 각 지파에게 분깃으로 나누어 주셨습니다. 그래서 땅은 팔 수 없도록 되어 있는데, 살다가 경제력이 부족하면 팔 수밖에 없고 땅을 팔고도 또 빚을 지면 이제는 몸을 팔아서 노예가 되어야 했습니다. 그런데 하나님께서는 희년이 되면 몸을 자유하게 할 뿐만 아니라, 모든 땅들도 다 원주인에게 돌아가도록 배려하셨습니다. 그리고 50년 동안 흩어져 살았던 가족들이 희년이 되면 다 돌아와서 자기 가족을 만나고, 또 원래 조상으로부터 받았던 그 기업의 땅을 누리게 됩니다. 성경은 이것을 "기업으로 돌아간다."라고 표현합니다.

신약시대에 이 땅은 그리스도를 상징합니다. 내가 그리스도를 만남으로 나는 구원을 얻습니다. 그 구원은 죽은 이후에 누리는 혜택만을 말하는 것이 아닙니다. 내게 약속하신 기업, 땅이신 그리스도 안으로 들어가는 것을 말합니다. 그래서 희년은 돌아온 탕자와 같이 돌아감의 의미가 있습니다. 아버지 집에 돌아가면 아버지의 사랑, 아버지의 능력만큼 누릴 수 있습니다. 아들 됨의 권리를 회복하게 됩니다. 우리에게는 굉장한 복음의 축복이 보장돼 있습니다. 몇 가지 누리는 것으로 사는 것이 아니라 아버지의 소유 전부를 누릴 수 있는 특권이 주어집니다.

"광야와 메마른 땅이 기뻐하며 사막이 백합화같이 피어 즐거워하며 무성하게 피어 기쁜 노래로 즐거워하며 레바논의 영광과 갈멜과 사론의 아름다움을 얻을 것이라 그것들이 여호와의 영광 곧 우리 하나님의 아름다움을 보리로다 …… 그때에 맹인의 눈이 밝을 것이며 못 듣는 사람의 귀가 열릴 것이며 그때에 저는 자는 사슴같이 뛸 것이며 말 못하는 자의 혀는 노래하리니 이는 광야에서 물이 솟겠고 사막에서 시내가 흐를 것임이라 …… 거기에는 사자가 없고 사나운 짐승이 그리로 올라가지 아니하므로 그것을 만나지 못하겠고 오직 구속함을 받은 자만 그리로 행할 것이며 여호와의 속량함을 받은 자들이 돌아오되 노래하며 시온에 이르러 그들의 머리 위에 영영한 희락을 띠고 기쁨과 즐거움을 얻으리니 슬픔과 탄식이 사라지리로다"(사 35 : 1-10).

타락한 땅, 황폐화된 땅이 원상 복구되고, 그 땅의 상속자들이 그 땅에서 누릴 평화와 안식을 선포하는 말씀입니다. 땅에서 이루어질 구속사의 마지막 그림입니다. 이 땅에서의 모든 역사의 완성은 희년인데, 이 종국의 때에 모든 역사는 완전한 회복을 경험하게 됩니다. 그리고 땅의 시간이 차면 새 하늘과 새 땅으로 우리는 옮겨 갈 것입니다. 그러한 미래가 우리 앞에 약속되어 있습니다.

당신이 누리고 있는 그리스도의 분량을 설명해 보십시오.

고엘로 오신 그리스도

그런데 50년이 되기 전에라도 우리가 희년을 경험할 수 있는데, 이것을 '고엘 제도'라고 합니다. 하나님께서 50년(희년)이 차야만 자유와 해방을 경험하는 것이 아니라 그 전에도 희년의 복을 경험할 수 있도록 고엘 제도를 만들어 주셨습니다. 그것이 메시야로 오신 초림 예수의 성육신 사건입니다. 예수님께서 완성으로가 아닌, 초림 예수로 오셔서 우리의 고엘이 되어 주셨습니다.

"너희 기업의 온 땅에서 그 토지 무르기를 허락할지니 만일 네 형제가 가난하여 그의 기업 중에서 얼마를 팔았으면 그에게 가까운 기업 무를 자가 와서 그의 형제가 판 것을 무를 것이요 만일 그것을 무를 사람이 없고 자기가 부유하게 되어 무를 힘이 있으면 그 판 해를 계수하여 그 남은 값을 산 자에게 주고 자기의 소유지로 돌릴 것이니라 그러나 자기가 무를 힘이 없으면 그 판 것이 희년에 이르기까지 산 자의 손에 있다가 희년에 이르러 돌아올지니 그것이 곧 그의 기업으로 돌아갈 것이니라"(레 25 : 24 - 28).

'토지 무르기'가 중요합니다. 가장 가까운 친척 가운데 한 사람이 나의 기업을 물러 주면 됩니다. 그가 와서 내 빚을 갚아 주고, 몸값을 치르고 나를 대속(代贖)해 주고, 그 다음에 내 땅을 되찾아 줍니다. 이스라엘 사람들에게는 고엘 제도가 너무나 당연한 법이요, 혜택이요, 권리였습니다. 이것은 우리가 보아스와 룻의 이야기를 통해서 익히 알고 있습니다. 나오미가 그의 며느리 룻을 데리고 고향에 돌아왔을 때 가까운 친척이 있었는데, 그 사람이 기업 무르기를 하고 싶어하지 않았습니다. 그래서 보아스에게 신발을 벗어 주면서 자신의 권리를 넘겨주었습니다. 보아스는 그것을 받아 룻을 취해서 기업 무르기를 했습니다. 그랬더니 룻과 보아스를 통해, 그리고 그 후손들을 통해 다윗이 왔고, 예수님이 태어나셨습니다. 예수께서 이 땅에 오시는 일을 위해서 그 기업 무르기 제도가 유용하게 사용되었습니다.

예수님은 초림 때 우리의 고엘로 오셨습니다. 내가 50년이 되어야 내 인생의 문제가 해결될 줄 알았는데, 그전에 그분이 내게 오셔서 많은 대가를 지불하셔서 내 빚을 탕감해 주시고, 죄 문제를 해결해 주시고, 노예된 상태에서 나를 건져 주셨습니다. 그리고는 내 모든 인생의 짐들을 벗겨 주시고, 안식일로, 안식년으로, 희년으로 누리라고 말씀하셨습니다. 내가 기업이신 그리스도 안에 들어와서 그리스도를 마음껏 누릴 수 있도록 초청해 주셨습니다. 이것이 복음입니다. 희년이 되어야 보상을 받는 것이 아닌 고엘을 만난 순간부터 우리는 희년을 누릴 수 있습니다. 죽은 다음이 아닌 이 땅에서부터 '하나님 나라'가 시작됩니다.

"선지자 이사야의 글을 드리거늘 책을 펴서 이렇게 기록된 데를 찾으시니 곧 주의 성령이 내게 임하셨으니 이는 가난한 자에게 복음을 전하게 하시려고 내게 기름을 부으시고 나를 보내사 포로 된 자에게 자유를, 눈 먼 자에게 다시 보게 함을 전파하며 눌린 자를 자유롭게 하고 주의 은혜의 해를 전파하게 하려 하심이라 하였더라"(눅 4 : 17 - 19).

여기서 '은혜의 해'는 희년을 말합니다. 결국 주님은 고엘로 오셨다는 선언을 하고 계십니다.

안식일입니까, 안식년입니까, 희년입니까?

나의 인생 속에 고엘이 있습니까?

예수님은 자신의 생명을 바쳐서 나 한 사람을 살려 주셨습니다. 그렇게 엄청난 대가를 주고 우리를 사 주셨기에 우리는 아무렇게나 살아도 되는 그런 존재가 아닙니다. 주님이 내게 7대 절기를 약속해 주시고, 안식일, 안식년, 희년이 되어 주신다고 약속하셨습니다. 죄 가운데서 살면서 더럽고 추하게, 그냥 그렇고 그런 인생을 살다가 떠나는 존재가 아닙니다. 하나님께서 내 속에 들어오셔서, 나를 통해 세상에 하나님의 모습을 보여 주시고, 나를 통해 세상을 바꾸시겠다고 선언하신 그 복음대로 살아가야 합니다. 우리 주님은 나의 희년, 나의 가나안이십니다.

인생의 상실과 결핍, 절망의 문제가 다 예수님 안에 해답으로 들어 있습니다.

주님은 죄인들의 구세주로, 황폐한 이 땅의 왕으로 오셨습니다.

우리는 주님 안에 있어야 하고, 그 안에서 하늘과 땅은 통일되어야 합니다(엡 1 : 10).

주님은 나의 안식일, 나의 7대 절기, 나의 안식년

그리고 마침내 나의 희년, 나의 고엘이십니다.

나는 어디까지 성장했습니까?

그리스도는 내 인생 속에 어떤 의미입니까?

주님은 나를 위해 살고, 나는 그의 나라와 그의 의를 구하며 삽니다(마 6 : 33).

나는 하늘의 뜻을 구하고, 주님은 그 영광으로 나를 보상하실 것입니다(골 3 : 1 - 4).

주님은 나의 왕, 나의 군주, 나는 그분의 나라입니다.

주님은 나의 하나님, 나는 그를 예배하는 제사장, 제물, 제단입니다.

주님은 나의 신랑, 우리는 주님의 신부

주님은 하늘의 머리, 우리는 땅의 몸

주님은 하늘과 땅의 통일, 우리는 만물의 충만을 위한 그리스도의 몸인 교회(엡 1 : 21 - 24)

아담은 이 땅을 망가뜨렸으나

여자의 후손, 예수 안에 들어온 아담족들은 이 땅을

마침내 '우리 주와 그리스도의 나라'로 완성시킬 것입니다(계 11 : 15).

그분이 깨뜨리신 뱀의 머리, 우리가 싸워야 할 뱀의 후손들은(창 3 : 15)

지금, 여기 나의 삶의 현장에서

무엇입니까?

누구입니까?

이 땅에 살았던
하늘 정신 바로 박힌 사람들은
모두가 다 동일한 목표, 동일한 스피릿

오직 하나님 나라, 구속사

"그들이 날짜를 정하고 그가 유숙하는 집에 많이 오니 바울이 아침부터 저녁까지 강론하여 **하나님의 나라**를 증언하고 모세의 율법과 선지자의 말을 가지고 **예수**에 대하여 권하더라"(행 28 : 23).

"바울이 온 이태를 자기 셋집에 머물면서 자기에게 오는 사람을 다 영접하고 **하나님의 나라**를 전파하며 **주 예수 그리스도에 관한 모든 것**을 담대하게 거침없이 가르치더라"(행 28 : 30 – 31).

복음의 주제는 하나님 나라, 복음의 내용은 예수 그리스도
내 인생의 목적은 하나님 나라, 내 인생의 내용은 예수 그리스도

가나안의 풍요는 우리를 위한 것(신 6 : 10 - 11),
그 나라의 남은 고난을 채우는 일은 우리의 몫입니다(골 1 : 24).

주님 여기 구속사의 제단에 올려 드릴 산 제물이 준비되어 있습니다(롬 12 : 1 - 2).
양이, 우리 주님이 제물이셨듯이
이제는 내가, 교회가, 이방인이 산 제물로 주의 제단에 올려질 것입니다(롬 15 : 16).

남은 자(사 6 : 13), 교회를 통하여
상실되었던 존귀와 영광, 거룩하심과 예배가
오직 주께만, 오직 삼위 하나님께만
올려질 것입니다.

"아멘,
오직 주님만이
홀로 영광과 예배를 받으시옵소서."

주님이 성전으로 오셨듯이 저 또한 성전으로 드려지기를 소원합니다. 주님이 제물로 드려졌듯이 주님 사모하는 순전한 마음으로 이 몸을 산 제물로 주의 제단에 올려 드립니다. 주님이 제사장으로 타락한 세상, 병든 영혼들을 품으셨듯이 상처 난 심정으로 비틀거리며 살아가는 수많은 영혼들을 가슴으로 품고 십자가의 길을 가겠습니다.

주께서 날 주님의 형상이라 하시기에 부족하지만 주님의 씨를 온 땅에 확산시키겠습니다. 주님이 날 그 나라라고 하시기에 내 왕국이 아닌 주님 왕국 세우도록 뜻을 모아 사람들을 거두어 보겠습니다. 이러한 나의 일상의 몸짓들이 더욱 주께 가까이 나아가는 예배이길 소원합니다. 아멘.

Memo

일상의 구별됨으로

거룩을 훈련하라

초판인쇄 2016년 5월 10일
2쇄발행 2016년 8월 5일

지 은 이 박승호
펴 낸 이 채형욱
펴 낸 곳 한국장로교출판사
주　　소 03128 / 서울 종로구 대학로 3길 29 한국교회100주년기념관 별관
전　　화 (02) 741-4381 / 팩스 741-7886
영 업 국 (031) 944-4340 / 팩스 944-2623
등　　록 No. 1-84(1951. 8. 3.)

ISBN 978-89-398-4137-6 / Printed in Korea
값 15,000원

편 집 장 정현선
교정·교열 이우진　　표지·본문디자인 최종혜 김아미
업무부장 박호애　　영업부장 박창원